ENZYKLOPÄDIE
DEUTSCHER
GESCHICHTE
BAND 91

ENZYKLOPÄDIE
DEUTSCHER
GESCHICHTE
BAND 91

HERAUSGEGEBEN VON
LOTHAR GALL

IN VERBINDUNG MIT
PETER BLICKLE
ELISABETH FEHRENBACH
JOHANNES FRIED
KLAUS HILDEBRAND
KARL HEINRICH KAUFHOLD
HORST MÖLLER
OTTO GERHARD OEXLE
KLAUS TENFELDE

# LANDESHERRSCHAFT, TERRITORIEN UND STAAT IN DER FRÜHEN NEUZEIT

VON
JOACHIM BAHLCKE

OLDENBOURG VERLAG
MÜNCHEN 2012

*Bibliografische Information der Deutschen Nationalbibliothek*
Die Deutsche Nationalbibliothek verzeichnet diese Publikation in der Deutschen Nationalbibliografie; detaillierte bibliografische Daten sind im Internet über http://dnb.d-nb.de abrufbar.


Rosenheimer Straße 145, D-81671 München
Tel.: 089/45051-0
www.oldenbourg-verlag.de



Umschlagentwurf: Dieter Vollendorf
Titelbild: Karlsruher Stadtansicht, Kupferstich von Heinrich Schwarz 1721.
Stadtarchiv Karlsruhe, Sign. 8/PBS XVI 18
Satz: Schmucker-digital, Feldkirchen b. München
Druck und Bindung: Grafik+Druck, München

Dieses Papier ist alterungsbeständig nach DIN/ISO 9706

ISBN: 978-3-486-55046-7
eISBN: 978-3-486-71411-1

# Vorwort

Die „Enzyklopädie deutscher Geschichte“ soll für die Benutzer – Fachhistoriker, Studenten, Geschichtslehrer, Vertreter benachbarter Disziplinen und interessierte Laien – ein Arbeitsinstrument sein, mit dessen Hilfe sie sich rasch und zuverlässig über den gegenwärtigen Stand unserer Kenntnisse und der Forschung in den verschiedenen Bereichen der deutschen Geschichte informieren können.

Geschichte wird dabei in einem umfassenden Sinne verstanden: Der Geschichte der Gesellschaft, der Wirtschaft, des Staates in seinen inneren und äußeren Verhältnissen wird ebenso ein großes Gewicht beigemessen wie der Geschichte der Religion und der Kirche, der Kultur, der Lebenswelten und der Mentalitäten.

Dieses umfassende Verständnis von Geschichte muss immer wieder Prozesse und Tendenzen einbeziehen, die säkularer Natur sind, nationale und einzelstaatliche Grenzen übergreifen. Ihm entspricht eine eher pragmatische Bestimmung des Begriffs „deutsche Geschichte“. Sie orientiert sich sehr bewusst an der jeweiligen zeitgenössischen Auffassung und Definition des Begriffs und sucht ihn von daher zugleich von programmatischen Rückprojektionen zu entlasten, die seine Verwendung in den letzten anderthalb Jahrhunderten immer wieder begleiteten. Was damit an Unschärfen und Problemen, vor allem hinsichtlich des diachronen Vergleichs, verbunden ist, steht in keinem Verhältnis zu den Schwierigkeiten, die sich bei dem Versuch einer zeitübergreifenden Festlegung ergäben, die stets nur mehr oder weniger willkürlicher Art sein könnte. Das heißt freilich nicht, dass der Begriff „deutsche Geschichte“ unreflektiert gebraucht werden kann. Eine der Aufgaben der einzelnen Bände ist es vielmehr, den Bereich der Darstellung auch geographisch jeweils genau zu bestimmen.

Das Gesamtwerk wird am Ende rund hundert Bände umfassen. Sie folgen alle einem gleichen Gliederungsschema und sind mit Blick auf die Konzeption der Reihe und die Bedürfnisse des Benutzers in ihrem Umfang jeweils streng begrenzt. Das zwingt vor allem im darstellenden Teil, der den heutigen Stand unserer Kenntnisse auf knappstem Raum zusammenfasst – ihm schließen sich die Darlegung und Erörterung der Forschungssituation und eine entsprechend gegliederte Auswahlbibliographie an –, zu starker Konzentration und zur Beschränkung auf die zentralen Vorgänge und Entwicklungen. Besonderes Gewicht ist daneben, unter Betonung des systematischen Zusammenhangs, auf die Abstimmung der einzelnen Bände untereinander, in sachlicher Hinsicht, aber auch im Hinblick auf die übergreifenden Fragestellungen, gelegt worden. Aus dem Gesamtwerk lassen sich so auch immer einzelne, den jeweiligen Benutzer besonders interessierende Serien zusammenstellen. Ungeachtet dessen aber bildet jeder Band eine in sich abgeschlossene Einheit – unter der persönlichen Verantwortung des Autors und in völliger Eigenständigkeit gegenüber den benachbarten und verwandten Bänden, auch was den Zeitpunkt des Erscheinens angeht.

Lothar Gall

# Inhalt

# Vorwort des Verfassers

Der hier vorgelegte Band „Landesherrschaft, Territorien und Staat in der Frühen Neuzeit“ befasst sich mit einem im Spätmittelalter einsetzenden, die Jahrhunderte zwischen 1500 und 1800 in besonderer Weise prägenden Fundamentalprozess: der Verdichtung, Verräumlichung und Institutionalisierung von Herrschaft oder – auf einen gängigen Begriff gebracht – der neuzeitlichen Staatsbildung. Dieser komplexe, vielschichtige Prozess, der auch in zeitlicher Hinsicht keinem festen Muster folgte, vollzog sich in Deutschland speziell auf territorialer Ebene. Wer die allmähliche Umformung spätmittelalterlicher Fürstenherrschaft zum frühneuzeitlichen Territorialstaat näher untersucht, wird die gleichsam überstaatliche Existenz des Heiligen Römischen Reiches freilich nicht unbeachtet lassen dürfen.

Die spezifische Staatlichkeit des Alten Reiches, die latente Spannung zwischen Einheit und Vielheit, zwischen Integration und Desintegration, ließ nicht nur manch älteren Staatsdenker, Juristen und Verwaltungspraktiker verzweifeln. Auch die Geschichtsforschung des 19. und 20. Jahrhunderts tat sich mitunter schwer, diese Vorgänge mit der notwendigen Distanz zu beschreiben und zu bewerten. Ein Grund dafür ist, dass die in diesem Band vorgestellten Grundprobleme staatlicher Ordnung mit dem Zusammenbruch des Heiligen Römischen Reiches 1806 nicht gegenstandslos wurden. Man wird sie vielmehr – in jeweils zeittypischer Form und Begrifflichkeit – von den Debatten um die Struktur der deutschen Bundesverfassung von 1815 bis in die Föderalismusdiskussionen der unmittelbaren Gegenwart wiederfinden. Dieses Fortwirken älterer Strukturen und Strukturprobleme bis in die heutige Zeit erklärt, warum gerade die im zweiten Teil des Buches näher zu skizzierende fachwissenschaftliche Auseinandersetzung mit Fragen der frühneuzeitlichen Staatsbildung in der Vergangenheit so oft zeitgebundenen Erwartungen und Bedürfnissen folgte, mithin legitimierende und identitätsstiftende Funktionen erfüllte.

Wie für jede historische Abhandlung, so gilt auch für diese Darstellung, dass die beschreibenden Begriffe – „Landeshoheit“, „Herrschaft“, „Territorium“, „Staat“ oder die aristotelischen Verfassungsbegriffe – selbst ihre Geschichte haben. Dem Bedeutungswandel dieser noch bis 1800 oft unbestimmten und mehrdeutigen Begriffe, der auf den generellen Zusammenhang von Sprache und Geschichte verweist, kann eine zusammenfassende, zwangsläufig mit einer idealtypischen Terminologie arbeitende Abhandlung nur ansatzweise Rechnung tragen. Auch hier wird bei der Skizzierung der „Grundprobleme und Tendenzen der Forschung“ deutlich werden, dass über zentrale Fragen der Begrifflichkeit weit weniger Konsens herrscht, als es ein einführender Darstellungsteil aufzuzeigen vermag.

Erklärungsbedürftig ist wie stets die chronologische Ein- und Abgrenzung des eigenen Untersuchungsgegenstands, denn sie hat nicht selten erhebliche Auswirkungen auf die späteren Resultate und Befunde. Während der Titel dieses Bandes einerseits eine durchaus nicht unproblematische Kontinuität und Kohärenz des Geschehens zwischen 1500 und 1800 suggeriert, droht er vor allem am Anfang dieses Zeitabschnitts zusammengehörende Entwicklungen voneinander zu trennen. Namentlich Rechtshistoriker und Staatswissenschaftler vertreten heute in ihrer Mehrheit die Auffassung, dass wesentliche Elemente des neuzeitlichen Staates bereits im Mittelalter entstanden seien und insofern eine Zäsur um 1500 sachlich nicht zu rechtfertigen ist. Wenn die Darstellung dennoch im Kern an der Wende vom 15. zum 16. Jahrhundert einsetzt, so ist dies im Wesentlichen auf den in der Reihe Enzyklopädie deutscher Geschichte in 2. Auflage 2006 veröffentlichten Band von Ernst Schubert über „Fürstliche Herrschaft und Territorium im späten Mittelalter“ zurückzuführen. Der Leser beider Bände wird merken, dass Gliederung und Darstellungsform der vorliegenden Abhandlung in mehrfacher Hinsicht an die Gesamtkonzeption des Vorgängerbandes anknüpfen.

Darüber hinaus gibt es unmittelbare Berührungspunkte mit anderen Einzelbänden dieser Schriftenreihe, so dass bestimmte Teilbereiche hier knapper dargestellt werden konnten. Dies gilt beispielsweise für die einzelnen reichsständischen Gruppen, die Frage von Reichsstandschaft und Territorium sowie die rechtlich-politische Sonderstellung der Reichsstädte, über die der Band von Helmut Neuhaus („Das Reich in der Frühen Neuzeit“) erschöpfend informiert. Für Einzelfragen der Forschungsdiskussion, vor allem aber für den Nachweis der landesgeschichtlichen Quellen und Literatur ist der Band von Kersten Krüger („Die Landständische Verfassung“) heranzuziehen. Der Bereich Stadt und Territorialstaat wird ausführlich von Heinz Schilling („Die Stadt in der Frühen Neuzeit“) diskutiert, der zur Rolle des Adels im Staatsbildungsprozess von Rudolf Endres („Adel in der Frühen Neuzeit“). Den Reformen des absolutistischen Staates im Zeitalter der Aufklärung sowie der weiteren Frage nach Kontinuitäten und Diskontinuitäten des

Reformprozesses zwischen 1740/48 und 1814/21 widmet sich Walter Demel („Vom aufgeklärten Reformstaat zum bürokratischen Staatsabsolutismus"). Besonders vielfältig sind die Überschneidungen im Themenkreis von Kirche, Staat und Gesellschaft – heranzuziehen sind hierbei die Bände von Olaf Mörke („Die Reformation. Voraussetzungen und Durchsetzung"), Heinrich Richard Schmidt („Konfessionalisierung im 16. Jahrhundert") und Michael Maurer („Kirche, Staat und Gesellschaft im 17. und 18. Jahrhundert") –, so dass diesbezügliche Fragen in diesem Band deutlich kürzer abgehandelt werden konnten.

Eine Synthese des territorialen Staatsbildungsprozesses in Deutschland während der Frühen Neuzeit auf knappem Raum zu verfassen, stellt vermutlich jeden Autor vor eine zwiespältige Herausforderung. Denn man wird ohne Übertreibung sagen dürfen, dass ein erheblicher Teil der vorliegenden – und von Jahr zu Jahr in gewaltigem Ausmaß zunehmenden – reichs-, landes- und lokalgeschichtlichen Forschungsliteratur direkt oder indirekt zu den hier im Zentrum stehenden Fragestellungen und Problemen Stellung nimmt. Vor allem das regional- und landesgeschichtliche Schrifttum ist schlicht unübersehbar. Umso mehr habe ich für die kollegiale und freundschaftliche Unterstützung zu danken, die ich über Jahre hinweg von vielen Seiten erfahren habe. Für mannigfache Kritik und Anregung danke ich besonders Alexander Schunka, der den Abschluss dieser Arbeit nun erst nach dem Ende seiner Stuttgarter Assistentenzeit und der Übernahme einer Juniorprofessur für Wissenskulturen der Europäischen Neuzeit am Forschungszentrum Gotha der Universität Erfurt erlebt. Große Verdienste bei der Literaturrecherche, Korrektur und Registerarbeit erwarben sich Mirjam Mayer, Isabelle Zink, Michael Brust und Philipp Halms. Peter Blickle als Mitherausgeber der Enzyklopädie deutscher Geschichte danke ich nicht nur für sein Vertrauen und seine langjährigen „Unvergesslichkeitsgrüße", sondern auch für viele fachliche Anregungen und Anstöße, Gabriele Jaroschka vom Oldenbourg Verlag für ihre stets hilfreiche und umsichtige Lektoratsbetreuung.

Wichtige Einsichten zum Thema dieses Bandes, aber auch zur Arbeit des Historikers schlechthin habe ich dem bereits genannten Ernst Schubert, einem der bedeutendsten Landeshistoriker der vergangenen Jahrzehnte, zu verdanken. Er starb während der Arbeit an diesem Buch im Jahr 2006. Am 23. Mai 2011 wäre er siebzig Jahre alt geworden. Seinem Andenken sei diese Darstellung über „Landesherrschaft, Territorien und Staat in der Frühen Neuzeit" gewidmet.

Stuttgart, im Advent 2011 Joachim Bahlcke

# I. Enzyklopädischer Überblick

## 1. Das Heilige Römische Reich und seine Territorien im Verständnis der Zeitgenossen

Staatliche Vielfalt und dezentrale Struktur des Alten Reiches

Die Vielzahl weltlicher und geistlicher Territorien, Reichsstädte und Freien Städte unter dem Dach des Heiligen Römischen Reiches deutscher Nation und die daraus resultierenden kulturellen, gesellschaftlichen und ökonomischen Folgeerscheinungen sind von Zeitgenossen recht unterschiedlich wahrgenommen und beurteilt worden. Neben kritischen Stimmen, welche die fehlende Zentralstaatlichkeit als entscheidenden Wettbewerbsnachteil gegenüber anderen europäischen Monarchien empfanden, gab es zu allen Zeiten auch Verteidiger der bestehenden Ordnung. „Gesetzt, wir hätten in Deutschland seit Jahrhunderten nur die beiden Residenzstädte Wien und Berlin, oder gar nur eine", äußerte Goethe im Oktober 1828, gut zwei Jahrzehnte nach der Abdankung Franz' II. als Römischer Kaiser, in einem Gespräch mit Eckermann, „da möchte ich doch sehen, wie es um die deutsche Kultur stände, ja auch um einen überall verbreiteten Wohlstand, der mit der Kultur Hand in Hand geht!" Einen machtvollen Zentralstaat vermisste Goethe ebenso wenig wie eine Paris oder London vergleichbare Hauptstadt – eine solche hatte sich im Reich, wo hauptstädtische Funktionen stets auf mehrere Orte verteilt waren, zu keinem Zeitpunkt durchsetzen können. Im Gegenteil: Für den neunundsiebzigjährigen Goethe, der als Minister eines kleinen Reichsfürsten im Herzogtum Sachsen-Weimar-Eisenach im letzten Drittel des 18. Jahrhunderts die extrem zersplitterten ernestinischen Nebenlinien Thüringens kennengelernt hatte, waren es im Rückblick vor allem „die einzelnen Fürstensitze", nicht eine alles beherrschende Metropole in der Mitte des Reiches, die sich als die eigentlichen Mittelpunkte, als „Träger und Pfleger" der deutschen Kultur erwiesen hätten. Die staatliche Vielfalt und die dezentrale Struktur des Alten Reiches, die das Entstehen regionaler Entwicklungsgefälle verhindert habe, erschienen ihm geradezu als Garant von Kultur, Sicherheit, Recht und Freiheit.

Aus staats- und verfassungsrechtlicher Sicht dagegen war die

Das Reich in den nordamerikanischen Verfassungsdebatten

Spannung zwischen der überstaatlichen Existenz des Reiches und der für einheimische wie für auswärtige Beobachter offensichtlichen Eigenstaatlichkeit in den Territorien, die sich im politischen Denken Goethes bereits im Begriff der deutschen Kultur- und Bildungsnation auflöste, stets sehr viel schwerer zu erfassen. Deutlich wird dies etwa in den nordamerikanischen Verfassungsdebatten der Jahre 1776/77 und 1787/88, in denen erstaunlich häufig auf die föderale Staatlichkeit des Alten Reiches verwiesen wurde, um die Schwachstellen der eigenen politischen Ordnung herauszuarbeiten. So wollte man unter anderem verhindern, dass Virginia, der Staat mit den größten Ansprüchen, eines Tages zur Hegemonialmacht aufsteigen und im Rahmen der amerikanischen Konföderation eine Rolle spielen könnte, die derjenigen des Hauses Österreich innerhalb des Heiligen Römischen Reiches vergleichbar wäre. Dass man das Reich freilich als nahezu handlungsunfähig, die Reichsstände hingegen als übermächtig wahrnahm, war auch eine Folge der vorwiegend französischen Quellen, aus denen man in jenen Jahren in Nordamerika sein Wissen bezog: Schon seit den Tagen Kardinal Richelieus hatte sich die französische Publizistik und Diplomatie um eine den eigenen Interessen förderliche Darstellung und Interpretation der deutschen Verfassungsverhältnisse bemüht, die im Grundsatz darauf abzielte, die Territorialstaaten auf Kosten des Reiches zu stärken und so die Macht des Kaisers zu untergraben. Entscheidend für den kritischen Blick der amerikanischen Gründerväter auf die Reichsverfassung war das Problem der doppelten Souveränität, das man im eigenen Land zu umgehen suchte, um keine Loyalitätskonflikte zwischen Einzelstaaten und Union zu riskieren. „The Germanic body“, dieser eigentümliche, noch Ende des 18. Jahrhunderts mittelalterlich anmutende Körper aus Haupt und Gliedern, schien ihnen genau das nicht gewährleistet zu haben.

„The Germanic Body“

Frühneuzeitliche Staatsdenker und -theoretiker über das Alte Reich

Die naheliegenden Fragen, was den unförmigen Reichskörper neben der historischen Tradition und der kulturellen Verwandtschaft aller Teile gleichwohl über Jahrhunderte zusammengehalten habe und wie die spezifisch deutsche „Doppelstaatlichkeit“ zu bewerten sei, werden nicht erst in der jüngeren Geschichtswissenschaft kontrovers beurteilt. Auch für die frühneuzeitlichen Staatsdenker und -theoretiker stellte das Alte Reich, dessen Zuordnung sich älteren wie modernen verfassungsrechtlichen Kategorien in weiten Teilen entzieht, eine besondere Herausforderung dar: Nur hier gab es eine gleichsam mehrstöckige Monarchie, wo neben dem Kaiser auch die mächtigeren Fürsten „Souveränität“ beanspruchen konnten, eine Form rechtlicher Eigenständigkeit und Selbstbestimmung, die über ihre im Mittelalter entstandene und im

Abstufungen von „Souveränität“

16. Jahrhundert ausgebaute Landeshoheit weit hinausging. Das von dem französischen Juristen Jean Bodin in seinem Hauptwerk „Les Six Livres de la République" (1576, lat. 1586) entwickelte Konzept eines alle Staats- und Gesetzgebungsgewalt vereinenden souveränen Herrschers ließ sich allerdings im Reich nicht ohne weiteres auf eine Machtstruktur übersetzen, deren wichtigstes Kennzeichen gerade das Fehlen einer solchen unumschränkten Macht und vollständigen Unabhängigkeit von übergeordneten Instanzen war. Gegen Bodin, dessen Œuvre die Vertreter des Öffentlichen Rechts das ganze 17. Jahrhundert über beschäftigen sollte, setzte sich im Reich daher die Lehre von der doppelten Hoheit durch. Man unterschied künftig die *maiestas personalis*, die beim Kaiser liege, und die *maiestas realis*, die der Gesamtheit der Reichsstände, also vor allem den Landesherren der weltlichen und geistlichen Territorien, zukomme. Die Zäsur an der Wende vom 18. zum 19. Jahrhundert ist augenfällig: Während Nikolaus Thaddäus Gönner 1804 in seinem „Teutsche[n] Staatsrecht" noch von den Landesherren als „Halbsouverains" sprach, bestimmte zwei Jahre später Art. 4 der Rheinbundakte bereits die „plénitude de la souveraineté" der Mitgliedsstaaten.

*maiestas personalis, maiestas realis*

Gerade im Hinblick auf den Souveränitätsbegriff blieb das Heilige Römische Reich bis zu seinem Ende 1806 das, was Samuel Pufendorf in einer vielbeachteten, 1667 unter dem Pseudonym Severinus de Monzambano veröffentlichten ironisch-polemischen Schrift über die Reichsverfassung „irregulare aliquod corpus, et monstro simile" genannt hatte – ein der Regel nicht entsprechendes und einem Fabelwesen ähnliches Gemeinwesen, das zwischen Monarchie und Staatenbund hin und her schwanke und demzufolge in keine der klassischen Kategorien der aristotelischen Staatsformenlehre passe. Nach Auffassung Pufendorfs war das Reich am ehesten als ein System souveräner staatlicher Einheiten zu beschreiben, das dessen ungeachtet eine Art Gesamtkörper bilde. Auch wenn der lutherische Gelehrte durchaus eine Reform dieser *civitas composita* im Sinn hatte, so kam in seiner Argumentation doch unstrittig die Perspektive der Fürsten und ihrer Territorialstaaten und damit eine zugleich antihabsburgische und antikaiserliche Sicht zum Ausdruck.

Aristotelische Staatsformenlehre

Die große Zahl juristischer und historischer Studien über die Verfassung und den politischen Charakter des „Reichssystems" während der Frühen Neuzeit darf freilich nicht darüber hinwegtäuschen, dass sich ein Mensch des 16. Jahrhunderts unter Landesobrigkeit, Territorialpolitik und Staatstheorie kaum Anschauliches oder Reales vorzustellen vermochte. Noch im 17. Jahrhundert wurden solche Begriffe als

Erfahrungsräume und gelehrte Wissensbestände

abstrakte Bezeichnungen und gelehrte Wissensbestände wahrgenommen, denen die individuell erfahrene und zu beschreibende Umwelt nicht wirklich entsprach. So äußerte Veit Ludwig von Seckendorff, ein typischer Repräsentant des gelehrten *politicus practicus* in einem lutherischen Territorium nach dem Dreißigjährigen Krieg, in der Vorrede zu seinem „Teutsche[n] Fürsten-Stat" von 1656, er habe ursprünglich nur deutsche Wörter verwenden wollen, diesen Vorsatz aber nicht gänzlich beherzigen können, „massen ich auch das Wort Stat, so ich auff dem Titul, und sonst mehrmahls gebraucht, mit keinem bequemeren außzuwechseln gewust". Dass er gegen das „nicht gar reine oder hochteutsche wort Stat" geradezu Ekel empfinde und statt dessen lieber von „policey" spreche, teilte er noch 1685 den Lesern seines „Christen-Stat[s]" mit. Keineswegs selbstverständlich war, dass der in Sachsen-Gotha tätige Verwaltungspraktiker seine Bücher überhaupt auf Deutsch publizierte. Denn die publizistische Auseinandersetzung um Machtverteilung, Herrschaftslegitimation und Staatsinteressen wurde im Heiligen Römischen Reich – anders als in Frankreich, wo sich die Volkssprache auf dem Buchmarkt deutlich früher durchgesetzt hatte – lange Zeit auf Latein geführt und erreichte so zwangsläufig nur ein begrenztes, akademisch gebildetes Publikum.

Politisch-kulturelle Wechselwirkungen

Es gilt für die Literatur allgemein, dass in Deutschland weniger weltliche Bücher in der eigenen Sprache erschienen als in anderen Ländern Europas, und dies obwohl sich hier der Buchdruck mit beweglichen Lettern entwickelt hatte und vergleichsweise früh ein blühendes Verlagswesen entstanden war. Vieles spricht für die These, dass sich die geistigen Kräfte der Nation im konfessionellen Kampf verschlissen und die Protestanten überdies starke Vorbehalte gegen Anstöße aus den katholischen Mittelmeerkulturen hatten. Erst um 1690, und damit rund hundert Jahre später als im benachbarten Frankreich, überwogen im Heiligen Römischen Reich deutschsprachige Werke – in der Masse freilich vorwiegend Erbauungsbücher, Predigtsammlungen, geistliche Lyrik und Gesangbücher – erstmals die in lateinischer Sprache erschienenen Abhandlungen. Mochten Gelehrte wie der Hallenser Jurist Christian Thomasius auch gegen Ende des 17. Jahrhunderts damit beginnen, ihre Vorlesungen auf Deutsch zu halten, so behauptete das Lateinische seine Stellung als Wissenschaftssprache in Deutschland doch noch bis weit in das Jahrhundert der Aufklärung. Dass alle Bemühungen um die Begründung einer überregionalen Akademie, die wie die 1583 in Florenz gegründete *Accademia della Crusca* die Pflege der Nationalsprache als vornehmste Aufgabe erklärt hätte, weitgehend im Sand verliefen, hängt denn auch eng mit der besonderen territorialstaatlichen Entwicklung im Heiligen Römischen Reich zusammen.

Territoriale, konfessionelle und nationale Identitäten

Ähnlich wie im Bereich der Nationalliteratur lässt sich während der Frühen Neuzeit eine Verspätung bei der Ausbildung eines Nationalbewusstseins beobachten, das in Deutschland vor allem in Krisen- und Kriegssituationen in der Form eines Katholiken wie Protestanten gleichermaßen ansprechenden Reichspatriotismus zum Tragen kam. Was freilich im 16. Jahrhundert konkret als *patria*, *natio* oder allgemein als Heimat empfunden wurde, ist nicht verbindlich zu sagen. Im Zuge der Tacitus-Rezeption der Humanisten wurde zwar auch Deutschland insgesamt als *patria* bezeichnet. Sehr viel häufiger aber bezog sich der Begriff auf ein kleinräumiges Umfeld: einen Marktflecken, eine Stadt oder eine Landschaft, unter deren Gesetzen der Einzelne geboren war, auf ein Stammesgebiet, eine bestimmte Herrschaft oder eine Region, wobei sich seit der Reformation territoriale und konfessionelle Identitäten immer spürbarer wechselseitig verstärkten. Wenn die geistlichen und weltlichen Reichsstände auf dem Reichstag zu Speyer 1526 übereinkamen, keinen Bettler „außerhalb seines Vaterlandes" zu dulden, so waren damit die einzelnen Territorien und Freien Reichsstädte angesprochen, nicht das Reich als Ganzes. Johann Jacob von Wallhausens „Defensio Patriae Oder Landtrettung" von 1621 und andere kriegswissenschaftliche Abhandlungen machen deutlich, dass Fragen von Verteidigungsbereitschaft und Wehrhaftigkeit in erster Linie auf die sich verdichtenden reichsfürstlichen Territorialstaaten bezogen wurden.

Patriotismus und vormodernes Nationalbewusstsein

Innerhalb mehrgliedriger, zunächst und vor allem vom gemeinsamen Herrscherhaus zusammengehaltener Länderkomplexe wie Preußen – in diesem Fall einem nicht einmal ethnisch und sprachlich einheitlichen Territorium – entwickelte sich erst allmählich ein Zusammengehörigkeitsbewusstsein der Bewohner in allen Teilregionen. In Kleve etwa qualifizierte man Angehörige anderer preußischer Landschaften als Fremde beziehungsweise Ausländer ab. Nur langsam setzte sich die Auffassung durch, dass das Indigenatsrecht aller Territorien, die, wie es der leitende Minister Kurfürst Georg Wilhelms von Brandenburg in der ersten Hälfte des 17. Jahrhunderts formulierte, „sub uno capite" stünden, auch „in vicem communicabel" sein müssten. Der Osnabrücker Staatsmann und Publizist Justus Möser, der seine Karriere als *Advocatus Patriae*, als Vertreter des Hochstifts in Rechtsstreitigkeiten, begonnen hatte, stand 1774 einer Publikation seiner im örtlichen Lokalanzeiger erschienenen „Patriotische[n] Phantasien" in Buchform skeptisch gegenüber, da sie sich lediglich auf „einheimische" Verhältnisse bezögen – einen geistlichen Kleinstaat von kaum mehr als

120 000 Einwohnern – und deshalb „auswärts" unangemessen erscheinen könnten. Der Aufbruch der Deutschen zu einem „National-Geist" war allerdings bereits im letzten Drittel des 18. Jahrhunderts unverkennbar, auch wenn sich zeitgleich in Preußen und Österreich, ansatzweise ebenfalls in Bayern und Sachsen eigene Vorstellungen von Staatsbewusstsein und „Nation" festigten.

Städtelandschaft Deutschlands

Die Erfolge der territorialen Staatsbildungen lassen sich gleichfalls in der Veränderung der Städtelandschaft Deutschlands ablesen. Noch 1512 hatte der Theologe und Humanist Johannes Cochlaeus in seiner „Brevis Germanie descriptio" bewundernd geschrieben, dass es im Heiligen Römischen Reich eine kaum zu überblickende Zahl an wohlhabenden Städten gebe. Deren Größe, Einwohnerzahl und Wirtschaftskraft rühmten im 16. Jahrhundert auch andere Publizisten, wobei in aller Regel die Freien Reichsstädte im Süden und Südwesten an erster Stelle genannt wurden. In den folgenden zwei Jahrhunderten wurden die autonomen, keinem Reichsfürsten, sondern direkt dem Kaiser unterstehenden Stadtgemeinden jedoch von der Konkurrenz der Territorialfürsten mehr und mehr in ihrem Spielraum eingeengt und an den Rand gedrängt. „Kaum einige Reichs-Stätte, z[um] E[xemplum] Hamburg, Bremen, Franckfurt, Halle etc. stehen recht gut, wenige mittelmäßig, und die meiste stecken in Schulden biß über die Ohren", urteilte Johann Jacob Moser in seinem zwischen 1766 und 1782 veröffentlichten siebenundzwanzigbändigen „Neue[n] Teutsche[n] Staatsrecht", der bis dahin größten Sammlung der real geltenden Rechtsnormen und Gesetze: „Einige haben ein feines Gebiet, aber Königliche Schulden, wie von Nürnberg bekannt ist, und wie vile Millionen Ulm schuldig seye, hat die Statt bey unsern Zeiten selbst im Druck bekannt gemacht; die meiste aber haben über dises weder ein beträchtliches Gebiet, noch Commercium, noch andere Ressource." Auch in Reiseberichten der Aufklärung und anderen Quellen finden sich unzählige Hinweise, wie sehr die Haupt- und Residenzstädte der größeren deutschen Territorialstaaten, allen voran Wien und Berlin, aber auch München, Dresden, Hannover und Stuttgart, unterdessen die alten Zentren des Reiches politisch, wirtschaftlich und kulturell überflügelt hätten. Diese Entwicklung der deutschen Städte zwischen Mittelalter und Industrieller Revolution verweist unmittelbar auf den Ausbau des frühmodernen institutionellen Flächenstaates.

Haupt- und Residenzstädte der deutschen Territorialstaaten

# 2. Die deutschen Territorien im spätmittelalterlich-frühneuzeitlichen Staatsbildungsprozess

## *2.1 Flächenstaatlichkeit und Raumstrukturen*

Verräumlichung politischer Ordnung

Der Raumbezug im Begriff „Territorialstaat", der in zeitgenössischen Bezeichnungen wie „LandtRecht" oder „LandtsÄltester" ebenso enthalten ist wie in dem bekannten Rechtssatz *cuius regio eius religio*, deutet bereits auf eines der wichtigsten Kennzeichen frühmoderner Staatsbildung hin: auf die zunehmende Verräumlichung politischer Ordnung. Diese allmähliche Verlagerung des Schwerpunktes hatte der Mediävist Theodor Mayer vor Augen, als er in den 1930er Jahren vom Übergang des mittelalterlichen, auf Lehns- und anderen Rechtsbanden basierenden „Personenverbandsstaates" zum „institutionellen Flächenstaat" der Neuzeit sprach. Fürstliche Herrschaft hatte sich im frühen und hohen Mittelalter nicht über ein als geschlossene Fläche zu definierendes einheitliches Gebiet erstreckt, sondern bestand in der Wahrnehmung von Herrschaftsrechten, die räumlich nicht notwendigerweise eng beieinander liegen mussten; Träger von Verwaltung und Regierung waren noch keine Institutionen, sondern Personen. Auch während der Frühen Neuzeit blieb Herrschaft zwar prinzipiell eine solche über Personen, doch wurde sie nun zunehmend auf eine Fläche bezogen und räumlich begründet. Der frühmoderne Staat zielte letztlich darauf ab, seine Herrschaft in einem fest umgrenzten Territorium zu konsolidieren, fremde Hoheitsrechte – weltliche wie geistliche – zu beseitigen, konkurrierende Machtträger auszuschalten oder zu integrieren und so ein *territorium clausum* zu schaffen, in dem politische, kirchliche, wirtschaftliche und andere Grenzen entweder zur Deckung gebracht waren oder zumindest der Vorrang der politischen Grenzen innerhalb wie außerhalb des Landes unangefochten akzeptiert wurde. Eine flächenhaft gleich strukturierte Gebietsherrschaft und ein einheitliches Staatsbürgerrecht wurden vor 1800 nirgendwo realisiert – der Trend hierzu ist während der Frühen Neuzeit jedoch unverkennbar. Territorialisierung im Sinn einer räumlichen Organisation von Herrschaft und Ausbildung einer homogenen und disziplinierten Untertanengesellschaft stehen insofern in einem engen Sachzusammenhang: Infolge der Konzentration aller Obrigkeitsrechte in der Hand des Landesherrn und der Abschließung des Herrschaftsgebiets ebneten sich die Unterschiede in der Rechtsstellung der Schutzangehörigen und Vasallen zunehmend ein, während sich parallel die Außenbeziehungen der Einwohner spürbar verringerten.

*territorium clausum*

Territorialisierung: fördernde und hemmende Elemente

Territoriale Herrschaft wurde im Heiligen Römischen Reich von einzelnen Reichsfürsten als Landesherren in ihren jeweiligen Ländern ausgebildet – das Reich selbst blieb bis zu seinem Ende ein Personen- und Lehensverband, ein komplexes hierarchisches System von einzelnen Reichsgliedern und Korporationen mit einem gewählten Oberhaupt an der Spitze, ohne festes Territorium und eindeutige Gebietsgrenzen. Ausbildung von „Staatlichkeit" lenkt den Blick daher in erster Linie auf die dynastischen Fürstenstaaten, die – sieht man von den geistlichen Staaten ab, in denen das jeweilige Domkapitel den Nachfolger wählte – durchweg Erbmonarchien waren. Der im Spätmittelalter einsetzende, polyzentrisch und kleinräumig verlaufende Territorialisierungsprozess konnte allerdings immer wieder durch gegenläufige Entwicklungen gebremst oder ganz abgebrochen werden: durch Erbteilungen und Verpfändungen etwa, wie wir sie im Fürstentum Anhalt-Dessau vom 14. bis zum 17. Jahrhundert beobachten können, oder auch durch genealogische Zufälle bis hin zum völligen Aussterben einer Herrscherfamilie.

Erbteilungen und Erbfolgeregelungen

Die Bedeutungszunahme fürstlicher Politik seit dem 16. Jahrhundert führte allgemein zu einer höheren Bewertung von Erbangelegenheiten. Dem herkömmlichen patrimonial-privatrechtlichen Herrschaftsverständnis nach waren dynastische Erbteilungen nach dem Tod eines Fürsten nahezu selbstverständlich. In dieser Frage aber mussten die dynastischen und politischen Interessen der Fürsten zwangsläufig miteinander in Konflikt geraten. Für die weltlichen Kurfürstentümer hatte bereits die Goldene Bulle Kaiser Karls IV. von 1356 das Prinzip der Unteilbarkeit festgeschrieben. In den übrigen weltlichen Fürstentümern dagegen konnte dieser Grundsatz nur mühsam mittels Einführung entsprechender Erbfolgeregelungen durchgesetzt werden. Solche Primogeniturordnungen, mit denen das Territorium unter Ausschluss erbrechtlicher Ansprüche nachgeborener Söhne als Ganzes einem Herrschaftsnachfolger zugeordnet wurde, zählen geradezu zu den Charakteristika des sich festigenden frühmodernen Fürstenstaates. Sie reduzierten innerdynastische Auseinandersetzungen und sicherten die Fortschritte der Territorienbildung. Darüber hinaus beförderten sie eine gedankliche Verselbständigung der territorialen Herrschaft gegenüber der Person des Herrschaftsinhabers, eine Vorstellung mithin, dass das Fürstentum unteilbar und unveräußerlich sei und dem Fürsten nicht beliebig zur Verfügung stehe.

Reichsstandschaft und Territorium

Im Jahr 1582 kam in Augsburg der Reichstag überein, die Zahl der weltlichen Reichsfürsten nicht länger von dynastischen Zufällen abhängig zu machen. Die Reichsstandschaft sollte künftig an das fürstliche Territorium gekoppelt sein: Bei Erbteilungen hatten die Erben die Reichsstandschaft fortan gemeinsam inne, beim

Aussterben einer Dynastie erwarb sie der neue Territorialherr. Eine weitergehende Initiative der Fürsten während des Reichstags von 1653, die reichsweit auf eine verbindliche Einführung des Primogeniturprinzips zielte, schlug dagegen fehl.

Transformation dynastischer in staatliche Herrschaft

Die Fähigkeit der regierenden, untereinander vielfältig verflochtenen und gleichzeitig miteinander rivalisierenden Familien, dynastische Herrschaft in staatliche Herrschaft zu transformieren, war für die Ausbildung und Verdichtung handlungsfähiger herrschaftlich-staatlicher Gebilde im Reich von großer Bedeutung. Von Ausnahmen wie Württemberg (1482) und Bayern (1506) abgesehen, setzten sich dauerhafte Erbfolgeregelungen und Unteilbarkeitserklärungen in den größeren Territorien erst seit der zweiten Hälfte des 16. Jahrhunderts durch. Wie schwerfällig und konfliktreich dieser Prozess jedoch verlief, lässt sich am Beispiel Badens und Österreichs verdeutlichen: Mehr als zwei Jahrhunderte standen sich am Oberrhein die beiden auch konfessionell gespaltenen Markgrafschaften Baden-Baden und Baden-Durlach nicht allein in Konkurrenz, sondern geradezu in erbitterter Feindschaft gegenüber, ehe es 1765 zu einer Erbeinung und 1771 zu einer Wiedervereinigung der beiden Landesteile kam. Erst durch die von den Einwohnern seit langem geforderte Einheit wurde jene Entwicklung eingeleitet, die unmittelbar in den Kurstaat und das Großherzogtum Baden hinüberführte.

Territoriale Konsolidierung der Habsburgermonarchie

Im Haus Habsburg wurden die von Ferdinand I. regierten Länder nach dessen Tod 1564 zunächst unter seine Söhne aufgeteilt, so dass drei habsburgische Teillinien entstanden. Schon beim Tod Maximilians II. 1576 drohte in den Ländern Ober- und Niederösterreich eine weitere Aufsplitterung, die aber nicht zuletzt wegen der Bedrohung durch das Osmanische Reich abgewendet werden konnte. Erzherzog Karl setzte in seinem Testament von 1584 immerhin die Unteilbarkeit seiner innerösterreichischen Länder Steiermark, Kärnten und Krain fest und folgte damit dem Beispiel seines Schwiegervaters Herzog Albrecht V., der 1573 für Bayern eine ähnliche Regelung getroffen hatte. Weitere Schwierigkeiten – die Kinderlosigkeit von Erzherzog Matthias, die nicht gegebene Sukzessionsfähigkeit der tirolischen Linie Erzherzog Ferdinands aufgrund der Heirat mit der Augsburger Patriziertochter Philippine Welser – folgten jedoch, bevor Ferdinand II. in seinem Testament von 1621 die Primogeniturerbfolge gegen mächtige Widerstände innerhalb der Familie definitiv festsetzte. Seine Grundmotive: „aufrichtige Eintracht“ im Inneren, „Wohlfahrth, Ruhe und Sicherheit“ der Stände und Untertanen sowie die „beständigere Conservation“ gegen die Türken, finden sich modizifiziert noch 1713 in der Pragmatischen Sanktion Kaiser Karls VI. wieder, die den Höhepunkt des zwei Jahrhunderte umfassenden territorialen Konsolidierungsprozesses der österreichischen Monarchie markiert.

Gezielte Arrondierung des Herrschaftsgebietes

Die zunehmende Raumbezogenheit von Herrschaft äußerte sich auch im Streben nach Arrondierung territorialen Streubesitzes und flächenmäßiger Eindeutigkeit. Hatten im Spätmittelalter die Voraussetzungen für eine zielstrebige, über einen längeren Zeitraum verfolgte Territorialpolitik noch gefehlt, so ist während der Frühen Neuzeit durchweg die Tendenz erkennbar, ererbte, erheiratete oder auf anderem Weg erworbene Herrschaftssprengel miteinander zu einem zusammenhängenden, durch keine Hoheitsrechte anderer Gewalten durchbrochenen Gebiet zu verbinden und so geschlossene Rechtskreise sowie identitätsbildende Territorien zu schaffen. Hinzu kamen juristische Bestrebungen, die eigenen Hoheitsrechte gezielt auszuweiten, wozu häufig die auf fremde Gebiete ausgreifenden Rechte des Landesherrn genutzt wurden – in weltlichen Fürstentümern nicht anders als in den Hochstiften, an deren Spitze ein geistlicher Würdenträger stand. Mit dem Dreißigjährigen Krieg setzte dann, verbunden mit ausgreifenden Restitutions- und Säkularisationsplänen, eine Phase der Territorialpolitik mit militärischen Mitteln ein, bei der die räumliche Arrondierung des eigenen Herrschaftsbereichs geradewegs zu einer Maxime fürstlichen Machtstrebens wurde. So heißt es 1768 in dem (in französischer Sprache verfassten) Politischen Testament Friedrichs II. von Preußen: „Ein benachbartes Land, ein Gebiet, das uns abrundet, ist hundertmal wichtiger als ein Land, das von unseren Grenzen getrennt ist." Joseph II. begründete seinen Plan, die österreichischen Niederlande gegen Bayern zu tauschen, 1784 unter anderem mit der Bedeutung, die Bayern als Landbrücke zwischen Böhmen und Tirol für das Haus Habsburg besitze. Dass eine solche Vergrößerung des Staates als maßgebliches Ziel allen politischen Handelns galt, lässt sich schließlich nach Ausbruch der Französischen Revolution in der Phase nahezu ungehemmter Okkupationen im Reich, aber auch in Ostmitteleuropa beobachten. Die Hauptverfügungsmasse bei der Neugestaltung der politischen Raumstruktur um 1800 bildeten dabei die geistlichen Staaten und Herrschaften.

Territorialpolitik mit militärischen Mitteln

Grenzen und Grenzdiskurse

Mit der Ausbildung von Flächenstaatlichkeit gewann die Grenze eine neue Qualität. Sie geriet immer stärker in den Mittelpunkt territorialstaatlicher Aufmerksamkeit und Kontrolle, denn an ihr ließen sich Landeshoheit demonstrieren, die Bewegungen von Untertanen und Fremden überprüfen und politisch-administratives Handeln konkretisieren. Aus zahlreichen Traktaten vornehmlich des 17. Jahrhunderts über die Rechtsgestalt der Landesgrenze wird ersichtlich, wie eng dieser Gegenstand mit allen Fragen von Souveränität und Herrschaftspraxis verbunden war. „Alle Reich, Fürstenthumb, Graff- und Herrschafften haben ihren gewissen Bezirck und bestimpte Landschafften, welche mit offentlichen bekandten Gräntzen und Marcken unterschieden und eingeschlossen sind", heißt es in einem 1642 in Ulm gedruckten Werk Johannes Oettingers über die Grenze, „und was jnnerhalb solchem Begriff gelegen, so nit besonders gefreyt und außgenommen, das ist dem Herrn desselbigen Lands, mit aller Obrigkeit unterworffen, daß er darinn zu gebiethen und verbiethen hat, daher es ein Gebieth, im Latein Territorium genandt wird."

Staatsgebiet und Staatsgewalt

Hier und in anderen Werken der frühneuzeitlichen Territorialstaatslehre kündigt sich der für das moderne Verfassungsrecht fundamentale Gedanke an, dass zum Begriff des Staates auch ein in allen seinen Teilen der Staatsgewalt gleichmäßig unterworfenes Staatsgebiet gehöre. Als staatlicher Hoheitsanspruch wurde diese Einsicht gleichzeitig materiell in der Landschaft verankert: durch Grenzpfähle und Marksteine aus wetterfestem Marmor, Schlagbäume an Heeres- und Landstraßen, Wappentafeln und andere Hoheitszeichen. Seit dem 17. Jahrhundert zeigen historische Karten klar abgegrenzte Territorien in einheitlichen Flächenfarben mit präzisen, linearen Grenzlinien und erwecken damit beim Betrachter die Vorstellung einer Eindeutigkeit, die der Realität oft nicht standhielt. Die häufig von Kriegsingenieuren gefertigten Karten dienten nicht nur der Orientierung im Gelände und der Kenntnis von der historisch-geographischen Gestalt des jeweiligen Landes, wie man meinen könnte; sie sollten Einwohnern wie Fremden vielmehr auch die innere Geschlossenheit des eigenen Herrschaftsgebiets und dessen Abgrenzung nach außen vor Augen führen. Es wundert nicht, dass professionelle Erfassungs- und Vermessungstechniken gerade in dieser Zeit einen deutlichen Aufschwung erlebten.

Grenzbildung zwischen Anspruch und Wirklichkeit

An Grenzbildung und Grenzfixierung lassen sich insofern Phasen sich verdichtender Staatlichkeit ablesen – ebenso wie an der häufig begrenzten Durchsetzbarkeit obrigkeitlicher Grenzziehungsakte und deren oft geringer Akzeptanz bei den Betroffenen. Das Beispiel Preußen zeigt, dass noch bis weit in das 18. Jahrhundert hinein in allen Regionen lebendige Bindungen zu den jeweiligen Nachbarlandschaften bestanden – ungeachtet realpolitisch vollzogener Grenzziehungen und einschlägiger Vorgaben aus der Zentrale, die einen unerlaubten Grenzübertritt zu unterbinden suchten. Selbst der Herrschaftsbereich mächtiger Landesherren, die sich selbst als absolute Monarchen verstanden und inszenierten, wurde von vielfältigen transterritorialen Lehns- und

Schutzbeziehungen durchschnitten. Regionale und ständische Traditionen, Identitäten und Loyalitäten gingen eben auch nach territorialen Abtretungen oder Veränderungen nicht ohne weiteres in einer höheren Einheit auf. Ein *territorium clausum* war während der Frühen Neuzeit eher die Ausnahme als die Regel, wenn auch keineswegs nur das „Hirngespinst einiger Schriftsteller", als das es Johann Jacob Moser in seinem „Neue[n] Teutsche[n] Staatsrecht" nicht ohne politische Hintergedanken bezeichnete.

Entwicklung der Staatsangehörigkeit

Nur langsam wichen das Nebeneinander, die Konkurrenz und die Rangfolge verschiedenartiger Angehörigkeitsbeziehungen der Untertanen bis zum Ende des Alten Reiches einer einheitlichen Auffassung von „Staatsangehörigkeit" – der Begriff taucht in der deutschen Rechtssprache bezeichnenderweise um 1800 erstmals auf. Bis dahin hatten territorialbezogene Kriterien der Angehörigkeit wie Niederlassung, Geburtsort und Inland die älteren zweiseitig-personalen Bindungen und Begründungsarten endgültig verdrängt. Bereits die juristische Fachliteratur des 16. und 17. Jahrhunderts lässt erkennen, dass Ansässigkeit in einem bestimmten Gebiet als Zeichen der Abhängigkeit von der betreffenden Gebietsherrschaft angesehen wurde. Im Reich ging dies zwangsläufig zu Lasten der „enclavirten" Gebiete und vor allem der Reichsunmittelbaren „in territorio". 1755 noch hatte der Reichshofrat entschieden, dass Personalisten – reichsunmittelbare Grafen, die zwar noch keine reichsimmediate Herrschaft besaßen, aber bereits über Sitz und Stimme in einem der vier Grafenkollegien verfügten – und besonders landbesitzende Ritter keine Landesuntertanen seien. Nach der preußischen Herrschaftsübernahme in Ansbach 1792 erklärte man dennoch und trotz kaiserlichen Protestes die „eingeschlossene" Ritterschaft, die der preußische Minister Karl August von Hardenberg als „Staat im Staate" desavouierte, sogleich zur „eingesessenen" und hob deren Rechte auf. Vergleichbare Mediatisierungsbestrebungen in Franken verfolgte Bayern nach 1803, als denjenigen eingeschlossenen Reichsrittern, die sich nicht fügen sollten, angedroht wurde, sie künftig als „Ausländer" behandeln zu wollen.

### 2.2 *Erscheinungsformen weltlicher und geistlicher Staatlichkeit*

Territoriale Vielfalt im Alten Reich

In seinen 1777 und 1779 in zwei Bänden gedruckten „Beyträge[n] zum Teutschen Staats- und Fürsten-Rechte" beschrieb der Göttinger Staatsrechtler Johann Stephan Pütter das Heilige Römische Reich als ein Gemeinwesen, „das aus mehreren besonderen, jedoch einer gemeinsamen, höhern Gewalt noch untergeordneten Staaten" bestehe. Es sei zwar richtig, dass man kaum eine Tagesreise zurücklegen könne, ohne in ein anderes Territorium zu gelangen. Gleichwohl sei „nichts gewisser, als daß Mecklenburg und Bayern, Württemberg und Pommern, Passau und Münster, Ortenburg und Bentheim, Hamburg und Nürnberg, kurz geistliche und weltliche Länder, Chur- und Fürstentümer, Grafschaften und Reichsstände, wenn ihre innerliche Verfassung auch noch so sehr voneinander abgehet, dennoch alle ohne Ausnahme noch als Teile eines einigen Ganzen in gleichmäßiger Verbindung unter dem Teutschen Reiche stehen."

Reichsständische Gruppen

Ein im Anschluss an die Arbeiten Pütters 1792 zusammengestelltes Verzeichnis zählte 294 Reichsstände auf, deren Status und geographische Verteilung auf das Reichsgebiet große Unterschiede aufwies: geistliche und weltliche Kurfürsten, Fürsten, Reichsgrafen und Reichsäbte, Magistrate Freier Reichsstädte, die in ihrer Gesamtheit Landesherrschaft ausübten und die Reichsstandschaft besaßen, die also berechtigt waren, auf dem Reichstag zu erscheinen; nähme man die oft nur ein halbes Dorf beherrschenden Reichsritter noch hinzu, die dieses Recht zwar nicht durchsetzen konnten, nichtsdestotrotz aber im Besitz der Landeshoheit waren, so kämen nochmals weit mehr als tausend Kleinterritorien vor allem im zersplitterten südwestdeutschen Raum hinzu. Aus diesem Blickwinkel – und auf juristische Argumente musste sich die Reichsritterschaft stützen, um fürstliche Expansionsbestrebungen abzuwehren – standen Ritter wie die Rotenhan, Berlichingen und Gemmingen-Hornberg gleichberechtigt neben den Kurfürsten von Trier und den Herzögen von Bayern. Im 18. Jahrhundert gab es nicht wenige Publizisten, die sich für die Freiheiten und Rechte der Reichsritter einsetzten und deren landesherrliche Superiorität und territoriale Integrität zu begründen suchten.

Kontroversen um die Staatlichkeit des Reiches

Idealisierend stellte Pütter dieses komplizierte Verfassungsgefüge des Reiches noch in dessen Spätzeit als ein funktionierendes System sich wechselseitig ergänzender Staatlichkeit dar. Als „Kleinstaaterei", „Partikularismus" und „anarchische Zerreißung des Vaterlandes" dagegen deutete in nationalstaatlicher Perspektive die Geschichtsschreibung des 19. Jahrhunderts die kleinteiligen Strukturen des Alten Reiches, das Nebeneinander von bedeutenden Mittelstaaten, Duodezfürstentümern, geistlichen Wahlstaaten, Reichsstädten und kleinen Herrschaften, von denen die einen politisch handlungsfähig waren, manche sogar nach 1648 außenpolitisch auf der Basis eines entstehenden Völkerrechts miteinander agierten, und andere wie Köthen, Weimar, Mannheim, Darmstadt oder Bayreuth eher kulturelle Ambitionen verfolgten – ein „naives Traumleben" führten „inmitten der gemüthlichen

Anarchie eines patriarchalischen Völkchens", wie Heinrich von Treitschke, ein bedeutender Vertreter der borussisch-deutschen Nationalgeschichtsschreibung, 1882 geradezu vernichtend über die thüringische Staatenwelt schrieb.

Statik und Dynamik seit dem Spätmittelalter

Der häufige Verweis auf die verwirrende, scheinbar unstrukturierte Territorienvielfalt des frühneuzeitlichen Reiches legt die Vorstellung nahe, dass alle Reichsglieder gleichrangig oder zumindest in gleicher Weise selbständig und autonom gewesen seien. Abhängigkeiten, Einflusszonen sowie räumliche Beziehungsgeflechte und damit die Strukturen der Reichsverfassung selbst drohen bei einer solchen Lesart verschleiert zu werden, zumal die bloße Zahl der „Gemeinwesen", als die Anton Friedrich Büsching die Reichsstände in seiner „Neue[n] Erdbeschreibung" bezeichnete, noch nichts über das jeweils erreichte Ausmaß an Staatlichkeit und die komplementäre Funktion des Kaisertums aussagt. Kriterien wie Reichsunmittelbarkeit und Herrschaftstitel reichen offensichtlich nicht aus als Ordnungskategorien für die sich seit dem Spätmittelalter dynamisch entwickelnden Territorien, deren politisch-ökonomische Bedeutung ihrer verfassungsrechtlichen Stellung in der Rangfolge der reichsständischen Gruppen schon bald nicht mehr entsprach.

Reichsverfassung und Machtverteilung

Die Diskrepanz zwischen Besitzstands- und Machtverteilung blieb im Grundsatz bis zum Ende des Heiligen Römischen Reiches erhalten. Der Kurfürst von Mainz etwa, der den bedeutendsten Bischofsstuhl in der *Germania Sacra* innehatte, seit Mitte des 14. Jahrhunderts bei Römischen Königswahlen eine besondere Vorrangstellung besaß und als Reichserzkanzler leitende Funktionen bei den Versammlungen der Kurfürsten und Reichsstände wahrnahm, galt traditionell als der vornehmste Fürst des Reiches. Seine Rolle war jedoch nicht auf die Entfaltung von Militär- und Machtstaatlichkeit innerhalb seines bevölkerungs- und ressourcenarmen Erzstifts angelegt, sondern ganz auf eine Stellung innerhalb der Reichsverfassung. Zwar nahmen die geistlichen Fürsten nicht anders als die weltlichen am Prozess der Territorialisierung der politischen Gewalt im Reichsgefüge teil. Gerade die Mindermächtigen aber – und zu ihnen zählten neben den land- und machtarmen reichsritterschaftlichen und reichsgräflichen Familien auch die meisten geistlichen Fürstentümer – waren in hohem Maße auf das Rechts- und Verfassungssystem des Reiches und den Rückhalt beim Kaiser angewiesen, der sie als politische Klientel betrachtete und gegen territoriale Begehrlichkeiten mächtiger weltlicher Nachbarn in Schutz zu nehmen suchte.

Orientierung einzelner Reichsstände

Es sagt viel aus über die Ausformung territorialer Staatlichkeit nach dem Dreißigjährigen Krieg, dass in den letzten Jahrzehnten des

Reiches nur noch die geistlichen Fürsten am Kaiserhof in Wien um ihre Belehnung nachsuchten – für die weltlichen war eine solche Investitur schon lange nicht mehr mit ihren Vorstellungen von Landeshoheit zu vereinbaren. Während einzelne Reichsstände wie Sachsen, Hessen-Kassel, Hannover, Württemberg, Bayern und vor allem Brandenburg-Preußen und Österreich einen immer größeren Vorsprung vor den kleineren gewannen und zu regionaler Hegemonialstellung aufstiegen, nahm die Zahl der schwächeren und gefährdeteren zu, die fortan beim Reichstag und bei den Reichsgerichten Schutz suchten und dort ihre Interessen geltend machten.

Aufstiegs- und Abstiegsprozesse

Die Gründe dafür, dass sich längst nicht alle mittelalterlichen Herrschaftsbildungen während der Frühen Neuzeit zu Territorialstaaten weiterentwickelten, sind vielfältig und angesichts der Heterogenität und Ungleichzeitigkeit der einzelnen Aufstiegs- beziehungsweise Abstiegsprozesse nur schwer zu verallgemeinern. Die Grenze zwischen Territorialstaat, Klein- und Kleinstherrschaft war, wie die Entwicklung in den nur wenige Quadratkilometer umfassenden Grafschaften Nassau-Dillenburg und Solms-Braunfels exemplarisch zeigt, häufig unscharf. Die Größe eines Territoriums entschied freilich nicht zwingend über dessen territorialpolitische Potenz und Modernität – die österreichischen Erblande liefern ein Beispiel dafür, dass Teilregionen zu großer Herrschaftsgebilde oft nur schwer zu integrieren waren. Dennoch waren es vor allem die kleinen und kleinsten Herrschaftsgebilde, die Mehrzahl der Grafen und Herren, die Reichsstädte und die Freie Ritterschaft, die dem Druck der Großen nicht gewachsen waren. Zu behaupten vermochten sich kleinere Reichsstände zwischen mächtigeren Herrschaftskonkurrenten dann, wenn ihre Einverleibung in größere Staatsgebilde einen zu hohen Preis gefordert hätte. Wer ungefähr bis Mitte des 16. Jahrhunderts eine autonome Stellung gegenüber den größeren Landesherren erreicht hatte, konnte sie in der Regel auch später behaupten. Der Verstaatlichung solcher Herrschaftsbereiche blieben allerdings enge Grenzen gesetzt, so dass sie auch in späterer Zeit auf den Schutz der Reichsinstitutionen und des Reichsoberhaupts angewiesen waren. „Territorialstaatlichkeit“ hieß in diesen Fällen vor allem eine rechtlich gleichgestellte Untertanenschaft, eine relativ geschlossene Grundherrschaft mit gleichen Besitzrechten der Bauern sowie eine einheitliche Gebots- und Gerichtsgewalt der Obrigkeit.

Umfang von Territorialstaatlichkeit

Bedeutung der Lage im Reichsgebiet

Wichtiger als die Größe waren die Geschlossenheit des einzelnen Territoriums und dessen Lage im Reichsgebiet. Im Norden und Osten, wo die Zahl kleinerer Herrschaften geringer war, gelang mächtigeren Fürsten wie den Landesherren von Brandenburg oder Sachsen sogar eine endgültige Vereinnahmung der benachbarten Bistümer. Die Habsburger, Hohenzollern und Wettiner wiederum hatten anderen Dynastien im Reich gegenüber den Vorteil, kontinuierlich in den staatlich weniger verdichteten Raum zwischen Ostsee und Adria ausgreifen und aus dem Erwerb auswärtiger Kronen einen Souveränitätsanspruch im Reich ableiten zu können. Der preußisch-österreichische Dualismus um die Vorherrschaft im Reich fand sein Pendant nicht zufällig im gleichzeitigen Kampf um die Prädominanz in Ostmitteleuropa, der im Zuge der Teilungen Polen-Litauens im letzten Drittel des 18. Jahrhunderts einen ersten Höhepunkt erlebte. Bedeutsam für einen längerfristigen Erfolg im Staatsbildungsprozess waren überdies dynastische Kontinuität, Würde und Prestige der regierenden Obrigkeit, ferner deren politische Wirkungsmacht und der innergesellschaftliche Konsens mit den regionalen und lokalen Gewalten. Die Fähigkeit der Fürstenstaaten, Konflikte mit den Untertanen aus eigener Kraft beizulegen und so eine Intervention über auswärtige Institutionen wie den Reichshofrat zu vermeiden, war ein wichtiger Gradmesser für ihre Stellung im Reichsverband. Gleiches gilt für den Einfluss auf Reichsinstitutionen wie das *Corpus Evangelicorum* und die Machtbasis, sich unter Umständen sogar außerhalb der Reichsgrenzen als Schutzmacht für bestimmte Gruppen zu profilieren – hier ist vor allem an Preußen zu denken, das sich nach dem machtpolitischen Niedergang Schwedens Anfang des 18. Jahrhunderts mit Erfolg als Schutzmacht für diskriminierte und verfolgte Protestanten im östlichen Europa zu profilieren verstand.

Ursachen für Erfolg im Staatsbildungsprozess

Territorienübergreifende Zusammenschlüsse

Die kleineren, über kein flächenmäßig und rechtlich geschlossenes Territorium verfügenden und in viel höherem Maße als ihre fürstlichen Gegenspieler auf den Schutz des Kaisers angewiesenen Reichsstände erkannten durchaus die staatlichen Defizite ihrer Herrschaften und versuchten diese durch territorienübergreifende Zusammenschlüsse zumindest abzuschwächen. Die Grafenvereine, die sich zunächst in der Wetterau, in Schwaben, Franken und nach 1648 auch in Westfalen bildeten, trugen maßgeblich dazu bei, die eigene Kleinräumigkeit durch interne Abstimmung und gemeinsame Außenvertretung zu überwinden. Auch Reichsprälaten und Reichsritter fanden regional in ähnlichen Korporationen zusammen. Die Freien und Reichsstädte entwickelten mit dem Städtetag sogar eine reichsweit tätige Institution. In der Regel ging die politische Aktivität dieser reichsständischen Gruppen jedoch von den traditionell kaisernahen Gebieten des Reiches in Schwaben, Franken und am Rhein aus. Die übergreifenden Organisationen der Grafen, Ritter, Städte und Prälaten zeigen insofern zwar die Möglichkeiten, vor allem aber die Grenzen korporativer Staatlichkeit: An Macht und Durchsetzungsvermögen konnten sich die Corpora, die keine obrigkeitlichen Rechte besaßen, gerade weil ihre Mitglieder die eigene Handlungsfreiheit nicht einengen wollten, mit den Landesfürstentümern nicht messen. Einer zielgerichteten Interessenpolitik stand überdies die Heterogenität der Mitglieder – auch in konfessioneller Hinsicht – entgegen: Beim Niederrheinisch-Westfälischen Reichsgrafenkollegium stammten diese aus sechs Reichskreisen, und auf der Rheinischen Prälatenbank saßen praktisch alle nicht in Schwaben ansässigen Äbte, Pröpste und Äbtissinnen – von Herford im Norden und Kaisheim im Süden bis nach Regensburg im Osten und Cornelimünster im Westen.

Formenvielfalt geistlicher Reichsterritorien

Nicht geringer als bei den weltlichen war die Formenvielfalt bei diesen geistlichen Reichsterritorien, unter denen wenige große, den allgemeinen Prozess territorialer Verdichtung mitvollziehende Fürstentümer wie die Hochstifte Mainz und Würzburg kleineren Gebilden gegenüberstanden, die wie St. Emmeram zu Regensburg oder die Damenstifte in Lindau und Buchau am Federsee im Vorfeld der Staatlichkeit verharrten. Am ausgedehntesten waren die bischöflichen Besitzungen von Salzburg und diejenigen von Münster in Westfalen. Ihnen folgten Köln, Mainz, Trier, Würzburg und Bamberg, während die Stiftsgebiete von Freising, Regensburg, Speyer, Konstanz oder Eichstätt recht klein waren. Äbtische Gebiete, etwa die Fürstpropstei Ellwangen, hatten mitunter eine stattliche Ausdehnung, umfassten üblicherweise jedoch selten mehr als zwei Dutzend Dörfer. Ähnlich wie das Herzogtum Sachsen-Gotha unter den weltlichen Reichsständen kann das Fürststift Kempten unter den geistlichen als Musterbeispiel für ein Territorium gelten, das administrativ-juridische und politische Strukturen eines typischen Kleinstaates aufwies.

Veränderungen zwischen Reformation und Säkularisation

Die Zahl der 83 in der Wormser Reichsmatrikel von 1521 genannten Prälaturen, die in ihrer Mehrheit im Südwesten des Reiches lagen, verringerte sich bis 1792 auf 40. Die gleiche Tendenz lässt sich im genannten Zeitraum bei den im Reich residierenden Diözesanbischöfen feststellen, die zugleich Landesherren ihrer Hoch- beziehungsweise Erzstifte und damit reichsunmittelbare Fürsten waren: Ihre Zahl reduzierte sich vom frühen 16. bis zum späten 18. Jahrhundert um mehr als die Hälfte auf 24. Zwei Erzbistümer (Bremen, Magdeburg) und neun Bistümer, größtenteils in Norddeutschland gelegen, waren im Gefolge der Reformation säkularisiert und aufgehoben worden, zehn weitere wurden im Zuge der Arrondierung großer Territorialstaaten mediatisiert, also der Landeshoheit eines anderen Reichsstandes unterworfen: So wurden unter anderem Meißen, Naumburg und Merseburg kursächsisch, Lebus, Brandenburg und Havelberg kurbrandenburgisch. Andere Bischöfe schieden aus dem Kreis der Reichsstände aus, weil ihre Länder an Nachbarstaaten fielen. Das Hochstift Lübeck zählte zwar bis 1803 reichsrechtlich zu den geistlichen Ständen und wurde nominell von einem Bischof regiert, bildete aber bei Lichte besehen seit Mitte des 16. Jahrhunderts eine Sekundogenitur des evangelischen Hauses Holstein-Gottorf.

Spezfika geistlicher Herrschaft im Alten Reich

Innerhalb der territorialen Herrschaftskonkurrenz besaßen die geistlichen Fürsten gegenüber ihren weltlichen Herausforderern durchaus Vorteile. So waren beispielsweise in geistlichen Wahlfürstentümern das Erlöschen der Dynastie und die Zerschlagung des Territoriums im Weg der Erbteilung ausgeschlossen, Entwicklungen also, die im Territorialisierungsprozess der weltlichen Herrschaften immer wieder eine Schlüsselrolle spielten. Nicht zu übersehen sind allerdings die vielen Probleme und Auseinandersetzungen, die sich zum einen aus der geistlich-weltlichen Doppelfunktion der Bischöfe und zum anderen aus der fehlenden Kongruenz von Bistum und Hochstift ergaben. Die oft weit über die Hochstiftsgebiete hinausragenden Grenzen der Diözesen umfassten die weltlichen Territorien des Reiches mit, ja in einigen Fällen reichte die geistliche Jurisdiktion eines Bischofs sogar in das weltliche Hochstift eines Amtsbruders hinein. Auch die Hochstifte selbst bildeten häufig keine geschlossenen Territorien. Kurmainz etwa bestand aus einer Fülle verstreuter Einzelgebiete: in erster Linie aus dem Unterstift mit der Hauptstadt Mainz und dem Oberstift mit dem Zentrum Aschaffenburg, dem Eichsfeld mit Heiligenstadt in Thüringen, der Stadt Erfurt sowie kleineren Gebieten links des Mains und im Raum der Bergstraße. Es war eher die Ausnahme, wenn Friedrich Karl von Schönborn 1729 nach seiner Wahl zum Fürstbischof von Bamberg und Würzburg feststellen konnte, dass er nicht nur reiche, sondern auch „uninterrumpierte Länder" regieren werde. Die fränkischen Bischöfe hatten zudem den Vorteil, dass sie die Landeshoheit über ihre Residenzstädte Bamberg und Würzburg unangefochten erhalten konnten, die andernorts ganz oder teilweise verlorengegangen war. Der Kurfürst von Köln beispielsweise regierte nicht in seiner Bischofsstadt, sondern in Bonn, der Fürstbischof von Augsburg in Dillingen.

Reichskirche und weltliche Herrschaftskonkurrenz

Konkrete Enteignungsprojekte der Reichskirche sind bereits aus der zweiten Hälfte des 17. Jahrhunderts in größerer Zahl bekannt. Die ernsthafteste Säkularisationsgefahr ergab sich 1742/43 durch den von Preußen entwickelten Plan, dem wittelsbachischen Kaiser Karl VII. aus den Hochstiften Eichstätt, Freising, Regensburg und Salzburg eine ausreichende Hausmacht zu schaffen und andere Reichsstände entsprechend zu entschädigen. Dieser Plan stand bereits im Zeichen einer Formierung der im Inneren immer souveräner agierenden größeren Territorialstaaten gegen das habsburgische Kaisertum, die im machtpolitischen Antagonismus zwischen Preußen und Österreich ihren Gipfel erreichen sollte. Die vollständige Liquidation der Reichskirche in napoleonischer Zeit kam dennoch einer territorialen Revolution gleich: Unabhängig von ihrer Stellung im Reich wurden alle geistlichen Fürstentümer vom Erzbistum bis zur Reichspropstei sowohl herrschafts- als auch vermögensrechtlich in den Besitz weltlicher Territorien überführt. Die flächenstaatlichen Bestrebungen der mächtigeren deutschen Höfe trafen sich dabei mit dem Interesse Frankreichs an einer Schaffung arrondierter, leistungsfähiger deutscher Pufferstaaten. Der Reichsdeputationshauptschluß (1803) sah vor, die geistlichen Herrschaften – und zudem viele kleinere Territorien sowie alle Reichsstädte mit Ausnahme von Lübeck, Hamburg, Bremen, Frankfurt am Main, Nürnberg und Augsburg – aufzuheben und ihre Gebiete den größeren Fürstentümern zuzuschlagen.

Haus Habsburg im Reichsverband

Auch in anderer Hinsicht deutete sich seit dem Dreißigjährigen Krieg eine nachhaltige Veränderung der politischen Raumstruktur des Reiches an, die eng mit dessen konfessioneller Entwicklung zusammenhing. Das eigentliche Machtzentrum, das katholische Haus Habsburg, begann sich sukzessive aus dem Reichsverband herauszuentwickeln und auf die Festigung der eigenen Territorialherrschaft in den österreichisch-böhmischen Ländern und in Ungarn zu konzentrieren. Dass die staatliche Verselbständigung dieses Länderkomplexes schon im 17. Jahrhundert von Publizisten und Gelehrten gefordert wurde, zeigt die wirtschaftspolitische Kampfschrift „Oesterreich Uber alles wann es nur will“ aus dem Jahr 1684. Nach Auffassung ihres Autors, Philipp Wilhelm von Hörnigk, sollten die innerhalb wie außerhalb des Heiligen Römischen Reiches gelegenen habsburgischen Länder, die „gleichsam nur einen Leib formiren“, so organisiert werden, dass sie „beynahe wie eine kleine Welt in sich selbst“ bestehen und sich „in kurzem über alle andere Staat von Europa“ erheben könnten. Franz I., der aus Lothringen gebürtige Ehemann Maria Theresias, war 1749 das erste Reichsoberhaupt, das offen nach dem Wert und politischen Nutzen der Kaiserkrone fragte. Mit Argwohn hütete Wien zwar auch in den kommenden Jahrzehnten den Anspruch auf das Kaisertum, doch stand dahinter zugleich das Kalkül, durch die Kaiserwürde das internationale Ansehen der österreichischen Monarchie zu festigen und die Rangerhöhung konkurrierender Dynastien zu verhindern. Als sich Napoleon 1804 allerdings zum erblichen Kaiser der Franzosen krönte und damit

Territorialherrschaft und Kaiserwürde

die alten Mächte Europas herausforderte, nahm Franz II. im Gegenzug (als Franz I.) den Titel eines Kaisers von Österreich an und begründete damit ein neues territoriales Gebilde, das sich mit der beibehaltenen römischen Kaiserwürde nicht mehr vereinbaren ließ.

## 3. Von fürstlicher Herrschaft zu territorialer Staatlichkeit

### *3.1 Machtanspruch, Verwaltungsorganisation und Beamtenapparat*

Wandel der Landesherrschaft zum Territorialstaat

Ein Ausspruch der bayerischen Herzöge Mitte des 14. Jahrhunderts, dass „ire land freie land" seien und dort weder „der pabst, kayser noch kunig" etwas zu gebieten hätten, ist ein frühes Zeugnis für den im Spätmittelalter einsetzenden, die Jahrhunderte zwischen Reformation und Aufklärung in besonderer Weise prägenden Wandel der Landesherrschaft zum Territorialstaat. Dieser im Einzelnen vielgestaltige, in ungleichen Rhythmen verlaufende Transformationsprozess wird allgemein mit Begriffen wie Rationalisierung, Verrechtlichung und Bürokratisierung der Herrschaft, Sozialdisziplinierung und Säkularisierung umschrieben. Dabei darf jedoch nicht übersehen werden, dass der werdende Territorialstaat weder die fortdauernden persönlichen Rechtsbeziehungen zwischen Landesherr und Untertan im Sinn staatsbürgerlicher Gleichheit einebnete noch die traditionalen, von ständischen und lokalen Kräften mitbestimmten Verfassungsstrukturen zur Gänze aufzuheben vermochte.

Staatsaufgaben und Machtmittel

Mit dem Anwachsen der Staatsaufgaben nahmen die Mittel zu ihrer Erledigung und damit die Möglichkeiten fürstlicher Herrschaftsausübung und Autoritätssteigerung spürbar zu. Im Gegensatz zum mittelalterlichen Herrscher verfügte der frühmoderne Fürst über eine Vielzahl von Machtmitteln, die ihn zu einer Durchsetzung seiner Anordnungen befähigten. Sie bestanden in natürlichen Ressourcen, Geldmitteln, Amtsträgern und Soldaten, vor allem aber in der Fähigkeit, diese Machtmittel kurzfristig und in weitgehendem Umfang für die Zwecke des Staates zu mobilisieren. Mochte die Qualität der territorialstaatlichen Souveränität nach innen und nach außen auch starke Abweichungen und Widersprüche aufzeigen, so scheint es angesichts der beträchtlichen Kumulation von Macht in der Hand des Fürsten und der Steigerung seiner Selbstherrschaft nach dem Dreißigjährigen Krieg doch berechtigt, in der letzten Phase des frühmodernen, vorkonstitutionellen Staates von einem Zeitalter des Absolutismus zu sprechen.

Wandel der politischen Diskurse

Der spürbare Einschnitt, den das 16. und 17. Jahrhundert im Prozess der Staatsbildung darstellen, lässt sich nicht zuletzt ideen- und begriffsgeschichtlich und im Wandel der politischen Diskurse belegen. Der im Sinn eines institutionalisierten Herrschaftsgefüges und Machtapparats weitverbreitete Terminus „Staat“ konzentrierte sich mehr und mehr auf die fürstliche Herrschaft, Verwaltung und Hofhaltung, auch wenn er in seinem semantischen Feld unbestimmt und noch das ganze 18. Jahrhundert für unterschiedliche Bedeutungen offen blieb. Man erkannte dieser Organisation immer deutlicher neben dem Privatrecht eine eigene Rechtssphäre zu, das *ius publicum*, das seit 1600 an deutschen Universitäten gelehrt wurde.

Staatsräson

Der frühmoderne Staat benötigte öffentlich-rechtlich geschulte Juristen, die den zusehends komplexer werdenden staatlichen Organisations- und Regelungszusammenhang zu durchdringen vermochten. Bestimmend für die neue Lehre von der Eigengesetzlichkeit der Politik und der Überordnung der staatlichen über alle damit konkurrierenden Interessen wurde das politische Schlagwort der Staatsräson (*ragione di stato*), das in jener Zeit in Deutschland Aufnahme fand und sich hier mit der Auseinandersetzung um die Lehre Machiavellis verband. Die Radikalität voraussetzungsloser Politik stieß hier allerdings mehrheitlich auf Widerspruch. Ablesbar ist dieses Unbehagen etwa am publizistischen Werk des lutherischen Staatsdenkers Dietrich Reinkingk, der jede eigenständige, den immanenten Gesetzen staatlicher Machtbehauptung entspringende politische Theorie scharf bekämpfte und in der Lehre von der Staatsräson ein *monstrum rationis* sah, eine bloße „Betrieg-Kunst“, die an den Grundfesten des staatlichen Lebens und der christlichen Moral rüttele. Eine ungebundene, von religiösen und ethischen Bindungen befreite Gewaltpolitik wies auch der Jurist und Polyhistor Hermann Conring zurück, der im *bonum commune*, im Gemeinwohl, die eigentliche Staatsräson sah, der Obrigkeiten und Bürger gleichermaßen verpflichtet seien.

Bindungen der Politik und Grenzen der Staatsräson

Vertreter eines schroffen Absolutismus dagegen wie der Kameralist Wilhelm Schröter, der den Fürsten im Namen der Staatsräson zu unerbittlicher Konsequenz anhielt und im Fall des eigenen Nutzens selbst Vertrags- und Treuebruch rechtfertigte, waren im Heiligen Römischen Reich selten anzutreffen. Die Verrechtlichung der Staatsräson war unverkennbar, die Bindung an göttliches und natürliches Recht, an geschworene Eide und Staatsgrundgesetze (*leges fundamentales*) im Allgemeinen die Regel. Dass mit Bezug auf die Staatsräson in den Territorialstaaten gleichwohl alte Privilegien und Freiheiten aufgehoben, Steuern ausgeschrieben oder erhöht und landesherrliche Gesetze begründet wurden, ließ den auf die Verteidigung ständischer Rechte bedachten Johann Jacob Moser 1769 in seinem Werk „Von der Teutschen Reichs-Stände Landen, deren Landständen, Unterthanen, Landes-Freyheiten, Beschwerden, Schulden und Zusammenkünfften" kritisch-ironisch von der Staatsräson als einer „universal-Staats-Medicin" sprechen.

Hof und Verwaltung

Im 13. und 14. Jahrhundert waren der Hof und die Verwaltungsfunktionen selbst der größeren Landesherrschaften noch vergleichsweise einfach beschaffen. Einer leistungsfähigen und funktional differenzierten Landesverwaltung, die vor allem die Geldbeschaffung effizienter und kontrollierbar machen sollte, genügten die älteren Einrichtungen schon im Spätmittelalter nicht mehr. Der Auf- und Ausbau eines von der Hofverwaltung getrennten, organisatorisch mehrschichtigen und allein vom Regenten abhängigen administrativen Systems führte aber nur langsam zu einer Unterscheidung von fürstlich-privater und staatlicher Verwaltungssphäre – der Hof blieb überall im 16., teilweise sogar noch im 18. Jahrhundert nicht nur die größte Verwaltungsinstitution, sondern behielt auch seine Bedeutung für die fürstliche Repräsentation und die Selbstdarstellung des sich räumlich und kommunikativ verdichtenden Territorialstaates. Die wechselseitige Abhängigkeit der die Hoforganisation regelnden Ordnungen, die seit 1450 in großer Dichte in vielen, auch kleineren Fürstentümern erlassen wurden, begünstigte Gemeinsamkeiten in der Verwaltungsgesetzgebung der einzelnen Territorien.

Landesfürstliche Zentralverwaltung

Ihren Ausgang nahm die landesfürstliche Zentralverwaltung am Hof, wo mit den bereits vorhandenen Hofämtern gesicherte Stellen zur Verfügung standen, deren Aufgaben sich am leichtesten durch Verwaltungsfunktionen ergänzen oder neu bestimmen ließen. Nachhaltige Modernisierungsimpulse gingen dabei von Institutionen des Reiches aus. Um 1500 entwickelte sich als wichtigste Behörde und wirksamstes Machtinstrument des Fürstenstaats der Hofrat (Regierung, Ratsstube), zunächst in Bayern, Kursachsen, den habsburgischen Ländern, Kurpfalz und Württemberg, im Laufe des 16. Jahrhunderts dann auch in den meisten anderen Territorien. Das oft zu täglichen Sitzungen zusammentretende, mit umfassenden Zuständigkeiten ausgestattete Gremium war – in modernen Kategorien ausgedrückt – oberstes Verwaltungs- und Rechtsprechungsorgan. Speziellere Kompetenzen für einzelne Ratsmitglieder innerhalb der Hofratskollegien waren zunächst nicht vorgesehen.

Auf- und Ausbau zusätzlicher Verwaltungsinstitutionen

Die Fähigkeit, Sachkomplexe und Zuständigkeiten zu unterscheiden, und auch eine entsprechende Praxis lassen sich in den größeren

Territorien aber schon während des 16. Jahrhunderts erkennen. Hier kam es zu einer Ausgliederung oder Neueinrichtung einzelner Ratsgremien neben dem Hofrat und der Kanzlei: Es entstanden Hofgerichte, die meist vier Sitzungsperioden im Jahr abhielten, Räte für kirchliche Angelegenheiten in protestantischen wie in katholischen Territorien (lutherische und reformierte Konsistorien; Geistlicher Rat in Bayern) und solche für militärische Belange. Ein sich ausschließlich höchsten Staatsgeschäften widmender Geheimer Rat, Vorläufer der späteren Ministerien für Inneres und Äußeres, ist für Österreich und Bayern schon vor 1600 nachgewiesen. Eine eigenständige Kammerverwaltung zur Koordinierung aller territorialen Einnahmen und Ausgaben entwickelte sich dagegen nur schleppend. Mit der Einrichtung eines zweiten voll ausgebildeten Kollegialorgans neben dem Hofrat waren die meisten Reichsstände ganz offensichtlich personell und finanziell noch lange überfordert.

Lokalverwaltung und Grenzen fürstenstaatlicher Machtentfaltung

Ähnliches gilt in räumlicher Hinsicht für die lokale Ebene, in der die noch nicht einheitliche Staats- und Regierungsgewalt angesichts fehlender Ressourcen, schlechter Verkehrswege und ungenügender Kommunikationsmöglichkeiten sowie anderer struktureller Engpässe bis weit in das 18. Jahrhundert oft nur schwach und überdies diskontinuierlich präsent war. In der Lokalverwaltung der aus mehreren Landesteilen zusammenwachsenden Fürstenstaaten blieb es lange bei den hergebrachten, vielfach in Personalunion wahrgenommenen Ämtern der Rechtspflege, Polizei und Finanzverwaltung, die erst ganz allmählich unter straffere Kontrolle der fürstlichen Zentralinstitutionen gebracht wurden. Dort, wo selbstbewußte Lokal- oder Regionaleliten das Sagen hatten, blieben halbautonome Gebilde und Korporationen bestehen und entzogen sich einer Kontrolle des Landesherrn. Sie markieren am deutlichsten die Grenzen fürstenstaatlicher Machtentfaltung. Auch deshalb kam dem kirchlichen Apparat im konfessionellen Zeitalter besondere Bedeutung zu, denn Pfarrer waren noch in den kleinsten Dörfern zugegen und konnten im weitesten Sinn Funktionen weltlicher Amtsträger wahrnehmen. Eine wirksame Kontrolle der Regionen zog sich in den einzelnen Territorien unterschiedlich lange hin. Sogar im Herzogtum, seit 1623 Kurfürstentum Bayern, das in der ersten Phase der frühmodernen Staatsbildung in den deutschen Territorien eine Vorreiterrolle einnahm und erst danach von Preußen und Österreich überrundet wurde, dauerte es bis zur Mitte des 17. Jahrhunderts, ehe die Lokalverwaltung landesfürstlicher Aufsicht unterworfen werden konnte.

Beispiele administrativer Systeme

Am Beispiel von Bayern lässt sich ebenfalls demonstrieren, dass die Zahl der Beamtenstellen trotz beständiger Zunahme letztlich überschaubar blieb. So stieg die Zahl der Hofräte in der Zentralverwaltung zwar von sechs in den fünfziger auf 35 in den neunziger Jahren des 16. Jahrhunderts; bis 1630 fiel sie jedoch wieder auf 15 zurück, während im gleichen Zeitraum die Zahl der Kammerräte in der seit 1550 bestehenden Hofkammer auf 16 anstieg – ein sicheres Indiz für die gestiegene Bedeutung der Finanzen. Ähnliche Beobachtungen lassen sich andernorts machen. Als Kurfürst Friedrich Wilhelm von Brandenburg Mitte des 17. Jahrhunderts eine Neuorganisation seines Geheimen Rates in Angriff nahm und diesen in 19 Ressorts unterteilte, standen für deren Leitung überhaupt nur zehn, zum Teil außerhalb Berlins beschäftigte Räte zur Verfügung, so dass die verbliebenen Räte zunächst drei und mehr Ressorts übernehmen mussten. Abgesehen von einem weiteren Differenzierungsschub des Herrschaftsapparats und der Einrichtung mittlerer und unterer Verwaltungsstellen lassen sich zunächst keine besonderen Unterschiede zur Zeit vor dem Dreißigjährigen Krieg beobachten. Dies gilt auch für die zahlreichen Regierungshandbücher und „Policey"-Schriften, deren ursprüngliches Ziel, die „gute Ordnung", sich nur langsam in die inhaltlich unbestimmtere Zweckbestimmung „Wohlfahrt" wandelte.

Absolutistische Verwaltungsformen im 18. Jahrhundert

Die unmittelbaren Wirkungen der absolutistischen Verwaltungsreformen im 18. Jahrhundert sollten, auch wenn sie ohne Zweifel staatsbildende Kräfte entfalteten, nicht überschätzt werden. Dies gilt auch für den preußischen Staat, dessen Leistungsfähigkeit in der deutschen Historiographie lange Zeit überbewertet worden ist. Auch in Preußen verloren die Stände zwar im Bereich der Steuer- und der Militärverwaltung in allen Landschaften wesentlich an Terrain. Doch selbst hier umfasste der bürokratische Apparat für den Gesamtstaat – vom Generaldirektorium also bis hin zu den städtischen Steuer- und den halbständischen Landräten – im Todesjahr Friedrichs II. 1786 lediglich rund 500 Personen. Höher als alle organisatorischen Veränderungen wird man wohl die Tatsache zu gewichten haben, dass die Landesherren ihre Beamten immer strikter an ihre politischen Entschlüsse und Willensbekundungen zu binden vermochten.

Beamtenschaft als weltliche Funktionselite

Das Wachstum der Beamtenschaft, die sich – in gewisser Weise vergleichbar mit dem materiell abhängigen, jederzeit an einen anderen Ort versetzbaren Klerikerstand – als weltliche Funktionselite entwickelte, begleitete das Wachstum des frühmodernen Staates. Die Anstellungsvoraussetzungen variierten von Territorium zu Territorium teilweise erheblich. Während Anwärter auf eine Stelle im württembergischen Oberrat schon seit 1573 Proberelationen ablegen mussten, wurden solche in der Grafschaft Fürstenberg oder in Kurmainz erst seit

Mitte des 18. Jahrhunderts gefordert. Im Hochstift Osnabrück ließ man 1756 letztmalig einen Amtsträger ohne Universitätsausbildung zum Richteramt zu. Bildung wurde während der Frühen Neuzeit immer deutlicher zur Voraussetzung für eine Karriere im landesfürstlichen Dienst. Der Bedarf der expandierenden Verwaltung an fachlich geschultem Personal, das alles gemäß der „guten Policey", den neu entwickelten Normen obrigkeitlichen Handelns, zu ordnen und zu lenken suchte, bot aber auch soziale Aufstiegschancen. Die neue Schicht der meist bürgerlichen Juristen erlaubte es den Landesherren schon bald, auf die Dienste von Adel und Geistlichkeit zu verzichten und die Verwaltung insoweit aus der Abhängigkeit der beiden führenden Gesellschaftsgruppen zu lösen.

Vom Fürstendiener zum Staatsdiener

In der Regel hatten die Beamten, die in einer neuen Art von Dienstverhältnis zu ihrem Landesherrn standen, seit dem späten 16. Jahrhundert auch dessen Konfession anzugehören. Ihre in Instruktionen festgehaltenen Amtspflichten banden sie noch nicht in einem rechtsstaatlichen Verständnis an die gesetzliche Ordnung, sondern an den Willen des Regenten. Ämterkauf, vererbliche Amtsübertragung und ein weitverzweigtes Klientelwesen waren mit dem frühneuzeitlichen Rechtsverständnis ebenso vereinbar wie eine Vergütung mit Geld- und Naturalleistungen. Die Entwicklungstendenz vom Fürstendiener zum qualifizierten, bürokratischen Verwaltungsnormen gehorchenden Staatsdiener einerseits, zum territorialen Dienstrecht der landesherrlichen Beamten andererseits ist jedoch durchweg erkennbar. 1678 erschien postum das mehr als achthundertseitige Werk „Hyparchologia, seu de officialibus, magistratibus et administris" des ein Jahr zuvor gestorbenen württembergischen Fürstendieners Nikolaus Myler von Ehrenbach, ein erstes Handbuch des Beamtenrechts, das über Anstellungsvoraussetzungen, Regelarbeitszeiten und Dienstortwechsel ebenso zuverlässig informierte wie über Fragen von Pflichtverletzungen, Ämtererschleichung und Korruption. Bis zum späten 18. Jahrhundert vermochte sich die Bürokratie dann nicht nur von der ständischen, sondern auch von der fürstlichen Einflussnahme in weiten Teilen zu emanzipieren.

Handbuch des Beamtenrechts

Aktenführung und Archivierung

Mit einer ständigen und ortsfesten Regierung sowie einem sesshaft werdenden Beamtentum verbesserten sich die Bedingungen, Akten zu führen und zu bewahren. Die seit dem 16. Jahrhundert sprunghaft zunehmende Vielfalt des Aktenschriftguts und der Aktentypen gibt der Epoche das Signum des „Aktenzeitalters". Neue Verwaltungstechniken wurden eingeführt, Behördenordnungen mit festen Dienstzeiten und Vorschriften erlassen, spezielle Kanzleigebäude errichtet und als institutionelles Gedächtnis der Regierung Archive eingerichtet – das machte die Verwaltungstätigkeit überschaubar und überprüfbar, und es erhöhte zugleich die Durchsetzungskraft des Machtapparats. Gottfried Wilhelm Leibniz sprach 1680 in seinem „Entwurff gewisser Staats-Tafeln“ vom „neü gemachten Staats perspectifs“, mit dessen Hilfe sich der Landesherr durch die Einrichtung eines Archivs und einer Registratur Nachrichten über den Zustand des ganzen Landes verschaffen und „eines der beqvämsten instrumenten zu einer löblichen selbst-regirung“ bedienen könne. Dauerhafte Beweiskraft besaßen seit dem 18. Jahrhundert nur noch diejenigen Schriftstücke, die in einem von der Obrigkeit anerkannten Archiv aufbewahrt wurden. Das Recht, Archive einzurichten und die darin gelagerten Dokumente mit besonderer Glaubwürdigkeit auszustatten, leitete man aus der Landeshoheit ab. Wissen als Ressource landesfürstlicher Handlungsfähigkeit und Gestaltungsmacht wurde so nicht nur prägend für eine systematische und rationale Verwaltungsarbeit, sondern auch für die Legitimierung und Verdichtung von Staatlichkeit schlechthin.

Wissen als Ressource

### *3.2 Rechtsordnung und Finanzwesen*

Recht, Justiz, Finanzen: Nagelprobe landesfürstlicher Macht

Der frühmoderne Fürstenstaat war nicht nur Verwaltungsstaat, der seine Gebote und Verbote über einen bürokratischen Apparat bis in den verborgensten Winkel des Territoriums zu übermitteln und – wenigstens im Prinzip – durchzusetzen suchte. Er war auch Gesetzgebungs- und Steuerstaat. Recht, Justiz und Finanzen waren sozusagen die Nagelprobe landesfürstlicher Machtansprüche, denn hier war die werdende Staatsgewalt am stärksten mit konkurrierenden Ansprüchen anderer Herrschaftsträger, mit widerwilligen Landständen und renitenten Untertanen konfrontiert. In denjenigen Territorien, in denen die Verstaatlichung des Rechts und die Gewöhnung der Einwohner an eine dauerhafte Besteuerung gelang, konnte sich Staatlichkeit mit allen Zeichen des neuen Herrschaftsverständnisses etablieren.

Ausweitung der Gesetzgebung

Mit der in Europa während des 14. Jahrhunderts einsetzenden Verschriftlichung des Rechts, die durch eine Aufzeichnung des unsystematischen, unsicher und unübersichtlich gewordenen Gewohnheitsrechts begann, hatte eine neue Epoche des Rechtsdenkens und der Rechtskultur eingesetzt. Ebenfalls europaweit lässt sich zwischen 1450 und 1550 eine quantitative Ausweitung der Gesetzgebung feststellen. Die im Übergang zum territorialen Obrigkeitsstaat der Frühen Neuzeit im Heiligen Römischen Reich zahlreicher werdenden Landrechtskodifikationen und Landesordnungen (Sachsen 1446 und 1482, Württemberg 1495, Böhmen 1500, Bayern 1518, Tirol 1526, Brandenburg 1527, Kurköln 1538) sind Zeugnis landesfürstlichen Strebens nach Rechtsklarheit, Rechtseinheit und Rechtserneuerung.

Publikation von Gesetzen

Die *lex scripta*, die seither als alleiniger Garant von Rechtssicherheit und Gerechtigkeit galt, ist allerdings in vorkonstitutioneller Zeit noch recht allgemein als Ergebnis autoritativer Setzung oder Darstellung von Recht zu verstehen, denn häufig war das Gesetz mehr eine Richtlinie und Handlungsanweisung für die ausführende Verwaltung als eine abstrakte, generelle Norm mit unbestimmtem Adressatenkreis. Das Katzenelnbogener Landrecht von 1591 wurde erst 1799 durch einen Rechtsgelehrten privat gedruckt, und selbst in der preußischen Monarchie des 18. Jahrhunderts blieben weite Teile der Gesetzgebung unpubliziert. In der Regel wurden die landesherrlichen Edikte eines Territoriums an Behörden und Ämter verschickt, vor Ort den Untertanen von der Kanzel oder durch weltliche Amtsträger vorgelesen und anschließend öffentlich angeschlagen. Wichtige Gesetze ließ man im Abstand von einigen Monaten oder auch Jahren erneut verlesen.

Gesetzgebung im Reich und in den Territorien

Dass sich allgemein Gesetzgebungskompetenz und Gesetzgebung während der Frühen Neuzeit auf die Ebene der erstarkenden Territorialstaaten verlagerten, ist nicht zuletzt eine Folge des sukzessiven Rückgangs der Gesetzgebungsarbeit des Reichstags seit Ende des 16. Jahrhunderts. Das Fehlen eines *Corpus iuris germanici*, so Samuel Stryk 1690 im ersten Teil seines juristischen Hauptwerkes „Usus modernus Pandectarum", habe erheblich zur Schwäche der kaiserlichen Machtstellung und zur Stärke der reichsfürstlichen Rechtspositionen beigetragen. Ein anderer Rechtsgelehrter, Dietrich Hermann Kemmerich, ging 1721 noch einen Schritt weiter und erklärte den Reichsgesetzgeber bei Lichte besehen für entbehrlich.

Typen von Rechtsetzung

Die Unterschiede zwischen den einzelnen Typen der Rechtsetzung, an denen die Landstände nicht in gleicher Weise partizipierten, sind zum Teil erheblich. Während das Landrecht beispielsweise noch von der Auffassung geprägt war, Recht bestehe aus einer unwandelbaren, der Disposition des Menschen weitgehend entzogenen Ordnung, zeugen die Landesordnungen bereits vom Gedanken einer grundsätzlichen Konstruierbarkeit der Rechts- und damit auch der gesellschaftlichen und der staatlichen Ordnung. Die Vorstellung, das Gesetz sei in erster Linie Ausdruck des Herrscherwillens und insofern hoheitlicher Befehl, änderte sich erst im Zeitalter der Aufklärung, das gerade auf dem Feld der Gesetzgebung beachtliche Leistungen vorzuweisen hat.

Kodifikationen im Jahrhundert der Aufklärung

In Österreich und Preußen, aber auch in den deutschen Mittelstaaten, in Bayern, Hessen-Darmstadt, Hessen-Kassel, Baden, Hannover, Mecklenburg und Kursachsen, wurden Gesetzesvorhaben in Angriff genommen, deren Ziel eine vernunftgemäße Regelung zusammengehöriger Rechtsinhalte in umfassenden Kodifikationen war. Das in über 19000 Paragraphen das Staats-, Stände-, Lehn-, Kirchen-, Straf- und Privatrecht erfassende „Allgemeine Landrecht für die preußischen Staaten", mit dessen Ausarbeitung 1780 unter König Friedrich II. begonnen worden war, trat 1794 unter seinem Nachfolger in Kraft. Der Hauptschöpfer des Gesetzbuches war zwar der Überzeugung, dass der Herrscher die Quelle der Gesetze (*princeps fons legum*) sei, betrachtete jedoch selbst den absolutistischen Landesherrn als unter dem „höchsten Gesetze des gemeinen Rechts" stehend.

Grenzen der Gesetzgebungsmacht

Obwohl die Landesherren die Macht, Gesetze zu geben, zu interpretieren, aufzuheben oder davon zu dispensieren, zu ihren wichtigsten Majestätsrechten zählten und das Recht als probates Mittel politischer Gestaltung verstanden und einsetzten, so blieben sie doch an Natur- und Völkerrecht, an die christlichen Fundamente der Sozialordnung und die überterritoriale Gesetzgebung des Reiches gebunden. Die vielerorts belegten Klagen über die Nichtbeachtung obrigkeitlich erlassener Gesetze noch im 18. Jahrhundert weisen zudem darauf hin, dass die Flut von Edikten, Mandaten, Reskripten und Befehlen die Gerichte nur zum Teil erreichte. Von dem bereits mehrfach zitierten einflussreichen Juristen Johann Jacob Moser ist das bezeichnende Urteil überliefert: „Müntz- und Policey-Ordnungen währten nicht länger, als von zwölf Uhr biß Mittag."

Auswirkungen in Alltag und Arbeitswelt

Gleichwohl lassen gerade die frühneuzeitlichen Polizei- und Landesordnungen erkennen, dass der aktive Gesetzgebungsstaat das alltägliche Leben der Untertanen, ihre Lebensräume und Lebensgewohnheiten in einem zuvor nicht gekannten Maße bestimmte und reglementierte. Denn diese Ordnungen fassten nicht nur naheliegende Vorschriften über die innere Sicherheit oder das Wirtschaftsleben zusammen. Sie enthielten auch, um nur einige Beispiele zu nennen, detaillierte Bestimmungen über Junggesellen und „Jungfrawen, die Männer suchen", sie ermahnten Eltern, „gute Hauß Zucht" zu halten und schrieben den einzelnen Ständen vor, wie viele Gäste zu Hochzeiten und Taufen zu laden seien und auf welche Weise ein „züchtiger Ehrlicher Tanz" gehalten werden durfte. Generell war die Einhaltung solcher Bestimmungen im überschaubaren, durch Mauern abgegrenzten Gebiet einer Stadt leichter zu kontrollieren als in einem Territorialstaat als ganzem, wo häufig schon an den Landesgrenzen bestimmte Edikte angeschlagen und entsprechende Warnstöcke errichtet wurden, die das strafbewehrte Verbot auch bildlich darstellten.

Juristenausbildung

Die intensivierte und zunehmend großräumigere Rechtsanwendung bedurfte juristisch vorgebildeter Amtsträger, an denen es in den meisten Territorien fehlte. Um dem Mangel an gelehrten Räten, Syndici und Diplomaten begegnen zu können, mussten Universitäten ausgebaut oder neu gegründet, zugleich aber auch überwacht werden. Der Richter am Reichskammergericht und spätere Kanzler des Fürstentums Braunschweig-Wolfenbüttel Johann Mynsinger von Frundeck empfahl seinem Landesherrn 1580 mit Blick auf die junge welfische Universität Helmstedt: „Es lassen alle Chur- und Fürsten im gantzen heiligen Reiche Ire verordneten Hoffgerichte an denen orten halten da sie ihre bestellte Universiteten und hohen schulen haben. Also hat der Churfürst pfaltzgraf zu Heidelberg, der Churfürst zu Sachsen zu Leipzig und Wittenberg, der hertzog von Würtemberg zu Tübingen, die Landtgraffen zu Heßen zu Marburg und die hertzogen von Mecklenburg zu Rostockh, der hertzog von Bayern zu Ingolstadt, und solches geschieht wegen dieser gelegenheit, das der mehrer theil Irer Chur und F. Gdn. Professores zu Assessoren auch gebraucht und mit einer besoldung gehalten werden können." Die relative Enge und Vielgestaltigkeit der öffentlichen Verhältnisse in Deutschland ließen eine theoretische Vorbildung an den während des 16. und 17. Jahrhunderts mehrheitlich von Landesherren in großer Zahl gegründeten Universitäten sinnvoll erscheinen, zumal die Juristischen Fakultäten ihrerseits als Spruchkollegien (Obergerichte) in Gesetzgebung und -fortentwicklung tätig waren. Auch dies bestärkte die Fürsten, die Juristenausbildung in ihren Territorien in besonderer Weise zu fördern.

Finanzpolitik als Herrschaftstechnik

Das finanzpolitische Vorgehen der Landesfürsten ist gewiss nicht ausschließlich im Kontext rationaler Machtsteigerung zu sehen. Im Ergebnis aber erwies sich die permanente Besteuerung der Untertanen ebenso wie die territoriale Gesetzgebung als neue Herrschaftstechnik zur Egalisierung der jeweils besonderen Rechtsbeziehungen aller Landesbewohner zum Landesherrn, zur Beseitigung von Immunitäten, zum Abbau lokaler Besonderheiten und damit zur Vereinheitlichung des Territorialstaats. Ein solches Gebilde war auf längere Sicht ohne Steuern nicht lebensfähig. Mit der Professionalisierung von Administration und Gerichtswesen vermochte die Finanzverwaltung allerdings während des gesamten 16. und frühen 17. Jahrhunderts nicht Schritt zu halten. Im finanziell-fiskalischen Bereich sind insofern die strukturellen Schwächen des entstehenden frühmodernen Territorialstaates am deutlichsten zu erkennen.

Modernisierung des Finanzwesens

Im Vordergrund stand zunächst nicht die Erschließung neuer Geldquellen, sondern die Kontrolle der Einnahmen und Ausgaben, ohne die ein Überblick über die Finanzverhältnisse nicht zu gewinnen und ein rationales Wirtschaften unmöglich war. Die entscheidende Voraussetzung für eine Modernisierung des Finanzwesens war die Geldwirtschaft. Der kostenintensive Transport der Geldmittel in die Zentrale bereitete ebenso Schwierigkeiten wie die zunehmende Vielfalt der Münzprägungen und damit der umlaufenden Sorten, die Buchführung und die Mischung von Natural- und Geldwirtschaft. Die Verbesserung der finanztechnischen Maßnahmen ging mit finanzpolitischen Überlegungen einher, um Auswege aus den zahlreichen, zunächst das Münzgeld, später auch die entstehenden Banknoten betreffenden Geldkrisen zu finden, die durch den akuten Finanzbedarf der Territorialstaaten ausgelöst wurden.

Ausgaben und Einnahmen

Ähnlich wie in Hessen, wo die Anteile der Domäneneinkünfte – das waren 1529 noch rund 90 Prozent der Gesamteinnahmen – im Laufe des 16. Jahrhunderts sukzessive gegenüber den Steuereinkünften zurückgingen, stießen selbst reiche Territorien wie die Kurpfalz und Kurmainz (Rheinzölle) oder Kursachsen und Tirol (Bergbau) an die Grenzen ihrer Leistungskraft und mussten für die Bedürfnisse von Hof, Zentralverwaltung, Außenpolitik und Militär neue Finanzquellen erschließen. Die systematische Nutzung des landesherrlichen Besitzes einschließlich der nutzbaren Hoheitsrechte (Regalien) wie Zoll- und Münzrecht bot keine nachhaltige Abhilfe. Besonders teuer waren vor allem Kriege, die die jährlichen Gesamteinnahmen der Zentralverwaltung rasch um ein Vielfaches überstiegen. Ohne zusätzliche Steuern waren diese Ausgaben nicht mehr finanzierbar.

Ausbau des territorialen Steuerwesens

Verschiedene Reichstagsbeschlüsse begünstigten seit Ende des 15. Jahrhunderts den Ausbau des territorialen Steuerwesens. So kam man beispielsweise 1555 überein, dass für die Erhebung und Verwaltung der Reichssteuer künftig nicht mehr die Organe des Reiches, sondern die einzelnen Reichsstände zuständig sein sollten. Da aufgrund der Türkengefahr fast jährlich außerordentliche Reichssteuern erhoben wurden, konnten die Fürsten auf diese Weise ein eigenes, von den Landständen unabhängiges und zentral organisiertes Finanzsystem aufbauen. Zugleich eröffnete sich eine Möglichkeit, die Untertanen an nahezu regelmäßige Steuerzahlungen zu gewöhnen. Der Weg in den Steuerstaat, den Hessen bereits im 16. Jahrhundert eingeschlagen hatte, verlief regional ungleichzeitig und kannte zahlreiche Varianten. Im Grundsatz aber folgte er dem gleichen Muster – auch wenn es noch Jahrhunderte dauern sollte, bis der Staat die Domänenwirtschaft ganz aufgab und sich ausschließlich aus Steuern finanzierte.

Steuertypen und Steuererhebung

Die Zahl der Steuertypen weitete sich nach 1500 beträchtlich aus.

Der generelle Trend ging dabei seit dem frühen 17. Jahrhundert zu einer Erhebung von Steuern auf den Verbrauch bestimmter Konsumgüter (Akzise). Im Gegensatz zur Kopf- und zur Vermögenssteuer waren indirekte Steuern, die bisher für die Städte charakteristisch waren und sich nunmehr auch in der Fläche ausbreiteten, ohne hohen Verwaltungsaufwand zu erheben und besonders ertragreich, da sich ihnen kaum jemand entziehen konnte. Sie zählten überdies nicht zu den zustimmungspflichtigen Steuern, so dass man mit ihrer Hilfe das ständische Bewilligungsrecht selbst dort unterlaufen konnte, wo sich dieses ohne größere Einschnitte erhalten hatte. Und schließlich konnten die Verbrauchsabgaben, sofern sie nicht auf Waren des täglichen Bedarfs wie Bier, Salz und andere Grundnahrungsmittel gelegt wurden, als leidlich gerecht gelten, versprachen also eine größere Akzeptanz als Steuern auf den liegenden Besitz oder das Vermögen der Steuerpflichtigen.

Steuerlast und Steuerwiderstände

Aufstände wie derjenige des „Armen Konrad“ in Württemberg – so bezeichneten sich die geheimen Bauernbünde, die sich 1514 gegen Herzog Ulrich erhoben – lassen freilich das hohe Konfliktpotential erkennen, das die Einführung neuer, vor allem die arme Bevölkerung treffende Verbrauchssteuern in sich barg. Die seit 1600 sprunghaft ansteigende Zahl von Steuerverfahren, mit denen sich das Reichskammergericht immer häufiger zu befassen hatte, sowie die Ausbildung eines Steuerrechts als eigenständiges Rechtsgebiet zeigen allgemein die Grenzen der Belastbarkeit. Gestritten wurde um die Rechtmäßigkeit der einseitigen Steigerung alter oder der Einführung neuer Steuern, die Zuständigkeit bei ihrer Erhebung und die Verteilung der Steuerlast innerhalb eines Territoriums auf Adel, Geistlichkeit und Städte. Fälle von Steuerverweigerung und Steuerrevolten lassen sich vielerorts finden, ebenso Beispiele für eine mitunter gewaltsame Steuererzwingung. Der Ausbau des Steuerstaates war von Beginn an vom Widerstand gegen die wachsende Steuerlast begleitet.

Geldbedarf und Steuerorganisation

Vor allem der häufige Kriegszustand und der chronische Geldbedarf zur Finanzierung stehender Regimenter zwangen die Landesfürsten nach dem Dreißigjährigen Krieg zur Suche nach neuen organisatorischen Lösungen. In Brandenburg-Preußen entwickelte sich unter dem Diktat knapper Finanzen bis Mitte des 18. Jahrhunderts aus institutionell bislang kaum verflochtenen Kreisdeputierten, Kriegskommissaren sowie Amts- und Kammerräten eine effektive und zudem kostengünstig arbeitende Steuerorganisation in Form von Landräten, Kriegs- und Domänenkammern sowie des Generaldirektoriums als oberstem Leitungsgremium; die getrennte Verwaltung von Domänen und Steuern wurde beseitigt. Fortschritte machten zudem die ordnungsgemäße Steuererhebung, die eine Einrichtung von Steuerverzeichnissen (Feuerstättenverzeichnisse, Gültbücher, Kataster) voraussetzte, sowie das Kassen-, Rechnungs- und Kontrollwesen.

Zusammensetzung der Gesamteinnahmen

Die historisch gewachsenen, in den deutschen Territorialstaaten bis zum Ende des 17. Jahrhunderts etablierten Steuersysteme bestanden größtenteils ohne substantielle Änderungen bis zum Ende des Alten Reiches weiter. Das „Allgemeine Landrecht für die preußischen Staaten" fasste 1794 „alle Arten der Staatseinkünfte, welche aus dem Besteuerungsrechte, aus dem besonderen Staatseigenthume, den nutzbaren Regalien und anderen Staatsabgaben fließen", unter dem Begriff des Fiskus zusammen. Die Zusammensetzung der Gesamteinnahmen zeigt allerdings erhebliche Unterschiede: Während der Anteil direkter und indirekter Steuern in den größeren Territorien am Ende des Alten Reiches durchweg gegen 70 Prozent der Staatsfinanzen erreichte, kamen in kleineren deutschen Staaten wie Mecklenburg-Strelitz oder Schaumburg-Lippe noch im 19. Jahrhundert teilweise mehr als 50 Prozent der Einkünfte aus den Domänen.

### *3.3 Landesherrliches Kirchenregiment, Säkularisation und Staatskirchentum*

Ausdehnung landesherrlicher Befugnisse

Aufgaben des weltlichen Kirchenregiments gehörten bereits zur Sphäre der spätmittelalterlichen Fürstenherrschaft. In den bedeutenderen Territorien war es den Landesherren im 15. Jahrhundert gelungen, die konkurrierende geistliche Gerichtsbarkeit zurückzudrängen, Aufsichts- und Visitationsrechte gegenüber der Kirche durchzusetzen und den Klerus zu besteuern. Klöster und Stifte wurden durch den Ausbau und die Umgestaltung der herkömmlichen Schirmvogtei des Landesherrn unter Kontrolle gebracht. Abtstellen und Stiftspfründen mussten vielfach dazu herhalten, die Beamten der neuen landesfürstlichen Verwaltung zu versorgen. Im Norden und Osten des Reiches waren weltliche Fürsten erfolgreich bei ihren Bemühungen, die eigene Autorität und Machtfülle gegenüber benachbarten Hochstiften zu steigern und diese in den Herrschaftsverband einzugliedern, andernorts vermochten sie zumindest die Rechte der an sich wahlberechtigten Domkapitel einzuschränken und Einfluss auf die Besetzung der Bischofsstühle zu gewinnen. Angesichts

Konkordate

der weitgehenden Interessenallianz zwischen Landesherren und Kurie konnten diese Befugnisse mit Hilfe päpstlicher Indulte vielfach in eigene Rechte verwandelt und durch Konkordate mit Rom beziehungsweise Verträge mit den zuständigen Diözesen und Erzdiözesen abgesichert werden. Was um 1450 sprichwörtlich, wenn auch überspitzt über den Herzog von Kleve gesagt wurde – „Dux Cliviae est papa in territoriis suis" –, bringt allgemein die Ausdehnung landesherrlicher Befugnisse in Kirchensachen auf den Punkt.

Machtsteigerung im Zuge der Reformation

Auf diesen Grundlagen baute das fürstliche Kirchenregiment des 16. Jahrhunderts auf, das durch die Reformation entscheidend intensiviert wurde und für die Landesherren aller christlichen Bekenntnisse eine beträchtliche Machtsteigerung bedeutete. Auch wenn die Instrumente und Institutionen territorialstaatlicher Kontrolle nicht zuletzt aufgrund der besonderen Verfassungsstruktur des Reiches im Einzelnen große Unterschiede zeigen, so galten doch die geistlichen Befugnisse der Landesherren schon bald als integraler Bestandteil ihrer „Landtsfürstlichen Obrigkeit". Die *iura ecclesiastica*, die im protestantischen Bereich nach dem Augsburger Religionsfrieden von 1555 von den katholischen Bischöfen auf die evangelischen Reichsstände übergingen, wurden Teil der Territorialgewalt beziehungsweise des *ius maiestatis*. Nach der – erst später entstandenen – Formel *cuius regio eius religio* erhielt der einzelne Landesherr den Religionsbann (*ius reformandi*), das Recht, das Bekenntnis seiner Untertanen und damit das Kirchenwesen seines Landes zu bestimmen. Die faktisch längst etablierte territoriale Kirchenhoheit war damit für die Zukunft reichsrechtlich abgesichert worden. Da die Landeshoheit ihrerseits Voraussetzung der freien Wahl einer der anerkannten Konfessionen war, brachte die religiöse Entwicklung im 16. und 17. Jahrhundert zugleich einheitliche Kriterien für die Beantwortung der Frage hervor, was genau unter *superioritas territorialis* zu verstehen und wem dieses Recht eigentlich anhängig sei. Zugute kam dies besonders der Reichsritterschaft, der 1648 im Westfälischen Frieden mit dem Religionsbann auch die Landeshoheit zuerkannt wurde.

Absicherung territorialer Kirchenhoheit

Modelle im Reich und in den Territorien

Während sich in den Territorien so die prinzipielle Konfessionseinheit durchsetzte, galten im Reich als übergeordnetem Verfassungssystem bikonfessionelle Offenheit, Parität und rechtliche Neutralität. Die Katholiken hatten sich den auf den Schutz und die äußere Entfaltungsfreiheit des evangelischen Kirchenwesens abzielenden Bestrebungen zuerst widersetzt, sie später aber aufgenommen und in den Dienst der Gegenreformation gestellt. Die katholische Seite hielt gleichwohl bis in das 18. Jahrhundert daran fest, dass die Kirchengewalt den Territorialfürsten nur als Sachwalter und Treuhänder der Kirche anvertraut worden sei. Mit deren tatsächlicher Herrschaftsfülle waren solche Beschränkungsversuche des Religionsbanns und Kirchenregiments freilich längst nicht mehr zu vereinbaren.

Spezifika der Konfessionskirchen

In vielerlei Hinsicht reichte das Kirchenregiment lutherischer und reformierter Obrigkeiten weiter als das katholischer Territorialherren, die nicht primär eine Änderung des Leitungssystems anstrebten und zudem von der überlieferten Glaubenslehre auszugehen hatten, also beispielsweise kein neues Eherecht entwickeln mussten. In den katholischen weltlichen Fürstentümern blieb das Kirchenwesen Teil der überstaatlichen und zumindest nominell staatsunabhängigen Organisation der mittelalterlichen römischen Kirche. Noch stärker an das kanonische Recht waren naturgemäß die geistlichen Fürsten gebunden.

Kirchenorganisation und -verwaltung

Wichtige Instrumente beim Aufbau einer Kirchenorganisation in den protestantischen Territorien waren zunächst landesherrliche Visitationen und mehr oder weniger eigenständige Kirchenordnungen. Die Unmöglichkeit, alle evangelischen Kirchen unter einer Lehrnorm und einer Kirchenordnung zusammenzubringen, förderte das Entstehen territorialer Bekenntnisse und Landeskirchen mit gewissermaßen zufälligen Grenzen. Dass die kirchliche Verwaltung sich gleichsam als Seitenzweig der im Aufbau befindlichen weltlichen Bürokratie entwickelte, lässt sich besonders deutlich bei den durch Theologen und landesherrliche Juristen besetzten Konsistorien erkennen, die im 16. Jahrhundert als Zentralbehörden für Kirchen-, Schul- und Eheangelegenheiten in den größeren lutherischen Territorien wie Sachsen oder Württemberg entstanden.

Katholischer Klerus und protestantische Geistlichkeit

Mit der Auflösung der alten Kirchenverfassung verschwand zugleich der hohe Klerus als politischer Stand. Die protestantische Geistlichkeit sollte sich der Seelsorge widmen, unterrichten und erziehen, nicht aber herrschen und politische Funktionen wahrnehmen. Das kirchliche Personal gewann einen beamtenähnlichen Status und unterstand dem jeweiligen Landesherrn, der als *summus episcopus* an die Spitze der neu gebildeten Landeskirchen trat und – wie in Brandenburg-Preußen – auch gegenüber katholischen Untertanen die oberbischöfliche Gewalt beanspruchte. Er vereinigte damit die weltliche und geistliche Obrigkeit in einer Hand – *ius territoriale* und *ius episcopale* fielen in den protestantischen Territorien zusammen. Entsprechend lässt sich zwischen Polizeiordnungen und Kirchenordnungen, in denen die reformatorischen Grundanliegen im Hinblick auf Gottesdienst und sakrale Praxis fixiert wurden, inhaltlich wie formal eine enge Verwandtschaft beobachten. Dass es dennoch auch zwischen neugläubigen Landesherren und protestantischer Geistlichkeit zu heftigen Konflikten kommen konnte, zeigte sich bereits in der ersten Generation nach Luther. Ähnliche Aufgaben wie die protestantischen Konsistorien nahmen die 1570 zuerst in Bayern, 1577 dann im katholischen Teil Badens,

1601 im Erzstift Köln und 1602 in Münster gebildeten Geistlichen Räte wahr, die das kirchliche und religiöse Leben kontrollierten, die Klöster beaufsichtigten und die personelle Besetzung von Pfarreien und Kollegiatstiften steuerten.

Verfügungsgewalt über das kirchliche Vermögen

Das Ausmaß des staatlichen Einflusses hing nicht zuletzt von der Frage ab, wie groß die landesherrliche Verfügungsgewalt über das kirchliche Vermögen war. Es war lange Zeit strittig, ob die territoriale Kirchenhoheit die evangelischen Reichsstände berechtige, im Zuge des Neuaufbaus ihres Kirchenwesens landsässige Klöster und Stifte zu säkularisieren. Im Grundsatz bedingt und begründet waren die vielfältigen Kirchengutsveränderungen durch ein neues geistliches und rechtliches Verständnis von Kirche und Weltlichkeit in der reformatorischen Theologie. Wie sehr die landesherrlichen Gewalten im Ergebnis ihren unmittelbaren Besitz durch die Säkularisation der geistlichen Grundherrschaften zu erweitern vermochten, lässt sich exemplarisch am albertinischen Herzogtum Sachsen zeigen, wo sich die Reformation besonders früh durchgesetzt hatte. Während die großen Klosterherrschaften Altzella, Chemnitz, Grünhain, Zschillen-Wechselburg und Remse in landesherrlich-staatliche Ämter umgewandelt und jene von Buch und Döbeln zur Vergrößerung anderer Ämter verwendet wurden, wies man die reichen Besitzungen des Meißener Kreuzklosters und des Klosters Nimbschen den neu gegründeten Landesschulen Meißen und Grimma zu. Darüber hinaus gelang es den Wettinern auf unterschiedliche Weise, die drei sächsischen Hochstifte Meißen, Merseburg und Naumburg-Zeitz in das sächsische Territorium einzugliedern; nur mit Rücksicht auf die Reichsverfassung behielten die früheren Stiftsgebiete in verfassungs- und verwaltungsmäßiger Hinsicht noch eine gewisse Eigenständigkeit. Die Ausbildung eines geschlossenen Territoriums ist durch die Reformation daher kräftig beschleunigt worden. Im Norden und Osten des Heiligen Römischen Reiches schuf der religiöse Aufbruch Anfang des 16. Jahrhunderts Verhältnisse, für die im Süden und Westen Deutschlands erst der Reichsdeputationshauptschluss von 1803 die Voraussetzungen schaffen sollte.

Eingliederung von Bistümern

Konfessionalisierung von Kirche, Staat und Gesellschaft

Der frühmoderne Staat profitierte nicht nur materiell von den Säkularisationen und Sequestrationen, die weltlichen Machthaber dehnten auch – aus Verantwortungsbewusstsein wie aus Machtwillen – ihre Tätigkeiten auf Bereiche des öffentlichen Lebens aus, die bislang in der Kompetenz einer von der Obrigkeit größtenteils unabhängigen Kirche gelegen hatten: auf Ehe und Familie, Schule und Bildung, Armen- und Krankenfürsorge. Die Konfessionalisierung von Kirche, Staat und Gesellschaft, die sich seit der zweiten Hälfte des 16. Jahrhunderts in protestantischen wie katholischen Territorien in bemerkenswerter Strukturähnlichkeit vollzog, trug generell zur Vereinheitlichung der Territorien bei und grenzte sie deutlich von Gebieten mit anderem Bekenntnis ab. Gemäß der vorherrschenden Maxime der Politiktheorie *religio vinculum societatis* sah man die Einheit des Glaubens als eine wesentliche und unverzichtbare Voraussetzung für politische und gesellschaftliche Stabilität an. Ein konfessionell disziplinierter Untertan war nach Ansicht katholischer wie evangelischer Gelehrter auch ein gehorsamer Untertan. Da religiöser Dissens mit tatsächlicher oder zumindest potentieller Illoyalität gleichgesetzt wurde, rechtfertigte das Ziel religiöser Einheit zugleich Strafe und Zwang. Das Bestreben, zumindest im eigenen Herrschaftsbereich die religiöse Einheit zu bewahren oder herzustellen, hatte daher im nachreformatorischen Deutschland eine Fülle von Gewaltexzessen, regelrechten Religionskriegen und konfessionellen Migrationsbewegungen zur Folge. Auf der anderen Seite bedeutete die konfessionelle Homogenisierung aber auch einen Zugewinn an politisch-territorialer Identität. Rivalisierende Territorialherren, die wie in Bayern und der Pfalz oder den beiden Hessen aus derselben Dynastie stammten, konnten ihre Abgrenzungsbestrebungen daher durch ihr voneinander abweichendes Bekenntnis untermauern.

Kirchenregiment und Staatsräson

Mit zunehmender Durchsetzung einer vernunftrechtlichen Staatsauffassung änderte sich die theoretische Begründung des *regimen ecclesiasticum*, das nicht länger historisch aus der Übertragung der bischöflichen Rechte durch den Augsburger Religionsfrieden abgeleitet, sondern staatstheoretisch als untrennbarer Bestandteil der Territorialhoheit beziehungsweise der Souveränität des Landesherrn aufgefasst wurde. Die *cura religionis* der Obrigkeit, die bisher primär dem Wohl der Kirche gegolten hatte, orientierte sich fortan uneingeschränkt am Nutzen des Staates. Je weniger die Landesherren sich als Amtmänner Gottes verstanden, desto heftiger wurde die Kritik gegen eine religiös nicht mehr gebundene Staatsräson: Wenn „ein Regent/ der Ratio Status in acht nimt/ unter desselben Nahmen frey thun mag alles was ihm gelüstet“, so der Wolfenbütteler Hofprediger Joachim Lütkemann in seiner berühmten „Regenten-Predigt“ von 1655, dann werde endgültig „das herrliche Bild Gottes im Regiment in ein schändlich Bild des Satans verwandelt“.

Innerprotestantische Konkordienversuche

Die nach dem Westfälischen Frieden verstärkt einsetzenden innerprotestantischen Konkordienversuche standen lange im Zeichen des territorialen, absolutistische Tendenzen begünstigenden Kirchenregiments, was ihre zumindest vordergründige Erfolglosigkeit zum Teil zu erklären vermag. Der Ausbau der monarchischen Herrschaftsgewalt stand auch bei der in der zweiten Hälfte des 17. Jahrhunderts aufkommenden Forderung nach Gewissensfreiheit zunächst noch im Mittelpunkt. Das Toleranzedikt Ernst Casimirs I. von Ysenburg-Büdingen von 1712, das früheste offizielle Dokument einer derart weit gefassten Toleranz im Heiligen Römischen Reich, ist ein Beispiel dafür, wie territoriales Recht Zug um Zug das Reichsrecht ablöste. In der kleinen Reichsgrafschaft in der Wetterau sollte künftig niemand benachteiligt werden, nur weil er sich zu einer anderen als der reformierten Landeskonfession oder „auß Gewissens-Scrupel“ zu gar keiner „äusserlichen Religion“ bekenne. Wegen seines Edikts handelte sich der Graf immerhin noch eine Anzeige und einen Prozess beim Reichskammergericht ein, denn es war rechtlich äußerst umstritten, ob ein Landesherr aus eigener Machtvollkommenheit überhaupt eine Konfession dulden dürfe, die reichsrechtlich zwar anerkannt war, die aber im betreffenden Territorium selbst im so genannten Normaljahr 1624 keinen solchen Besitzstand aufzuweisen hatte. In den größeren Territorialstaaten blieben vergleichbare Religionsedikte bereits ohne juristische Konsequenzen. Die Konsistorien wurden hier im 18. Jahrhundert zum Teil vollständig in die Ressorts der allgemeinen staatlichen Verwaltung eingegliedert und damit auch äußerlich in den Dienst des evangelischen Fürstenstaates gestellt.

Staatskirchentum in katholischen Territorien

In dieser Zeit verdichteten sich die landesherrlichen Eingriffsrechte in den inneren Kirchenbereich auch in den katholischen Territorien zu einem System des Staatskirchentums. Das von dem bereits genannten Hallenser Juristen Christian Thomasius und anderen protestantischen Rechtsgelehrten mit antikatholischer Spitze entworfene Bild eines monströsen Gemeinwesens, das einem Kalb mit zwei Köpfen gleiche und keine Souveränität gegenüber der Kirche besitze, verfehlte seinen Eindruck weder in Bayern noch in Österreich. Im Zentrum standen allerorts Bestrebungen, den Einfluss auswärtiger Kirchenoberer – einschließlich des Papstes – zu verkleinern, kirchliche Autonomiebereiche und korporative Partizipationsrechte einzuebnen und den gesamten Temporalienbereich der Kirche herrschaftlicher Kontrolle zu unterwerfen.

Kirchliche Raumstruktur

Durch einen weltlichen Rechtsakt, nicht auf Grundlage einer päpstlichen Bulle unternahm es Joseph II. Ende des 18. Jahrhunderts, die kirchlichen Diözesangrenzen mit den politischen Verwaltungsgrenzen in Einklang zu bringen und die bisherigen Zuständigkeiten auswärtiger Bischöfe auf die Kirche in Österreich auszuschalten. Sein Vorgehen gegen Reichsstifte wie Passau, Salzburg, Regensburg und Lüttich stellte bei Lichte besehen einen schweren Angriff auf die Reichsverfassung dar. Die entsprechenden Verordnungen, die das traditionelle Bündnis von habsburgischem Kaiser und *corpus catholicorum* empfindlich störten und die auch in anderen Bereichen zu beobachtenden Verselbständigungstendenzen der Erblande erneut offen vor Augen führten, fasste der mit der Durchführung der Kirchenreformen beauftragte Hofrat Franz Joseph von Heinke gegenüber dem Wiener Erzbischof Kardinal Migazzi in dem Satz zusammen: „Jede Dióces ist nichts anders als ein Teil des Landes." Die österreichische Staatskirchenpolitik, die schon unter Maria Theresia eingesetzt hatte, brachte damit im Verhältnis von Staat und Kirche ähnliche Erscheinungen hervor wie das landesherrliche Kirchenregiment der protestantischen Fürsten im 16. Jahrhundert: territorialkirchliche Strukturen, staatliche Festsetzung kirchlicher Zirkumskriptionen, Ersetzung reichskirchlicher Diözesen durch Landesbistümer, Vermögensaufsicht, Aufhebung von Klöstern und Einbeziehung oder Umwidmung von Kirchengut, Stellenbesetzungs- und Besteuerungsrechte, Verstaatlichung und Zentralisierung der Pfarrerausbildung und allgemein Ausdehnung der staatlichen Hoheit auf die Kirche.

Verhältnis von Staat und Kirche

### *3.4 Militär und Krieg*

Innere Staatsbildung und äußere Machtpolitik

Auch wenn der Unterschied zwischen Fehde und Krieg noch längere Zeit eher quantitativer als qualitativer Natur war, so hatten doch Kaiser und Territorialfürsten seit Mitte des 16. Jahrhunderts die legale Gewaltanwendung weitgehend in ihren Händen konzentriert. Die innerstaatliche Friedlosigkeit konnte mit der Durchsetzung des Gewaltmonopols Zug um Zug beseitigt werden. Zwischen den Staaten nahmen die Konflikte dagegen stetig zu: Während der Frühen Neuzeit befand sich Europa weitaus öfter im Kriegs- als im Friedenszustand. Innere Staatsbildung und äußere Machtpolitik waren dabei aufs engste miteinander verzahnt. Denn einerseits war die Militärfinanzierung ein wichtiges Movens fürstlicher Steuerpolitik – die Erhebung regelmäßiger Kontributionen wurde meist mit dem Argument begründet, angesichts der allgemeinen Rüstungszunahme und der Bedrohung des Landes ständige Truppen unterhalten zu müssen. Andererseits war ein eigenes Heer für die Landesfürsten das wirksamste Instrument, um eine aktive Territorialpolitik zu betreiben und ihren Herrschaftsanspruch gegenüber Adel und Untertanen zu untermauern.

Militärwesen und Kriegführung

Militärische Schlagkraft, staatliche Finanzkraft und institutionelle Verdichtung bedingten sich wechselseitig. Die organisatorischen und technischen Innovationen von Militärwesen und Kriegführung, die sich in der Zeit des Übergangs vom adeligen Lehens- und Landesaufgebot über Soldtruppen und Landmilizen zum stehenden Heer des 18. Jahrhunderts beobachten lassen, veränderten daher nicht nur die Struktur der bewaffneten Macht im engeren Sinn. Die von den Militärreformen ausgehenden Impulse hatten zugleich tiefgreifende Folgen für Staat, Gesellschaft und Wirtschaft, in den größeren „armierten" Territorien naturgemäß stärker als bei den kleinen „unbewehrten" Reichsständen ohne permanente Truppenverbände.

Varianten der Heeresaufbringung

Als 1555 die Reichsexekutionsordnung praktische Verfahren zur gegenseitigen Hilfe der Reichsstände bei einem etwaigen Bruch des Landfriedens festlegte, verfügte noch keine Territorialobrigkeit über ständige Heeresteile. Die bisherigen Formen der Heeresaufbringung zeigen überall einen großen Variantenreichtum. Die ältere Aufgebotspraxis erhielt sich zwar zum Teil bis ins 18. Jahrhundert, galt jedoch längst als militärisch ineffizient. Da die „Lehnspferde" für einen Kampfeinsatz so gut wie wertlos waren, lag den Landesfürsten daran, die Gestellungspflicht durch eine Steuer abzulösen. Ihre Bemühungen, sich von den korporativ-intermediären Gewalten zu emanzipieren, waren ohnehin schlecht mit dem adeligen Lehensaufgebot zu vereinbaren. Die auf Zeit geworbenen Söldner wiederum galten nicht nur als unzuverlässig, verroht und undiszipliniert, sie verursachten auch erhebliche Kosten. Angesichts knapper Ressourcen warnte Landgraf Philipp von Hessen 1562 in seinem Politischen Testament eindringlich davor, außer in Fällen wirklicher Landesnot Kriege zu führen: „Das kriegsvolck ist zu tewer. Man kans nicht mehr erhalten. Es mus auch ein her schir alle sein hofgesindt besolden, das zuvor nicht gewesen. Der finantzen sein zuvil. Darumb wollen sie sich huiten vor kriegen und das sprichwort mercken: dulce bellum inexpertis, und darumb sich vor kriegen huiten sovil immer muglichen, sie mussens dan thun, so sie ubertzogen wurden."

Einberufung des Landesaufgebots

In Böhmen hatte der König das Recht, im Kriegsfall das ständische Landesaufgebot einzuberufen. Alle weiteren Entscheidungen fielen allerdings in die Hoheit des Landtags. Dieser entschied über die Größe des Kontingents an bewaffneten Fußsoldaten und Reitern, das die einzelnen Grundherren und Stände zu stellen hatten, und die Verteilung aufzubringender Geschütze und Waffen. Er konnte einzelnen Adeligen Ausnahmen vom Landesaufgebot zugestehen oder beschließen, dass bestimmte Geldsummen alternativ für die Erneuerung wichtiger Burgen oder Festungen verwendet wurden. Der Landtag setzte die Frist fest, bis zu der das Aufgebot im Feld bleiben sollte. Strebte der König einen Einsatz außerhalb der Landesgrenzen an, zu dem die Böhmen

Fristen, Kompetenzen und Kosten

nach Landesrecht nicht verpflichtet waren, hatte darüber ebenfalls die Ständeversammlung zu entscheiden. Zuständig für die Anordnung des Aufgebots und die Heeresleitung war gemäß Landesordnung der an der Spitze der obersten Landesbeamten stehende Oberstburggraf, der auch den Vorsitz im Landtag hatte. Versuche Ferdinands I., diese Befugnisse loyalen Parteigängern zu übertragen und mit der Kriegführung erfahrene Heerführer zu betrauen, scheiterten 1541 am Widerstand der Stände. Die Stände der Nebenländer Mähren, Schlesien, Ober- und Niederlausitz erteilten ferner ihren Abgesandten zu den Generallandtagen in der Regel keine Beschlussvollmacht, so dass Versuche überregionaler Verteidigungsmaßnahmen schon im Ansatz scheiterten. Erfolglos war der König zunächst auch mit seinem Versuch, sich anstelle des Landesaufgebots von den Ständen reine Geldhilfe für die Anwerbung gut ausgebildeter und jederzeit dispositionsfähiger Söldner bewilligen zu lassen. Durchsetzen konnte er lediglich, dass 1537 und 1540 die Stände selbst für ihn Söldner warben.

Reformpläne der Landesverteidigung

In den nassauischen Grafschaften zwischen Main, Mittelrhein, Sieg und Wetterau, die sich Anfang der 1580er Jahre in einem gemeinsamen „Landrettungsverein" zusammengeschlossen hatten, kam an der Wende vom 16. zum 17. Jahrhundert der Gedanke an ein weniger kostspieliges, den taktischen Neuerungen und der veränderten Kampf- und Waffentechnik angemessenes Verteidigungssystem auf: Bei den Defensionswerken („Ausschuss", „Landfahnen"), welche die ältere feudale Landfolge territorialisierten, wurden Untertanen künftig als solche des Landes aufgeboten, unabhängig davon, wer ihr Grundherr war. Neu war überdies, dass die nach bestimmten Kriterien ausgewählten und gemusterten, einheitlich bewaffneten und zum Teil bereits uniformierten Landesbewohner schon im Frieden unterwiesen und gedrillt wurden, um im Kriegsfall für die Verteidigung des Landes eingesetzt zu werden. Die 1616 im nassauischen Siegen gegründete „Kriegs- und Ritterschule" war ein erster, wenn auch kurzlebiger Versuch, die Ausbildung des militärischen Führungsnachwuchses nach dem Vorbild der oranischen Heeresreform in den Niederlanden zu professionalisieren.

Defensionswerke und politische Bündnisse

Zahlreiche Landesherren begründeten in ihren Territorien eigene Defensionswerke, die sich im Gegensatz zu den Söldnerregimentern wirtschaftlich kaum zur Belastung auswuchsen und zudem das eigene Souveränitätsbewusstsein sinnfällig zum Ausdruck brachten. Dass dabei auch konfessionspolitische Überlegungen eine Rolle spielten, zeigt die Vereinbarung über verschiedene Defensionsmaßnahmen, die von den protestantischen Reichsständen Kurpfalz, Pfalz-Zweibrücken,

Brandenburg-Ansbach, Hessen-Kassel, Baden und Vertretern der Wetterauer Grafenkorrespondenz 1603 in Heidelberg getroffen worden war – eine Art Vorstufe zur fünf Jahre später abgeschlossenen Union der evangelischen Reichsstände.

Defensionstruppen und Söldnerheere

Für den Bewegungskrieg und die offene Feldschlacht waren die Defensionswerke allerdings nicht geeignet. Größere Territorien wie Bayern hatten deshalb schon frühzeitig versucht, eingeübte Defensionstruppen auch gegen den Einspruch der Stände den gemieteten Söldnertruppen anzugliedern, um so die eigene Landstreitmacht zu vergrößern. Die Erfahrung habe gezeigt, so Herzog Maximilian beim Einfall der Schweden 1632, „welcher gestalt sich bisher der ausgewelten Landsunderthonen mit schlechtem oder gar khainem nutz und effect bedient werden köndten, und also die uff sye gewente spesa fast vergeblich und umbsonnst geschehen". Mit Ausnahme von Kursachsen überlebte kein Defensionswerk den Dreißigjährigen Krieg. Die Zukunft gehörte dem *miles perpetuus*, dem nicht länger geworbenen, sondern aufgebotenen und disziplinierten stehenden Heer, über das der Landesherr frei verfügen konnte.

Kontinuität und Wandel im Militärwesen

Das Wachstum der Heere überforderte die ökonomischen und logistischen Möglichkeiten des frühmodernen Staates allerdings in hohem Maße. Das den Reichsständen im Westfälischen Frieden und im so genannten Jüngsten Reichsabschied von 1654 zugestandene Recht, eine bewaffnete Macht zu unterhalten, benutzten diese zwar, um dem Kaiser gegenüber die Aufstellung stehender Heere zu rechtfertigen. Streng genommen bezog sich das *ius armorum* allerdings auf das alte Landesaufgebot, das seine Bedeutung bis zum Ende des Alten Reiches vor allem in den kleineren Territorien wie Schwarzburg, Sachsen-Gotha oder Brandenburg-Bayreuth sowie in den geistlichen Fürstentümern behielt, die sich keine stehende Truppe leisten konnten beziehungsweise eine solche schlichtweg nicht benötigten. Aber auch in finanzkräftigeren Territorien, in Bayern oder in Sachsen, blieben die Milizen als Ergänzungseinheiten für das stehende Heer erhalten. Hier lässt sich exemplarisch das Fortwirken älterer Strukturen im Militärwesen bis in das 18. Jahrhundert hinein erkennen, als sich die Landesherren längst als absolute Monarchen verstanden. Der preußische König Friedrich Wilhelm I. verbot kurzerhand 1718 per Edikt die Benutzung des Wortes „Militz" zur Bezeichnung seiner Streitmacht: Seine stehende Armee hatte sich einzig in den Händen des Herrschers zu befinden. Eine Mitwirkung durch die Stände war nicht vorgesehen, ja durch das Verbot eines entsprechenden Begriffs geradezu mit einem Denkverbot belegt.

Stehende Heere

Die stets unter Waffen stehenden, disziplinierten, einheitlich gekleideten und besoldeten Regimenter mit ihren auf den Landes- und Kriegsherrn eingeschworenen Offizierskorps gediehen rasch zum Symbol des souveränen, machtvollen und außenpolitisch handlungsfähigen Territorialstaats. Das stehende Heer erfüllte darüber hinaus das fürstliche Repräsentationsbedürfnis und lieferte zugleich Maßstäbe obrigkeitlicher Ordnungs- und Wertvorstellungen. Anders als bei der Landesverwaltung hatten die Stände bei der neuen Heeresorganisation mit ihrem immer schneller wachsenden Apparat keinerlei Mitbestimmungsrechte. Die Barockfürsten empfanden sie geradewegs als ihr Eigentum, als einen in sich geschlossenen Körper, der bis in seine letzten Glieder von ihnen abhängig und lenkbar war. Nach ihrem Willen konnten Truppen auf Zeit und gegen Entgelt an eine fremde Macht vermietet werden – die größte Bekanntheit erlangte der so genannte Soldatenhandel Hessen-Kassels mit Nordamerika in den Jahren 1776 bis 1784. Sie konnten aber auch im Rahmen fürstlicher Verbindlichkeiten einfach den Besitzer wechseln wie die „Langen Kerls", die dem preußischen „Soldatenkönig" Friedrich Wilhelm I. von verschiedenen Landesfürsten für dessen Potsdamer Garde als Präsent verehrt wurden. Zahlreiche Regimenter waren von ihren Landesherren überhaupt nur in fremden Diensten zu halten, wo sie sich finanziell mehr oder weniger selbst trugen.

Militär im absolutistischen Staat

Der Uniformbedarf und die Nachfrage an Rüstungsgütern erforderten den gezielten Aufbau von Tuchmanufakturen und Rüstungsbetrieben, so dass eine intensive Wirtschaftsförderung bestimmter Produktionsstätten einsetzte. Die territorialstaatliche Integration wurde durch das ständige Verfügbarmachen von Menschen und Material für militärische Zwecke ebenso vorangetrieben wie durch die Einrichtung von Grenzgarnisonen und den Bau von Festungen, die den Ausbau von Nachschubwegen zu Land und zu Wasser nach sich zogen. Der Umbau von Städten zu Festungen mit ständigen Garnisonen wurde zu einem wichtigen Instrument, um die fürstliche Zentralmacht sowohl in der befestigten Stadt selbst als auch im Territorialstaat als ganzem durchzusetzen. Die Motive Christoph Bernhard von Galens, 1661 in seiner Bischofsstadt Münster eine mächtige Zitadelle bauen zu lassen, gleichen den Beweggründen des Kurfürsten und Erzbischofs von Mainz, 1664 ein entsprechendes Bauwerk in Erfurt zu errichten. Auch Kurfürst Friedrich Wilhelm von Brandenburg riet 1667 seinem Nachfolger: „wan Ihr viell vestungen in Preussen angeleget [...], So wirdt auch Ewere Souverenitet hiedurch in mehrer Sicherheitt gesetzet werden".

Militär, Wirtschaft und Infrastruktur

Fortifikationswesen

Das Fortifikationswesen, das bis ins 17. Jahrhundert hinein in der

Verantwortung städtischer Magistrate gelegen hatte, wurde nach und nach zur Domäne der Landesherrschaft. Anstelle des Befestigungsschutzes eines gegebenen Ortes ging es um die Anlage strategischer und damit territorialer Festungssysteme, um die Verschanzung von Grenzen sowie die Anlage von Barrieren und Linienbefestigungen. Noch 1757 wurde die „unter den Politicis" erörterte Frage, „ob Festungen einem Lande vortheilhaft oder schädlich wären", in Jacob von Eggers weit verbreitetem Militärlexikon damit beantwortet, dass Festungen „die sichersten Stützen eines Staats, der Zaum und Zügel übelgesinnter Unterthanen und eroberter Länder, und das bequemste Mittel zu Beybehaltung der allgemeinen Ruhe" seien.

Sozialer und funktionaler Wandel im Kriegswesen

Mit dem Übergang älterer Aufgebotsformen zum stehenden Heer vollzog sich zugleich ein sozialer und funktionaler Wandel im Kriegswesen der Frühen Neuzeit. Vor allem vom Adel verlangte der Weg vom hochgerüsteten Lanzenreiter, der ein Stück ritterliche Individualität verkörperte, zum Berufsoffizier, der sich unterhalb der Kommandeursebene nur noch als Glied eines einheitlichen, auf Subordination angelegten Organismus wiederfand, ein grundlegendes Umdenken. Dennoch war der Militärdienst in Brandenburg-Preußen unter den standesbewussten Adelssöhnen offenkundig beliebter als der Dienst in der Hof- und Landesverwaltung oder in der Diplomatie. Im Verhältnis zu den rund 300 zivilen Chargen, die Edelleuten dort um 1700 offenstanden, eröffnete sich einer großen Zahl von Adelsfamilien durch den Aufbau der Armee eine bis dahin nicht vorhandene Versorgungschance. Das Offizierskorps, das bereits in der Armee des Großen Kurfürsten (1688 rund 30000 Mann) etwa 1000 Mitglieder umfasst hatte, wuchs unter König Friedrich Wilhelm I. bis 1739 auf mehr als 3100 und bis 1806 auf fast 8000 Offiziere an, die zu mehr als 90 Prozent aus dem Adel stammten. Eine vergleichbare Verbindung von Adels- und Offiziersstand lässt sich in anderen Territorien, etwa in Bayern, nicht beobachten. Dies gilt auch für die Identifikation von Militär und Staat, deren Grundlagen der „Soldatenkönig" legte, der während seiner Regierung den Kauf von Offiziersstellen nahezu beseitigt und damit die Kontrolle der Stellenbesetzung gewonnen hatte. Seit 1725 trug Friedrich Wilhelm I. in der Öffentlichkeit nur noch Uniform – auch dies ein Indiz für den Stellenwert, den der Monarch der Armee beimaß. In keinem anderen deutschen Territorialstaat waren alle wirtschaftlichen und gesellschaftlichen Kräfte derart konsequent und rücksichtslos auf das Militär ausgerichtet. Das Wachsen der Militärmacht zog seinerseits politische Konsequenzen nach sich, um die notwendige Ressourcenmobilisierung zu gewährleisten und die Eliten an den Staat zu binden.

Militarisierung des alltäglichen Lebens

Bewaffnungs- und Bündnisrecht

Im Westfälischen Frieden von 1648 war den Reichsständen, nicht mehr dagegen den Landständen innerhalb des Territoriums, das Recht zuerkannt worden, unter sich und mit auswärtigen Mächten Bündnisse einzugehen, sofern diese nicht gegen den Kaiser und den Landfrieden gerichtet waren. Dem Selbstverständnis des fürstlichen Lagers nach bedeutete das *ius foederis* die Zuerkennung weitgehender außenpolitischer Handlungsfähigkeit und Handlungsfreiheit. Es zog daher – dies betonten auch Reichspublizisten wie der bereits genannte Johann Stephan Pütter oder der braunschweigische Staatsrechtslehrer Carl Friedrich Häberlin – das Recht nach sich, selbständig einen Krieg zu erklären (*ius belli*), weil eine Verpflichtung auf den Bündnisfall in einer Welt kriegführender Staaten die Pflicht und das Recht zum Krieg in sich begreife.

Militärapparat und Kriegführung

Tatsächlich einen Krieg zu führen, sahen sich freilich die wenigsten Fürsten in der Lage. In die europäischen Kriege des 18. Jahrhunderts waren zwar zahlreiche stehende Regimenter deutscher Reichsstände durch Subsidienverträge und Koalitionen eingebunden. Die Entwicklung vom Territorialstaat zur Großmacht vollzogen jedoch einzig Preußen und Österreich, deren Stärke sich vor allem nach ihrer militärischen Potenz und ihrer territorial-politischen Ordnungsfunktion innerhalb des Reiches sowie im benachbarten östlichen Mitteleuropa bemaß. Im Verhältnis zur Bevölkerungszahl von circa 5,5 Millionen Menschen besaß Preußen, wo durchschnittlich zwei Drittel aller Staatseinnahmen, in Krisenzeiten sogar bis zu 80 Prozent in den militärischen Apparat investiert wurden, im Todesjahr Friedrichs II. 1786 mit 194 000 Mann die größte Armee Europas. Ein Vergleich selbst mit größeren Reichsständen zeigt in diesem Punkt die singuläre Stellung Preußens unter den deutschen Territorialstaaten. Die vereinigte „kurpfalzbayerische" Armee einschließlich der noch bestehenden Landfahnen brachte es zur gleichen Zeit auf nicht einmal 30 000 Mann. In Württemberg hatten die Stände, die aufgrund einer willkürlich ausgeschriebenen Steuer beim Reichshofrat in Wien mit Erfolg gegen ihren Landesherrn geklagt hatten, 1770 einen Erbvergleich durchgesetzt, der dem Landtag nicht nur das Kontrollrecht über den Militäretat sicherte, sondern auch die Stärke der stehenden Truppe einschließlich des Reichskontingents auf 2600 Mann festlegte. In etwa diese Größenordnung besaßen an der Wende vom 18. zum 19. Jahrhundert auch die regulären Streitkräfte des Hochstifts Würzburg, die zu selbständigen Operationen im Feld gänzlich ungeeignet waren und ohne Rückhalt am Reich oder an einem Verbündeten nicht einmal die eigene Haupt- und Residenzstadt verteidigen konnten.

# 4. Ständetum und Staatsbildung

## *4.1 Rahmenbedingungen landständischer Mitbestimmung und Interessenwahrung*

Bündnispartner und Konkurrenten

Die im Spätmittelalter einsetzende territorialstaatliche Verdichtung der Landesherrschaften, die längerfristig Vorstellungen fürstlicher Souveränität und Gebietshoheit beflügelte, fiel in weltlichen wie geistlichen Fürstentümern mit einer Intensivierung landständischer Aktivität zusammen. Die in besonderen Korporationen zusammengefassten politischen Stände – im Kern die traditionell als mitbestimmungsberechtigt geltenden Gruppen: der weltliche Adel und die (katholische) Geistlichkeit, zu denen als Folge des gesellschaftlich-ökonomischen Wandels die Städte hinzugetreten waren – wirkten allerorts einer unumschränkten landesherrlichen Gewalt entgegen. Als Wortführer der Stände, die dem Territorialherrn teils als Bündnispartner, teils als Konkurrenten gegenübertraten, fungierte meist der Adel, der ein besonderes Interesse daran hatte, das Eindringen des Landesfürstentums in den innersten Bereich seiner Autonomie, in die Grundherrschaften, zu verhindern. Waren seine lokale Existenz und seine Privilegien hingegen garantiert, war er zu vielfältigen Zugeständnissen bereit und opponierte beispielsweise nicht länger gegen eine Besetzung der Zentralbehörden mit Gefolgsleuten des Landesherrn.

Einflussbereich und Eigeninteressen

Aktiv wurden die Stände freilich nicht nur dann, wenn ihre ureigenen Interessen korporativer oder individueller Art berührt waren. Man wird vielmehr ihre auch auf das Staatsganze und das Wohl der Gesamtbevölkerung gerichtete Tätigkeit, die sich etwa im Widerstand gegen Verpfändungen, Verkäufe und Landesteilungen äußerte, als Modernisierungsfaktor und als Beitrag zur Konsolidierung und Integration des frühmodernen Territorialstaates ernst nehmen müssen. Dieser war eben nicht nur ein Gebilde fürstlichen Macht- und Herrschaftswillens. Handlungsfähig war er in der Regel dann, wenn sich Fürst und Stände, die beide zur Ausübung politischer Macht in der Lage und legitimiert waren, gegenseitig ergänzten und zusammenwirkten. Der Blick auf die politische, wirtschaftliche und rechtliche, aber auch auf die soziale und kulturelle Tätigkeit der Stände zeigt zugleich, dass der Prozess von Territorien- und Staatsbildung nicht linear und zielgerichtet auf den rationalen Anstalts- und Leistungsstaat oder die moderne Repräsentativverfassung zulief.

Landtage: Einberufung, Zusammensetzung, Befugnisse

Ort der Verhandlung der politisch mitbestimmenden Stände mit dem Fürsten war der „gemeine“ oder „offene“ Landtag, der zunächst nicht periodisch zusammentrat, sondern nur von Fall zu Fall vom Landesherrn einberufen wurde. Nahmen die Stände ein Selbstversammlungsrecht in Anspruch, standen ihre Zusammenkünfte rasch im Verdacht der Konspiration. Die Zusammensetzung variierte von Territorium zu Territorium oft erheblich – in Oberdeutschland waren, ähnlich wie im Kurfürstentum Trier und in Friesland, zum Teil sogar Bauern auf den Versammlungen vertreten. Anders als die Masse des niederen Adels, den die Territorialfürsten ihrer Landeshoheit unterwarfen, konnte die schwäbische, fränkische und rheinische Ritterschaft eine Arrondierung der Territorien verhindern und mit Hilfe des Kaisers den Weg in die Reichsunmittelbarkeit finden. Während sich im Herzogtum Württemberg die Stände später auch ohne landsässigen Adel zu behaupten vermochten, verschwanden sie in den beiden fränkischen Bistümern Bamberg und Würzburg, den Markgrafschaften Ansbach und Kulmbach und den markgräflich-badischen Gebieten nach dem Ausscheiden der Ritter bald ganz. Grundsätzlich erfasste die Territorialisierung der Stände nach 1500 auch den Adel. Auswärtige Lehensleute konnten sich seither nur als Inhaber landsässiger Güter auf den Landtagen halten. In den geistlichen Wahlstaaten nahmen die Domherren, die Schlüsselstellungen in der Verwaltung besetzten und sich bereits seit dem 15. Jahrhundert durch Wahlkapitulationen eine Teilhabe am Regiment sicherten, allerorts eine wichtige Stellung ein. Dort, wo es wie in Konstanz, Eichstätt, Speyer und Worms keine Stände gab, übernahmen die für die großen Familien des Landes stets attraktiven Domkapitel quasi-ständische Funktionen.

Vielfalt paralleler Ständezusammenkünfte

Neben den Landtagen bestand aber auch eine Vielzahl älterer, historisch gewachsener Ständezusammenkünfte fort. So gab es in Schlesien neben dem Fürstentag für das gesamte Herzogtum nicht nur die Landtage in den rund zwei Dutzend Einzelterritorien, sondern parallel dazu auch noch eine Vielzahl älterer Gremien – allein im Fürstentum Glogau Weichbildtage, Städtetage, Landesältestenzusammenkünfte und ein Landeskollegium. Während im benachbarten Böhmen mehrere Hundert Adelige und Städtevertreter, in Bayern sogar über tausend Landsassen zu einem Landtag erscheinen konnten, kamen auf dem gesamtschlesischen Fürstentag bis zu Beginn des 18. Jahrhunderts nicht einmal vierzig Teilnehmer zusammen – etwa die gleiche Teilnehmerzahl erreichte bereits ein vergleichsweise unbedeutender Landtag wie derjenige der Freien Standesherrschaft Militsch. Einen Sondertypus stellten im nachhussitischen Böhmen die utraquistischen Ständeversammlungen dar, die bis Anfang des 17. Jahrhunderts neben den regulären Landtagen eine dauerhafte ständische Institution bildeten. Von einem solchen konfessionellen Ständetag, der allgemein für die Wahl von Kirchenleitung, Administrator und Konsistorium zuständig war, ging im Mai 1618 die Entscheidung zum Aufstand gegen den König („Prager Fenstersturz") aus, der den Auftakt zum Dreißigjährigen Krieg bildete. Landständische Einrichtungen konnten in Einzelfällen auch länderübergreifend wirken. So blieben in Mecklenburg, das 1701 endgültig in die Herzogtümer Schwerin und Strelitz aufgeteilt wurde, Landstände, Landtage, Landkasten und Gerichte für beide Territorien gemeinsam zuständig.

Formalisierung und Institutionalisierung

Je nach Größe der Territorien wurde das Landtagsgeschehen bereits während des 16. Jahrhunderts in zunehmendem Maße formalisiert und institutionalisiert: Festlegung des Ortes, Verlesung der vom Landesherrn vorgegebenen Beratungspunkte („Proposition"), Entgegnung durch ein führendes Mitglied der Stände, Beratungen (oft in getrennten Kurien), Verhandlungen mit den fürstlichen Räten teils im Plenum, teils ebenfalls nach Kurien getrennt, wo möglich unter Hinzuziehung gelehrter Juristen als Konsulenten, Abstimmung und Beschlussfassung.

Ständisches Ausschusswesen

Ein weitverbreitetes Phänomen war das Aufkommen und die allmähliche Verfestigung eines ständischen Ausschusswesens, das sich als Antwort von Landesherren und Ständen auf die stark wachsende Nachfrage nach Entscheidungs- und Verwaltungshandeln verstehen lässt und parallel zum Ausbau der territorialen Zentralverwaltung entwickelte. Im Zeitraum von 1500 bis 1629 standen beispielsweise in den welfischen Territorien (Calenberg-Göttingen, Wolfenbüttel, Lüneburg) 206 Landtage 647 Ausschussversammlungen gegenüber. Ihre Institutionalisierung stärkte nicht zwingend die landesfürstliche Autorität, stellte grundsätzlich jedoch eine Gefahr für die politische Mitwirkung der Stände dar. Denn je mehr sich die Fürsten von den Landtagen unabhängig machten, desto weniger Spielraum boten diese Zusammenkünfte den Ständen für die allgemeine Teilhabe an politischer Herrschaft, aber auch für Beschwerdepraxis, Oppositionsbildung und Widerstand. In allen Territorien hatten die Stände daher ein genuines Eigeninteresse, Landtagsabschiede und andere Unterlagen („Landtags Handlungen", „Acta Publica"), zu sammeln und – in der Steiermark bereits seit Anfang des 16. Jahrhunderts – zu veröffentlichen.

Veränderungen ständischer Mitbestimmung

Das Zusammenwirken der Fürsten mit Landschaft und Landtag blieb zwar in den deutschen Territorialstaaten auch in der Phase absolutistischer Verfassungsbestrebungen der Normalfall, doch ist seit dem 17. Jahrhundert allerorts ein Rückgang ständischer Mitbestimmung zu beobachten. Absolutistischer Staat und ständische Strukturen waren allerdings kein Gegensatz, weder in Preußen noch in Frankreich, die herkömmlich als Musterbeispiele für eine politische Ordnung genannt werden, in denen die Stände vollständig ausgeschaltet wurden oder zumindest zur Bedeutungslosigkeit verkümmerten. Trotz der programmatischen Äußerung Friedrich Wilhelms I. von 1716, er „stabiliere die suverenitet und setze die krohne fest wie ein Rocher von Bronse" und lasse den Junkern nur „den windt" von Landtagen, lässt sich gerade an der preußischen Monarchie mit ihrem markanten, für die alteuropäische Welt charakteristischen Regionalismus beobachten, wie die grundbesitzenden Landeseliten auch im 18. Jahrhundert ihren Einfluss wahrten und in Krisenzeiten im Grunde genommen unverzichtbar waren.

Regionalismus und gesamtstaatliche Perspektive

Das Stichwort Regionalismus deutet bereits auf einen strukturellen Nachteil der kleinräumig organisierten und entsprechend schwerfällig agierenden Stände hin, die hartnäckig auf ihr jeweiliges Landrecht zu pochen pflegten und damit in größeren oder mehrgliedrigen Länderkomplexen kaum zu einer gemeinsamen Politik fanden. Die Einheit des Handelns, die gesamtstaatliche Perspektive, lag hier eindeutig beim Fürsten. Dies lässt sich in Schlesien und den österreichischen Erblanden, in abgeschwächter Form auch in Bayern, der Kurpfalz, den welfischen Landen und nicht zuletzt in Kurköln beobachten. In solchen Fällen konnte der Landesherr die konkurrierenden Machtträger, die untereinander durchaus divergierende Gruppeninteressen verfolgten, häufig isolieren, gegeneinander ausspielen und gleichzeitig für sich in Anspruch nehmen, Gemeinwohl und Gesamtinteresse allein zu vertreten und politisch zu verfolgen. Umgekehrt eröffneten sich damit Spielräume für wechselnde Koalitionen, die den ohnehin fragwürdigen Begriff vom statisch und unveränderlich gedachten „Dualismus" zwischen Herrscher und Ständen sowie andere dichotome Erklärungsmuster zusätzlich in Frage stellen.

Landstände und Reichsgesetzgebung

Die Auseinandersetzungen zwischen Landesfürsten und Ständen waren nicht ausschließlich innerterritoriale Angelegenheiten. Während der gesamten Frühneuzeit sind sie auch vor dem Hintergrund der Reichsgesetzgebung und der kaiserlichen Politik zu sehen. Die Bemühungen der (katholischen) Habsburger, durch das Zusammengehen mit den territorialen Ständen die Machtposition der Reichsfürsten zu unterhöhlen, hatten zwar durch die Glaubensspaltung einen Rückschlag erlitten, wurden aber nach dem Westfälischen Frieden erneut aufgenommen und verstärkt. So wies Kaiser Leopold I. 1670 die auf eine konsequente Ausschaltung der Landstände abzielenden Forderungen der Territorialfürsten zurück. Steuern, die ohne Bewilligung der Stände erhoben werden durften, wurden auf die im Reichsabschied von 1654 genannten Zwecke eingeschränkt. Das kaiserliche Kommissionsdekret hatte zur Folge, dass vielerorts selbständige Landschaftskassen errichtet werden mussten.

Bedeutung der Reichsgerichte

Die Reichsgerichte boten den territorialen Ständen Rückhalt gegen deren Landesherren und stärkten ihren Selbstbehauptungswillen – die Grafen von Isenburg, Oettingen, Reuß, Schlitz-Görtz und zahlreiche weitere Landesfürsten wurden unmissverständlich vom Reichskammergericht angewiesen, Steuern nicht willkürlich einzuheben. Vor allem aber gilt dies für die großen Stände- und Verfassungskonflikte, die sich in Mecklenburg, Ostfriesland, Jülich-Berg, Hessen-Kassel und Württemberg während des 18. Jahrhunderts jeweils an Steuerforderungen der Landesherren entzündeten. In Württemberg führte die Klage der Stände beim Reichshofrat 1770 zu einem Erbvergleich, der ihre Rechte auf Dauer bestätigte. In Mecklenburg-Schwerin war der Widerstand der Stände gegen absolutistische, mit dem überkommenen Recht nicht zu vereinbarende Praktiken des Herzogs derart eskaliert, dass das von ihnen angerufene kaiserliche Gericht in Wetzlar 1717 eine Reichsexekution gegen den Fürsten in Gang gesetzt hatte. Hier deuten sich freilich auch nachteilige Folgen des begrenzten Rechtsschutzes durch ein Reichsgericht ein, denn letztlich konservierte der auf einem Konvokationstag in Rostock erarbeitete „Landes-Grund-Gesetzliche Erb-Vergleich" von 1755 – dem Mecklenburg-Strelitz wenig später beitrat – eine ganz auf den Adel ausgerichtete politische und soziale Ordnung. Die beiden mecklenburgischen Staaten (seit 1815 Großherzogtümer) tradierten so am beharrlichsten altständische Strukturen in die deutsche Verfassungsgeschichte des 19. Jahrhunderts.

### *4.2 Selbstbehauptung und Legitimationskrise*

Unabhängig davon, dass sich ständische Partizipationsformen bis zum Ende des Alten Reiches vielerorts zäh am Leben hielten oder jedenfalls ihre Fähigkeit zu rascher Wiederbelebung bewahrten, wird man bei einer Betrachtung des Nebeneinander, Miteinander und Gegeneinander zwischen Fürsten und Ständen sinnvollerweise nicht nur regional, sondern auch nach sachlichen Ebenen und zeitlichen Phasen differenzieren müssen.

Hauptfelder ständischer Partizipation

Der werdende Territorialstaat des 15. und 16. Jahrhunderts hatte unter dem Druck eines zunehmenden Missverhältnisses zwischen stagnierenden Einkünften einerseits und steigendem Geldbedarf für Hof, Verwaltung, militärische Aktionen und dynastische Zwecke andererseits gestanden. Die Finanzen waren so zum wichtigsten Hebel der Stände geworden, um Druck auf den Landesfürsten ausüben und eigene Interessen durchsetzen zu können. Das 16. Jahrhundert, in dem vor allem der Adel dank einer ausgeprägten Agrarkonjunktur die wirtschaftlichen Möglichkeiten besaß, den Landesfürsten durch Steuern und Kredite auszuhelfen, gilt zu Recht als das goldene Jahrhundert ständischer Partizipation im Heiligen Römischen Reich. Da Steuern als außerordentliche Lasten einer Zustimmung der Konsensberechtigten bedurften, trug das Problem von Geldbedarf und Kredit – auch in kleineren Territorien – zugleich zum Aufbau beziehungsweise zur Verfestigung landständischer Verwaltungseinrichtungen bei, die neben der fürstlichen Hof- oder Rechenkammer vielerorts bis zum Ende des Alten Reiches bestanden. In Ansätzen stellte die ständische Steuer- und Bürgschaftspolitik bereits eine Kontrolle des landesfürstlichen Finanzgebarens dar.

Aufbau paralleler Verwaltungseinrichtungen

Stände, Steuern und fürstliche Finanzpolitik

Ähnlich wie in Böhmen lagen die Verhältnisse in den meisten anderen Territorien während des 16. Jahrhunderts. Dem für die Regalien und Kammergüter zuständigen Rentamt der Königlichen, 1527 von Ferdinand I. eingerichteten Böhmischen Hofkammer stand ein ständisches Einnehmeramt gegenüber, der landesfürstlichen Kasse eine Landeskasse, der Buchhalterei der Kammerverwaltung eine Landtagskommission für die Steuerrechnungen. Die Spaltung des Finanz- und Steuersystems in das landesfürstliche „Camerale“ und das ständische „Contributionale“, die in der österreichischen Monarchie mit Einschränkungen bis zum Jahr 1848 bestand, war charakteristisch für den frühmodernen Staat, der eine ungeteilte öffentliche Finanzgewalt noch nicht kannte. Die Stände sicherten nicht nur die fürstliche Finanzpolitik ab, sie halfen auch den Zugriff auf die Ressourcen des Landes zu vergrößern, übernahmen die unpopuläre Aufgabe, die einzelnen geistlichen und weltlichen Grundherren sowie die landesfürstlichen Städte zu veranlagen („Repartition“) und die Steuern einzuziehen. Darüber hinaus gewöhnten sie die Untertanen auf längere Sicht an eine expandierende Steuerpolitik.

Verantwortung für Staat und Gesellschaft

Nicht zuletzt aus ihren materiellen Hilfsleistungen wuchs den Ständen Verantwortung für Staat und Gesellschaft zu, eine Aufgabe, die – angesichts der Vielgestaltigkeit der Rechtsverhältnisse und politischen Gegebenheiten mit starken regionalen Unterschieden – weit über ihr engeres Steuerbewilligungsrecht hinausging. Die Stände beanspruchten und behaupteten ein Mitspracherecht in allen innen- wie außenpolitisch wichtigen Angelegenheiten des Landes, wirkten an der Gesetzgebung und Landfriedenswahrung mit, nahmen Einfluss auf die

Ämterbesetzung und trafen Vorsorge, die territoriale Integrität des Landes zu erhalten und gegen dynastische und andere Herrschaftskrisen zu sichern. 1573 konnte eine Landesordnung Herzog Wenzels III. von Teschen nicht in Kraft treten, weil ihr die Landstände die Zusage verweigerten. Die Texte der Landesordnungen von Glogau (1651), Jägerndorf (1673) und Breslau (1681) gingen sogar aus der alleinigen Initiative der jeweiligen Fürstentumslandstände hervor. Beschwerden („Gravamina") und Eingaben („Supplikationen") von Landständen und Untertanen, welche die Schutz- und Schirm-Funktion der Herrschaft anriefen, boten vielerorts überhaupt erst den Anlass territorialstaatlicher Ordnungs- und Gesetzgebungstätigkeit. Gegen die Versuche des Fürsten, landfremde Vertrauensleute an sich zu ziehen, suchten die Stände zum Schutz ihrer Stellung das Indigenatsprinzip durchzusetzen, demzufolge Amtsinhaber und Fürstendiener aus dem jeweiligen Territorium stammen mussten.

Ständischer Einfluss im öffentlichen Leben

Berücksichtigt man, dass niedere Gerichtsbarkeit, lokale Polizeigewalt und häufig auch das Kirchenpatronat von den Grundherren und städtischen Magistraten wahrgenommen wurden, dann wird erkennbar, wie groß der ständisch verfasste Teil des öffentlichen Lebens in der Frühen Neuzeit war. Landständische und landesherrliche Funktionen, Kompetenzen und Einflussmöglichkeiten sind dabei allerdings nicht immer genau zu trennen. Es muss vielmehr, wie ein Blick auf die Entstehung des Berufsbeamtentums in Bayern und Württemberg exemplarisch zeigt, noch Ende des 18. Jahrhunderts von einer breiten Zone wechselseitiger Durchdringung ausgegangen werden.

Landesdefension und Militärverwaltung

Dass in besonderen Fällen sogar die Landesdefension in weiten Teilen auf ständische Initiative hin organisiert wurde, beweisen die seit Mitte des 15. Jahrhunderts belegten Ausschusslandtage Innerösterreichs – wobei sich strukturell ähnliche, wenn auch weniger markante Entwicklungen gleichfalls an der Westgrenze des Heiligen Römischen Reiches während der deutsch-französischen und später spanisch-niederländischen Kriegswirren beobachten lassen. Die Landtagstätigkeit der steirischen, Kärnter und Krainer Stände, der Aufbau eines durch die Westexpansion des Osmanischen Reiches notwendig gewordenen Grenzschutzsystems und die dafür erforderliche Einwerbung hoher Geldbeträge für Defensionszwecke besaßen in ihrer Gesamtheit eine beachtliche Integrationswirkung. Ihr administrativer Zusammenhalt erhielt vor allem während der territorialstaatlichen Epoche, also von der nach dem Tod Ferdinands I. vorgenommenen Länderteilung 1564 bis zum Jahr 1619, starke Impulse. Auf den Ausschusslandtagen in Graz und Bruck an der Mur 1574 und 1575 erwogen die Stände, die Militärverwaltung der innerösterreichischen Länder, die bisher in der Zuständigkeit des Hofkriegsrats in Wien gelegen hatte, künftig in einem eigenen „stettlichen kriegsrat“ zusammenzufassen. 1578 wurde der Plan mit der Errichtung einer eigenständigen Behörde in Graz realisiert. Damit war freilich auch eine finanzielle Selbstbindung der Stände verbunden, denn die einmal getätigten Bewilligungen konnten „ohne Gefahr des Lands nit still stehen“. Die sich sukzessive verselbständigenden Beiträge der innerösterreichischen Stände führten deshalb schon bald zu den so genannten „Postulat-Landtagen“, und Ende des 17. Jahrhunderts sah man sich sogar genötigt, mehrjährigen Steuerbeschlüssen zuzustimmen.

Lokale und regionale Ständekonflikte

Im Zeichen konfessionspolitischer Konfrontation, spätestens ablesbar an der Verfassungskrise der Reichsinstitutionen und der Gründung zweier konfessioneller Bünde („Union“, „Liga“) zu Anfang des 17. Jahrhunderts, verschärften sich die lokalen und regionalen Ständekonflikte zunehmend. Die reichsrechtlichen Normen hatten die Stände dabei nur zum Teil auf ihrer Seite, vor allem wenn es um das reformierte Bekenntnis ging, denn der Augsburger Religionsfrieden erstreckte sich lediglich auf Lutheraner und Katholiken. Entscheidend aber war, dass man 1555 den Reichsständen den Religionsbann und damit das Recht, die Konfession ihrer Untertanen zu bestimmen, zugebilligt hatte, es für die Stände also meist keine rechtliche Handhabe gegen die Religionspolitik des Fürsten gab.

Ständetum und Staatsbildung

Anders sah die Situation dagegen in Böhmen aus, wo sich bereits ein Jahrhundert vor dem Auftreten Luthers die Etablierung einer eigenen, rechtlich und organisatorisch abgesicherten hussitischen Konfession vollzogen hatte und 1485 mit dem auf dem Kuttenberger Landtag vereinbarten Religionsfrieden erstmals das Prinzip der staatlichen Einheit dem religiösen Einheitsprinzip übergeordnet worden war. Religiöse und ständische Freiheiten waren hier in einem ungewöhnlichen Ausmaß anerkannt und durch ein seit langem bestehendes Netz aus Institutionen, Amtsträgern und Kontrollmechanismen geschützt – und dennoch, in gewisser Weise gerade deswegen kam es auch in Böhmen zu einem bedrohlichen Zusammenstoß von altständischer Libertät und monarchischer Autorität. Der Widerstand der evangelischen Ständemehrheit gegen das katholische Herrscherhaus mündete im Jahr 1619 in den – letztlich erfolglosen – Versuch, der monistischen Herrschaftsauffassung der Habsburger ein eigenes ständisch-föderatives Modell von Staatlichkeit entgegenzustellen. In der *Confoederatio Bohemica*, die in ihren 100 Artikeln eine sensible Angleichung der politischen, rechtlichen und religiösen Strukturen der einzelnen Kronländer vorsah, zeigte sich deutlich die andere Variante der Staatswerdung, nicht von der monarchischen Spitze, sondern von den in ihren Regionen verankerten Ständen aus.

Rückgang ständischer Mitspracherechte

Im Gegensatz zu Böhmen, wo der militärischen Niederschlagung der Ständeerhebung im Jahr 1620 einschneidende Eingriffe in die bisherige Besitzstruktur und die Verankerung eines absolutistischen Regierungssystems folgten, schien sich während des 17. Jahrhunderts in vielen Territorien rein äußerlich an der Qualität ständischer Mitsprache und Einflussnahme vorerst wenig zu ändern. In Hessen fanden in den Jahren von 1605 bis 1647 sogar mehr Landtage und landtagsähnliche Versammlungen statt als im gesamten Jahrhundert zuvor. Die Anlässe für die häufigen Zusammenkünfte – der dynastische Konflikt zwischen Hessen-Kassel und Hessen-Darmstadt, die zunehmenden Differenzen zwischen Landesfürst und Adel, vor allem aber die folgenschwere Verwicklung des Landes in den Dreißigjährigen Krieg – deuten jedoch bereits auf Entwicklungen hin, welche die Position der Stände in nahezu allen Territorien auf Dauer verschlechtern sollten. Schon Mitte des 17. Jahrhunderts äußerten die hessischen Landgrafen die Ansicht, dass eine Beteiligung der Ritterschaft an den Arbeiten zu einem Landrecht „nicht eben necessitatis“ sei – eine Auffassung, die Selbstverständnis und Regierungspraxis vieler Landesfürsten widerspiegelt.

Autoritäts- und Machtsteigerung der Fürsten

Zahlreiche Faktoren begünstigten in dieser Phase eine Autoritäts- und Machtsteigerung der Fürsten, die ihre territorialstaatliche Souveränität ausbauten, offensiv in die lokalen Herrschaftsräume des Adels vordrangen und durch überlegene Finanztechniken, die Erschließung neuer Steuerquellen und verbesserte Methoden des Steuereinzugs den staatlichen Konzentrations- und Durchdringungsprozess verstärkten. Die verfassungs- und religionspolitischen Bestimmungen von Münster und Osnabrück 1648 taten ein übriges, um die Autonomie des Fürstenstaates zu festigen. Die an „altem Herkommen“, ihren Freiheiten und Privilegien festhaltenden Landstände dagegen waren durch den Krieg nicht nur finanziell ruiniert und ihrer wirtschaftlichen Basis beraubt worden. Sie gerieten auch ideell mit der Stärkung der Landeshoheit, der Staatsräsonlehre und der Ausbreitung des modernen Naturrechts immer stärker in legitimatorische Nöte. „Land- Stände“, urteilte 1709 ein anonymer Anhänger der fürstlichen Souveränität, seien „nicht nur insonderheit, sondern auch collective betrachtet [...] pure Unterthanen des Fürsten“. Ihren Anhängern schien die landständische Verfassung in höchstem Grad bedroht. „Wer nur den bloßen Nahmen der Land-Stände nennen höret, der weiß, daß er ein Stein des Anstoßes geworden“, schrieb 1718 der Greifswalder Jurist und Syndikus der schwe-

Gemeinwohl und Landesfreiheiten

disch-pommerschen Ritterschaft Georg Adolf Caroc; es sei mittlerweile so weit gekommen, „daß zumahlen in solchen Ländern, da die Souveraineté oder Eigengewalt überhand genommen, über die Befugnisse der Land-Stände ein großes Geschrey erreget wird, als wann sie lauter unnütze und überflüssige Dinge wären". Auch für Christoph Georg Jargow, der 1726 eine „Einleitung zu der Lehre von den Regalien, Oder Majestätischen Rechten eines Regenten" verfasste, war es „nicht zu läugnen, daß die Autorität der Land-Stände an den meisten Orten ziemlich gefallen" sei. Ihre Rechtsstellung, Autonomie und Mitwirkungsberechtigung an der Gesetzgebung, die in zahllosen Traktaten, Abhandlungen und Dissertationen des späten 17. und 18. Jahrhunderts kritisch erörtert wurden, waren prekär geworden – Gemeinwohl und Landesfreiheiten einer privilegierten Minderheit traten in der öffentlichen Wahrnehmung offensichtlich immer mehr in Gegensatz zueinander.

Wahrung altständischer Rechts- und Verfassungsideen

Die fortwirkende Kraft der Konsensgepflogenheiten sowie der altständischen Rechts- und Verfassungsideen, die vielen deutschen Mittelstaaten und kleineren, noch stärker auf die traditionellen Führungsgruppen angewiesenen Territorien ihr besonderes Gepräge verlieh, wird man gleichwohl nicht unterschätzen dürfen – zumal der landesherrliche Anspruch absoluter Souveränität keineswegs eine prinzipielle Auflösung der intermediären Gewalten mit einschloss. In Württemberg, Mecklenburg, Ostfriesland, Schleswig-Holstein, Jülich-Berg, Kleve-Mark, Hessen-Kassel und Anhalt vermochten die Landtage eine unübersehbare Machtstellung zu behaupten. Nicht minder aktiv blieben die Stände in einer ganzen Reihe geistlicher Fürstentümer, obwohl Papst Innozenz XII. 1695 alle Verträge zwischen den Domkapiteln und den Kandidaten für einen Bischofsstuhl unter Androhung strengster Strafen untersagt und Kaiser Leopold I. das Verbot sämtlicher Wahlkapitulationen 1698 bekräftigt hatte.

Freiräume bei spezifischen Konstellationen

Besondere Konstellationen entstanden dort, wo ein Herrscher eine fremde Krone gewann und fortan im Stammland nicht kontinuierlich präsent sein konnte: in Sachsen, wo Kurfürst Friedrich August I. 1697 zum Katholizismus konvertierte und als König August II. den polnischen Thron bestieg, und in Hannover, wo Kurfürst Georg Ludwig 1714 als Georg I. die englische Krone erlangte und eine bis 1837 bestehende Personalunion mit Großbritannien begründete. Trotz des damit verbundenen Macht- und Prestigegewinns gelang es weder den Wettinern noch den Welfen, deren Lebensmittelpunkte sich in einem beachtlichen Maß in die neuen Königreiche verlagerten, ihre Autorität gegenüber den heimischen Eliten durchzusetzen. In Sachsen vertiefte sich das durch den Glaubenswechsel Augusts entstandene Misstrauen sogleich, als dieser einen landfremden und zudem katholischen Statthalter für die Zeit seiner Abwesenheit einsetzte. Vor allem durch die wirkungsvolle Handhabung des Steuerbewilligungsrechtes auf den Landtagen erwuchs den Ständen in den kommenden Jahren neue Macht. Der um Hannover herum zusammengewachsene Komplex welfischer Territorien, dessen Regierungsgeschäfte dem Reglement von 1714 zufolge die im Land verbliebenen Minister führen sollten, geriet rundweg unter ein oligarchisches Adelsregiment – hier allerdings ohne Kontrolle der Landtage.

Neue Wirkungs- und Zuständigkeitsbereiche

Neben den überkommenen Tätigkeitsfeldern erschlossen sich die Stände vielfach neue Wirkungs- und Zuständigkeitsbereiche auf dem Gebiet des Straßenbaus, der Bildungspolitik, der Armenfürsorge und des Medizinalwesens, bemühten sich um den Bau von Zucht- und Werkhäusern, gründeten Hebammenschulen und richteten Brandversicherungen ein. Nicht zuletzt unter dem Einfluss der Aufklärung wurden Stände und ständische Libertät als Möglichkeiten antiabsolutistischer Verfassungsgestaltung in der zweiten Hälfte des 18. Jahrhunderts neu gesehen und bewertet. In seinem umfangreichen Werk „Von der Teutschen Reichs-Stände Landen" erklärte der schon mehrfach genannte Konsulent der württembergischen Landschaft Johann Jacob Moser 1769: „In einigen Landen endlich scheinet man seit kurzem den Nuzen derer Land-Stände wiederum von neuem anderst anzusehen, und eine mehrere Achtung für sie zu bezeugen, als bißhero geschehen ware." Moser selbst nahm eine vermittelnde Position ein, indem er die Landstände einerseits als „privilegierte Untertanen" betrachtete, andererseits aber als „Repräsentanten des Landes in favorabilibus & odiosis, Custodes Legum & Jurium Patriae, Vorstehere, und gleichsam Vormündere, des Landes" würdigte.

Kontinuität und Wandel ständischer Repräsentation

In einer wahren Flut kontroverser Flugschriften wurden in der Spätphase des Alten Reiches Möglichkeiten erörtert, die Zulassung zum Landtag und dessen Kompetenzen zu reformieren – durch eine behutsame Öffnung der Ritterschaft für bürgerliche Rittergutsbesitzer etwa oder eine Beseitigung der ständisch-kurialen Struktur der Versammlungen. Nirgends allerdings nutzten die Landstände die Chance, die hergebrachte Form ständischer Repräsentation, über die seit Ausbruch des amerikanischen Unabhängigkeitskrieges 1775 in ganz Europa eine öffentliche Diskussion entbrannt war, zu verändern und sich den Anliegen des „Volkes" beziehungsweise der „Nation" zu öffnen. Ihre Interessen waren augenscheinlich mehr auf Erhaltung als auf Veränderung gerichtet. Trotz dieses Befundes und der rechts- und ideengeschichtlich tiefen Zäsur durch den Zusammenbruch des Ancien Régime sind – namentlich in der Verfassungspraxis – Elemente der Kontinuität nicht zu übersehen. Von den altständischen Strukturen der Vormoderne weisen ebenso viele wie vielfältige Verbindungslinien über die Revolutionsepoche hinweg in das konstitutionelle und Repräsentativsystem des 19. Jahrhunderts.

## 5. Die deutsche Staats- und Nationsbildung im europäischen Rahmen

Wahrnehmungen der Zeitgenossen

„Deutschland genau kennenzulernen, ist ungleich schwerer als irgendein anderes europäisches Land", heißt es in einem 1783 von Johann Kaspar Riesbeck anonym veröffentlichten Briefwechsel mit einem fiktiven Adressaten. „Hier ist es nicht wie in Frankreich und den meisten anderen Ländern, wo man in den Hauptstädten sozusagen die Nation in einer Nuß beisammen hat. Hier ist keine Stadt, die dem ganzen Volk einen Ton gibt. Es ist in fast unzählige, größere und kleinere Horden zerteilt, die durch Regierungsform, Religion und andere Dinge unendlich weit voneinander unterschieden sind und kein anderes Band unter sich haben als die gemeinschaftliche Sprache." Ja, den „unzähligen Grafschaften, Baronien, Republikchen und dergleichen" erweise man „wahrhaftig schon zuviel Ehre, wenn man nur sagt, daß sie existieren".

Gegenüberstellung von Mustern und Sonderfällen

Das spöttische Urteil Riesbecks über die staatliche Vielfalt unter dem Dach des Heiligen Römischen Reiches ist nicht nur typisch für die durch den Siebenjährigen Krieg ausgelöste breite Debatte um eine Verfassungsreform, um Patriotismus und nationale Identität. Es ist auch charakteristisch für die seit der Aufklärung übliche Gegenüberstellung von Mustern und Sonderwegen im Prozess der europäischen Staats- und Nationsbildung. Das am häufigsten genannte Gegenmodell zu den „Zwergmonarchien" des Alten Reiches gibt dabei Frankreich ab, und zwar sowohl für diejenigen, die einen nach innen kulturell homogenisierten und nach außen strikt abgegrenzten Einheitsstaat anstrebten, als auch für jene, die wie Wilhelm von Humboldt („Denkschrift über die deutsche Verfassung", 1813) die ersehnte Einheit der Nation mit den älteren föderalen Traditionen zu verbinden suchten, ohne wie der westliche Nachbar „in eine Masse zusammengeschmolzen" zu werden.

England, Frankreich, Deutschland

Dass sich im Gegensatz zu allen anderen Ländern Europas in Deutschland der frühmoderne Staat in erster Linie auf der Ebene der Territorien, nicht auf der des Gesamtstaates durchsetzte, hat vielfältige

Ursachen. In England und Frankreich, wo jeweils eine eng umrissene politische Kernregion den Ausgangspunkt für größere Staatsbildungen darstellte, wurden zentrifugale Kräfte durch den Ausbau zentraler Institutionen bekämpft, die das Ganze mit den Machtmitteln des Königtums zusammenhielten. Die spätmittelalterlichen Herrscher im Heiligen Römischen Reich dagegen verfügten nicht über ausreichende Ressourcen, um ihren Willen gegenüber den erstarkenden, sich bald als „Staaten" begreifenden Territorialgewalten wirkungsvoll durchzusetzen. Weder gelang die Umwandlung in eine Erbmonarchie noch die Errichtung einer zentralen Exekutive und Bürokratie. Die Autorität des Kaisers gründete weniger in seinen kaiserlichen Rechten als vielmehr in der Hausmacht der Habsburger, die nicht nur einen der größten deutschen Territorialstaaten, sondern auch und vor allem eine zum Teil vom Reich unabhängige Macht in Europa begründeten.

Staatsbildung und Nationsbildung

Das Wachstum der österreichischen Monarchie und anderer Reichsstände aber ging konsequent auf Kosten des Reiches, dessen Gerichtsbarkeit zwar bei günstiger politischer Konstellation selbst in peripheren Gebieten Wirkung zeigte, das aber im 18. Jahrhundert eine Reichsexekution gegen die größte territoriale Militärmacht, Preußen, nicht mehr durchzusetzen vermochte. Ihr gegenüber war die Reichsarmee, die nicht wenigen Zeitgenossen als „Confusions-Armee" erschien, ja nach einer Schilderung Friedrich Christian Laukhards von 1796 gar „unter allen Heeren in Europa das untauglichste Heer" gewesen sei, strukturell hoffnungslos unterlegen. Das Reich wahrte bis zum Ende seinen prinzipiell übernationalen und überstaatlichen Charakter und unterschied sich damit deutlich von dem durch Grenzen und Flächenzugehörigkeit definierten Territorialstaat. Auch wenn das *Sacrum Imperium Romanorum* längst als „deutscher Nation" begriffen wurde, so verliefen hier – im Gegensatz zu England, den Niederlanden, Frankreich und der Eidgenossenschaft – Staatsbildung und Nationsbildung doch getrennt. In den politischen Entscheidungen im Reich und in den Territorien spielte die „deutsche Nation" keine Rolle.

Paradigma von Fortschritt und Rückständigkeit

Die offensichtliche Differenz zwischen der Entwicklung in Mittel- und besonders in Westeuropa, für die Geschichtswissenschaft seit jeher eine Herausforderung, wurde von Historikern – unter wechselnden Vorzeichen – vor allem unter dem Paradigma von Fortschritt und Rückständigkeit beschrieben. Die Fixierung auf einzelne Prototypen und Idealmuster, an denen dann alle anderen Staats- und Nationalstaatsbildungen gemessen werden, verstellt allerdings den Blick dafür, dass unterschiedliche Herrschaftssysteme auf je eigene Weise ihren spezifischen Beitrag für eine Modernisierung von Staat und Gesellschaft zu leisten vermögen. Ob Deutschland als Ganzes während der Frühen Neuzeit ein „Defizit“ gegenüber den deutlich stärker zentralisierten Staaten Westeuropas hatte, hängt nicht unmittelbar von der Erscheinungsform der jeweiligen Staatsbildung ab – ganz abgesehen davon, dass die Kriterien, die zur Beschreibung und Deutung einer derart defizitären Ordnung notwendig sind, sich fortwährend ändern. Zudem ist parallel zur staatsbildenden Kraft der Fürstentümer, der Stadtrepubliken und der reichsständischen Korporationen das gemeinsame Verfassungs-, Rechts- und Handlungsgefüge aus Reichs- und Territorialstaatlichkeit in Rechnung zu stellen, das seinerseits staatliche Qualität besaß und für die Fürstenstaaten bis an die Wende zum 19. Jahrhundert unverzichtbare Funktionen ausübte. Immerhin gelang es trotz beachtlicher Gegensätze, über die von der reformatorischen Bewegung im frühen 16. Jahrhundert ausgehenden Herausforderungen hinweg die Einheit des Reiches zu bewahren und sogar die Autorität einer ständisch und konfessionell so kompliziert zusammengesetzten Institution wie dem Reichstag noch zu heben. Eine eigenständige Form von Nationsbildung, ein gesamtdeutsches Gruppen- und Identitätsbewusstsein jenseits dynastischer, territorialer und konfessioneller Bezugsgrößen, lässt sich schließlich auch im frühneuzeitlichen Reich nicht übersehen.

# II. Grundprobleme und Tendenzen der Forschung

## 1. Frühmoderne Staatsbildung als Gegenstand der historischen Forschung

Disziplinäre und methodische Zugänge

Man wird ohne Übertreibung sagen können, dass ein erheblicher Teil der reichs-, landes- und lokalgeschichtlichen Forschung zur deutschen Geschichte der Frühen Neuzeit zu den hier im Zentrum stehenden Fragestellungen und Problemen direkt oder indirekt Bezug nimmt. Noch so unterschiedliche Themen – eine buch- und medienwissenschaftliche Studie über die staatliche Bücherzensur und -aufsicht in Bayern, eine kulturhistorische Abhandlung über die Frage, ob im 17. Jahrhundert dem Kaiser oder auch den Reichsständen das Postrecht zustand, ein Beitrag zur Bildungs- und Ideengeschichte über die Gründung oder Schließung einzelner Universitäten, die Biographie eines sächsischen Juristen oder badischen Pfarrers im konfessionellen Zeitalter – lassen Rückschlüsse auf die Entwicklung territorialer Staatlichkeit im Heiligen Römischen Reich zu. Entsprechend groß ist nicht nur der Umfang der Fachliteratur und Quellenpublikationen, sondern auch die Zahl der einzelnen disziplinären und methodischen Zugänge, die sich nicht einmal auf die historischen Wissenschaften beschränken. Die eigentliche Forschungsgeschichte reicht dabei bis tief ins 17. Jahrhundert zurück. Die folgenden Ausführungen zu Grundproblemen und Tendenzen der Forschung können daher nicht mehr als grobe Schneisen in eine vielfältige, kaum noch zu überblickende Forschungslandschaft schlagen.

Forschungsgeschichte

### *1.1 Landesherrschaft – Territorium – Staat. Forschungsansätze und Begriffsbildung*

Grundbegriffe der Politik-, Rechts- und Verfassungsgeschichte

Die den Titel dieses EdG-Bandes bildenden Begriffe Landesherrschaft, Territorium und Staat sind geschichtliche Grundbegriffe vor allem der Politik-, Rechts- und Verfassungsgeschichte, denen die deutsche Historiographie bei der Beschreibung und Erklärung eines im Heiligen Römischen Reich während des Spätmittelalters einsetzenden, die Jahrhunderte zwischen 1500 und 1800 in besonderer Weise prägenden Fundamentalprozesses seit jeher hohe Bedeutung zugemessen hat: der Verdichtung, Verräumlichung und Institutionalisierung von Herrschaft oder, mit größerem Abstraktionsgrad, der neuzeitlichen Staatsbildung. Dieser im Einzelnen komplexe, vielschichtige Prozess, der sich in Deutschland speziell auf territorialer Ebene vollzog, fand im Jahrhundert nach dem Dreißigjährigen Krieg seinen Höhepunkt, wirkte aber praktisch über das Ende des Alten Reiches 1806 hinaus fort. Bereits in den Debatten um die Struktur der deutschen Bundesverfassung von 1815 wurden Fragen aufgeworfen, die ihre Aktualität auch in den folgenden zwei Jahrhunderten nicht verlieren sollten. Was im 19. Jahrhundert unter den Begriffen „Staatenstaat", „Bundesstaat" oder „Staatenbund" intensiv erörtert wurde, ist bei Lichte besehen noch heute Teil einer nicht weniger heftig geführten Föderalismusdiskussion. Das föderalistische Prinzip, hier verstanden als dynamisches Ringen zwischen Einheit und Vielheit, Integration und Desintegration, kann tatsächlich – *cum grano salis* – als Konstante der deutschen Verfassungsgeschichte gelten [84: H.-J. BECKER, Föderalismus; A. GOTTHARD, Einleitung, in: 125, 7–33].

Föderalismusdiskussion

Legitimierende und identitätsstiftende Funktionen

Dieses Fortwirken älterer Strukturen bis in die Gegenwart liefert zugleich Antworten auf die Frage, warum gerade die fachwissenschaftliche Auseinandersetzung mit Problemen frühneuzeitlicher Staatlichkeit – oder deren bewusste Ausblendung – in der Vergangenheit so oft zeitgebundenen Erwartungen und Bedürfnissen folgte, mithin legitimierende und identitätsstiftende Funktionen erfüllte. Zumindest konnte ein solcher Zusammenhang stets ohne Schwierigkeit hergestellt werden. Für DDR-Historiker etwa war es offensichtlich, dass sich ihre westdeutschen Kollegen der „bürgerlichen Geschichtsschreibung" vor allem deshalb so nachdrücklich den dezentral erfolgten Staatsbildungsvorgängen im Alten Reich zuwandten, weil sie auf diese Weise „den föderativen imperialistischen Staatsaufbau" der Nachkriegszeit rechtfertigen wollten [89: K. CZOK, Territorialstaat, 926]. Umgekehrt hätte sich der Autor jenes Beitrags aus dem Jahr 1973 allerdings auch fragen können, ob die von ihm gemachte Beobachtung, dass nämlich „die Erforschung der Entstehung und Entwicklung des Territorialstaates bisher von der marxistisch-leninistischen Geschichtswissenschaft in der DDR stark vernachlässigt" worden sei [Ebd., 923], nicht unmittelbar mit der Auflösung der dortigen Länder 1952, der Neueinteilung in 15 Bezirke und dem Aufbau einer zentralistischen Staatsverwaltung in Zusammenhang stand [zur unterschiedlichen Entwicklung der landesgeschichtlichen Forschung im westlichen und östlichen Deutschland nach dem Zweiten Weltkrieg 88: W. BUCHHOLZ (Hrsg.), Landesgeschichte].

Unbestimmtheit und Mehrdeutigkeit der Quellentermini

Die auf den ersten Blick verwirrende Vielzahl an Forschungsansätzen zum Thema des vorliegenden EdG-Bandes und die damit einhergehende Vielfalt an Begriffsbildungen hängen freilich auch mit zwei inhaltlichen Problemen zusammen. Zum einen mit der Unbestimmtheit und Mehrdeutigkeit der wichtigsten Quellentermini bis weit in das 18. Jahrhundert hinein: Ein Begriff wie „Herrschaft" konnte nach P. MORAW und H. GÜNTHER für konkrete Rechtsverhältnisse stehen, für die freilich auch Bezeichnungen wie Gewalt, Gebiet, Regiment, Obrigkeit und andere gebräuchlich waren, und er konnte für Abstraktionen der antiken Politiktheorie und der neuzeitlichen Staatsphilosophie herangezogen werden; hinzu kommen während der gesamten Frühneuzeit lateinische Synonyme und Äquivalente (*auctoritas, dignitas, dominium, imperium, iurisdictio, maiestas, potestas* u. a.) [74: O. BRUNNER/W. CONZE/R. KOSELLECK (Hrsg.), Grundbegriffe, Bd. 3, 5–33]. Ähnlich unscharf blieben viele ebenfalls schon in früherer Zeit verwendete Raumbegriffe. So war die im Jahrhundert der Reformation aufkommende Rechtsauffassung *cuius regio eius religio* – sie sprach der Obrigkeit das Recht zu, die Religionsverhältnisse im eigenen Territorium zu bestimmen – in konfessionspolitischer Hinsicht unzweifelhaft ein Durchbruch; was unter *regio* jedoch eigentlich zu verstehen sei, blieb in der Staatsrechtslehre noch lange strittig. Auf jeden Fall hatten die Juristen, konstatiert E. SCHUBERT zutreffend, „eine in ihrer Unverbindlichkeit friedenssichernde Terminologie" gefunden, mit der sie „den im 16. Jahrhundert noch nicht allenthalben abgeschlossenen Territorialisierungsprozeß des mittelalterlichen ‚Landes' überdecken" konnten [108: Umformung, 210]. Nicht viel besser ist es um den mal als Verfassung oder System, mal als Regierung zu verstehenden Begriff „Staat" bestellt, der nach P.-L. WEINACHT [174: Staat, 233–242] und W. CONZE [74: O. BRUNNER/W. CONZE/R. KOSELLECK (Hrsg.), Grundbegriffe, Bd. 6, 4–25] selbst noch Ende des 17. Jahrhunderts in seinem semantischen Umfeld unbestimmt war und so für verschiedene Deutungen offen blieb.

Unschärfe der Raumbegriffe

Vielfalt der Landesherrschaften

Zum anderen wurden unterschiedliche Interpretationen des frühneuzeitlichen Staatsbildungsprozesses durch die tatsächliche Vielfalt der Landesherrschaften begünstigt, die jeden Versuch, sie typologisch zu erfassen oder zumindest in ihren großen Entwicklungslinien einzufangen, beinahe aussichtslos erscheinen lassen. „Die deutschen Landesstaaten sind individuelle historische Gebilde und entziehen sich somit der Definition mittels allgemeiner Begriffe", schrieb W. SCHLESIN-

GER 1954 in seiner zum Klassiker avancierten Fallstudie „zur Geschichte des Staates in Deutschland" [105: Herren von Schönburg, 168], und seinem Urteil schlossen sich vor allem Rechts- und Verfassungshistoriker an: „So kann das Lehenswesen herrschaftsstabilisierende Kraft haben oder aber für die Staatsbildung letztlich bedeutungslos bleiben. Die hohe Gerichtsbarkeit kann einmal das Grundgerüst der Territorialstruktur stellen, ein andermal aber als bloße Servitut auf einem fremden Territorium lasten. Entsprechend unterschiedliches Gewicht kann den mediaten Landstädten und dem niederen Adel zukommen. Seit mehreren Jahrzehnten haben sich in Deutschland ungezählte Tagungen mit dieser Vielfalt der Gestaltungsmöglichkeiten befasst und immer wieder die Besonderheiten einzelner Territorialbildungen hervorgehoben" [113: D. WILLOWEIT, Staatsbildung, 25]. Die Methode, von Einzelfällen auf einen allgemeinen Typus zu schließen, ist insofern fraglich, auch jede Theoriebildung stößt unweigerlich rasch an ihre Grenzen.

Fragile Terminologie

Mit der allmählichen Umformung spätmittelalterlicher Fürstenherrschaft zum frühneuzeitlichen Territorialstaat setzte sich begriffs- und forschungsgeschichtlich 1996 ([2]2006) bereits E. SCHUBERT in einem EdG-Band umfassend auseinander. Auf seine differenzierte Darstellung der Grundprobleme und Tendenzen der Forschung, insbesondere auf seine instruktiven Ausführungen zu Fragen von Landeshoheit und Landesherrschaft („Der vermiedene Staatsbegriff") kann an dieser Stelle allgemein verwiesen werden [143: Herrschaft und Territorium, 51–108]. Die von ihm für zahlreiche Teilaspekte konstatierte „Forschungskonfusion" und „fragile Terminologie" [Ebd., 52f.] stellt sich auch aus heutiger Sicht nicht grundlegend anders dar. Nur am Rande, etwa in Auseinandersetzung mit dem von TH. MAYER in den 1930er Jahren eingeführten Begriffspaar „Personenverbandsstaat" und „institutioneller Flächenstaat" [95: Grundlagen], musste sich SCHUBERT näher mit dem Staatsbegriff befassen, der für die Forschungsdiskussion der frühneuzeitlichen Herrschafts- und Machtintensivierung und damit für den Gegenstand des vorliegenden EdG-Bandes essentiell ist. Dem Bedeutungswandel dieses Begriffs und vor allem den Verästelungen des mit ihm verbundenen Paradigmas der Staatsbildung soll daher an dieser Stelle vorrangig nachgegangen werden.

Staatsbegriff und Staatsgewalt

Die Intensität, mit der sich Frühneuzeithistoriker noch in der Gegenwart mit dem Staatsbegriff des 19. Jahrhunderts auseinandersetzen, gibt bereits einen ersten Hinweis auf die Bedeutung und den Einfluss einer Denktradition, die auch für die Interpretation früherer historischer Epochen größtes Gewicht hatte. Tatsächlich habe kein anderes Paradigma, so R. Blänkner, das historisch-politische Denken in Deutschland bis zum Beginn des 20. Jahrhunderts derart dominiert wie das Konzept der monarchisch-bürokratischen Staatsbildung, dem namhafte Historiker, Staatsrechtler und Nationalökonomen seit den 1830er Jahren eine normative und gleichsam universalhistorische Geltung zusprachen [85: Strukturprobleme, 401 f.; 86: Probleme und Perspektiven, 51–53]. Mit Hilfe dieser aus der kleindeutsch-preußischen Perspektive gewonnenen Leitkategorie entstand das Bild einer ebenso geradlinigen wie zielgerichteten Entwicklung vom Lehensstaat über die absolute Monarchie hin zum „modernen Staat", in der frühere Epochen lediglich den Charakter historischer Vorläufer besaßen und auf ihren Anteil an der Ausbildung einer einheitlichen, zentralen Staatsgewalt hin befragt wurden. Generationen von Historikern sahen infolgedessen im Aufstieg Brandenburg-Preußens die eigentliche Vorgeschichte der deutschen Nationalstaatsbildung [214: W. Neugebauer, Staatsbildung, 183 f.].

Staatsverständnis und Ständeforschung

Ein verbreitetes, den sozialen und ökonomischen Veränderungen in Deutschland seit dem letzten Drittel des 19. Jahrhunderts geschuldetes Krisenempfinden, vor allem aber der Erste Weltkrieg und die Auflösung der preußisch-deutschen Monarchie schwächten diese Traditionslinie des „deutschen Staatsgedankens" zwar merklich ab und beförderten in der Geschichtswissenschaft die Einsicht, dass es neben der monarchischen auch einer ständischen Gewalt bedurft hatte, um Staatsbildung durchzusetzen [368: R. Walz, Stände, 3–8]. Doch auch die ältere, nach wie vor vom preußischen Staatsverständnis geprägte Ständeforschung bewertete die intermediären Gewalten vorrangig nach ihrer politischen Leistung für die Staatsbildung, die man „a priori am Kriterium jenes etatistischen Modernisierungsfortschritts maß, den man vor allem in der Ausbildung des fürstlichen Herrschaftsapparates sah" [335: W. Eberhard, Monarchie und Widerstand, 11 f.], und kam dabei mehrheitlich zu negativen Urteilen.

Ausformung moderner Staatlichkeit

Eine Abkehr von der „Monarchiefixierung des borussischen Geschichtsdenkens" [85: R. Blänkner, Strukturprobleme, 402] vollzog in den 1960er Jahren G. Oestreich, der den historischen Prozess der frühneuzeitlichen Staatsbildung einer Neubewertung unterzog und dabei in Anlehnung vor allem an Otto Hintze (1861–1940) den Beitrag der Landstände an der Ausformung moderner Staatlichkeit hervorhob. In einer Reihe grundlegender Aufsätze, die in zwei Sammelbänden der Jahre 1969 und 1980 leicht zugänglich sind [129: Geist und Gestalt; 130: Strukturprobleme], bemühte er sich darüber hinaus um eine genauere Differenzierung entwicklungsgeschichtlicher Phasen bei der

Bildung des deutschen Territorialstaates. In den beiden ersten Phasen – der Vor- oder Frühform im 14. und 15. Jahrhundert und besonders dem „Finanzstaat" des 16. und frühen 17. Jahrhunderts – hätten die Stände den stärksten Einfluss auf die innere und äußere Struktur des werdenden Staates genommen, während die dritte Phase des „Militär-, Wirtschafts- und Verwaltungsstaates" nach 1650 vollständig von einem erstarkten Fürstenabsolutismus geprägt worden sei. Zu seiner Abkehr von der älteren, die Entstehung des Staates ausschließlich als Werk der absoluten Monarchie interpretierenden Forschung gehört auch die Bezeichnung „frühmoderner Staat", die OESTREICH in Analogie zum Begriff *Early Modern History* in der englischen und amerikanischen Geschichtssschreibung in die Diskussion einführte. Im Kern blieb allerdings „Staat" auch für OESTREICH ein normativer Begriff, eine am voll entwickelten Staat des 19. Jahrhunderts – mit Gewaltmonopol nach innen und Souveränität nach außen – gewonnene Bezugsgröße und zeitlos abstrakte Ordnungsform.

„Frühmoderner Staat"

Verwendung neuzeitlicher Staatsbegriffe

Diese und andere mit dem Staatsbegriff arbeitenden, freilich zu keinem Zeitpunkt unumstrittenen Beschreibungskategorien – zusammengefasst zuletzt von W. REINHARD unter dem Titel „Kriegsstaat – Steuerstaat – Machtstaat" [in: 81, 277–310] – stoßen in der deutschen Forschung seit längerem auf Kritik. Ursächlich dafür sind nicht nur die wachsende Zugangs- und Methodenvielfalt innerhalb der Geschichtswissenschaft, sondern auch gesellschaftliche und ökonomische Wandlungsprozesse sowie die vermeintliche Agonie des klassischen souveränen Staates. Die „Skepsis gegenüber einem exakt bestimmten Staatsbegriff für die Frühe Neuzeit" ist, wie L. SCHORN-SCHÜTTE 2004 feststellte, stetig gewachsen: „Während noch die Historiker des 19. und beginnenden 20. Jahrhunderts ebenso wie die marxistische Geschichtsschreibung uneingeschränkt eine Definition zu geben bereit waren, wird es seit den letzten Jahrzehnten des vergangenen Jahrhunderts zunehmend schwieriger, Einvernehmlichkeit zu erzielen" [106: Staatsformen, 133].

Herrschaftspraktiken und Interaktionsprozesse

Ausdruck dieses Unbehagens an der Verwendung neuzeitlicher Staatsbegriffe für die Kräfteverhältnisse früherer Epochen und an der „Vermengung von empirischer und ahistorisch-teleologischer Begriffsbildung" sind zwei in den letzten Jahren erschienene Sammelwerke, die mögliche Wege für eine alternative Terminologie zur Beschreibung dessen aufzeigen, was M. MEUMANN und R. PRÖVE nun als „Herrschaftsbeziehungen in der frühen Neuzeit" verstanden wissen wollen: Der Blick auf die „Multipolarität frühneuzeitlicher Herrschaftspraxis und deren dynamischen und kommunikativen Charakter" komme der

Realität näher als die Vorstellung einer einheitlichen Befehls- und Staatsgewalt und die Gegenüberstellung von Regierenden und Regierten [Die Faszination des Staates und die historische Praxis. Zur Beschreibung von Herrschaftsbeziehungen jenseits teleologischer und dualistischer Begriffsbildungen, in: 96, 11–49, hier 23, 48]. Dass Belege hierfür vor allem in mikro- und alltagshistorischen Analysen politischer Herrschaftspraktiken, mithin in komplexen Kommunikations- und Interaktionsprozessen, gesucht werden, unterstreicht auch eine zweite Aufsatzsammlung, die nach sozialen Mechanismen des „Aushandelns" von Herrschaft bzw. Macht, deren Legitimation und dem Strukturwandel der Eliten fragt [82: R. G. ASCH/D. FREIST (Hrsg.), Staatsbildung].

Methoden-pluralismus

Kritik auch an diesen Ansätzen blieb nicht aus. Nach W. REINHARD etwa sei „nicht zu erkennen, wie aus dem mikrohistorischen Chaos der vielen kleinen Erzählungen die makrohistorische Großerzählung von der Entstehung des modernen Staates werden soll" [Staatsbildung durch „Aushandeln"? Ebd., 429–438, hier 437]. W. NEUGEBAUER gibt zu bedenken, dass „ungeachtet moderner sozial- und zuletzt kulturgeschichtlicher Strömungen, die in dichter Beschreibung die Perspektive von unten, Wahrnehmung und Erlebniswelt des einzelnen Menschen oder der Gemeinde zum Ansatz wählen", auch Fragen nach den „überwölbenden politischen Strukturen" ihre Berechtigung behielten [431: Politische Strukturen, 197]. Noch deutlicher wird M. HOCHEDLINGER in seinem Appell für eine moderne, „die gesamte Staatstätigkeit" in den Blick nehmende „Machtstaatsgeschichte", verstanden als „ein möglicher Zugang zur Geschichte frühneuzeitlicher Staatlichkeit" [93: Politische Geschichte, 256].

Marxistisch-lenistische Ansätze

Einen eigenständigen, wenn auch in das Korsett der marxistisch-leninistischen Staats- und Klassentheorie eingebetteten Forschungsansatz entwickelten – darauf ist zumindest in aller Kürze hinzuweisen – Historiker in der Deutschen Demokratischen Republik wie Max Steinmetz, Joachim Streisand, Peter Wick, Ingrid Mittenzwei, Günter Vogler und Klaus Vetter. Eine knappe Zusammenfassung ihrer Positionen unternahm K. CZOK 1973 in einem Beitrag für das renommierte Ost-Berliner Fachorgan „Zeitschrift für Geschichtswissenschaft" (ZfG). Darin wies er zugleich die einschlägigen Arbeiten der westdeutschen Geschichtsforschung zurück, denen er eine „einseitige Konzentration auf die politische Geschichte, die dynastischen Verhältnisse und die Verfassungsentwicklung" vorwarf. Die Entwicklung des deutschen Territorialstaates sei jedoch nicht einzig „aus der Perspektive jeweiliger Machtverschiebungen innerhalb der herrschenden Klasse" zu erklären, sondern müsse auch sozioökonomische Aspekte berücksichtigen. Der „feudale Territorial- oder Fürstenstaat" war nach Czok „das Machtinstrument jener Teile der herrschenden Feudalklassen, die, auf der Basis feudalen Großgrundbesitzes, durch partikularistische Politik, eigene Hoheitsrechte und Machtorgane in einem bestimmten regionalen Bereich innerhalb des Reiches ihre Landesherrschaft errichteten und über alle Bewohner, insbesondere über Bauern und Bürger, zu festigen suchten" [89: Territorialstaat, 928 f.]. Grundlegend bis heute ist die von H. Schnitter 1977 untersuchte Bedeutung der Defensionswerke und Landmilizen für die „feudale Staatsgewalt" vom 15. bis zum 18. Jahrhundert [437: Volk und Landesdefension, 176]. Dass innerhalb der DDR-Geschichtsschreibung auch der Einfluss der kirchlich-theologischen Entwicklung für die säkulare Herrschaftsverdichtung reflektiert wurde, zeigen exemplarisch die wichtige Fallstudie von K. Blaschke über den Zusammenhang von Konfessions- und Staatsbildung am Beispiel Sachsens [377: Wechselwirkungen] sowie die umfassenden Untersuchungen von G. Wartenberg zu diesem Themenfeld [408: Landesherrschaft und Reformation].

### *1.2 Überblickswerke und Gesamtdarstellungen*

Einführende Orientierungswerke

Ein Einstieg in das Thema dieses Bandes, die Entwicklung territorialer Staatlichkeit in Deutschland während der Frühen Neuzeit, kann selbstverständlich auf unterschiedlichen Wegen erfolgen. Orientierung ist dabei freilich nicht immer leicht zu gewinnen. So erweist sich beispielsweise der 2005 von W. Künzel und W. Rellecke herausgegebene, für eine breite Leserschaft verfasste Sammelband über die „Geschichte der deutschen Länder" [125] als höchst problematisch und irreführend: Die 16 Beiträge zu den aktuellen Bundesländern sollen, so der Untertitel, „Entwicklungen und Traditionen vom Mittelalter bis zur Gegenwart" aufzeigen, konstruieren aber lediglich zum Zwecke politischer Bildung und – so ist zu unterstellen – staatlicher Identitätsstiftung eigenwillige Kontinuitätslinien und verstellen damit den Blick auf ältere Territorialentwicklungen vollständig. Diesen widmet sich G. Köbler mit großer Akribie in seinem 1988 vorgelegten, 2007 bereits in siebter Auflage erschienenen „Historische[n] Lexikon der deutschen Länder" [79], das in alphabetischer Ordnung – von „Aach (Herrschaft)" bis „Zyfflich-Wyler (Herrlichkeit)" – sämtliche Herrschaftsträger des Heiligen Römischen Reiches in größtmöglicher Vollständigkeit vorstellt und als Nachschlagewerk längst unverzichtbar ist. Einen dritten Weg, den einer repräsentativen Auswahl, beschritten A. Schindling und W. Ziegler mit der von ihnen in den Jahren 1989 bis 1997 in sieben Bänden herausgegebenen Reihe „Die Territorien des Reichs im Zeitalter der Reformation und Konfessionalisierung. Land und Konfession 1500–1650“ [140], die über die kirchlich-religiöse Gestalt der ausgewählten Territorien hinaus auch deren politisch-rechtliche Entwicklung skizziert und so Bausteine für eine vergleichende Analyse der einzelnen Territorialstaatsbildungen liefert.

Überblicke zur Verfassungs- und Reichsgeschichte

Kompliziert ist freilich nicht nur die in Spätmittelalter und Früher Neuzeit sich ständig wandelnde territoriale Raumstruktur des Alten Reiches, sondern auch die mit der Ausbildung frühmoderner Staatlichkeit entstehende Vielfalt neuer, die einzelnen Gemeinwesen und die politische Ordnung insgesamt prägender rechtlicher Regeln, Strukturen und Vorstellungen. Mit jeweils unterschiedlichen Akzenten und zeitlichen Schwerpunkten haben Historiker, Juristen und Politikwissenschaftler [121: H. Duchhardt, Verfassungsgeschichte; 116: H. Boldt, Verfassungsgeschichte] in den letzten zwei Jahrzehnten moderne Überblicke zur Verfassungs- und Rechtsgeschichte vorgelegt, die sich im Vergleich zu früheren Arbeiten längst nicht mehr auf die Behörden- und Verwaltungsentwicklung beschränken, sondern auch Aspekte der Sozial-, Mentalitäts-, Kirchen-, Wirtschafts- und Ideengeschichte aufgreifen – mithin „auch die gesellschaftsnahen Verfassungsebenen“ berücksichtigen, wie es D. Willoweit für seine eigene, 2009 bereits in sechster Auflage vorliegende Darstellung formuliert hat [149: Verfassungsgeschichte, VIII], der für die hier interessierenden Fragen und Probleme besonderes Gewicht zukommt. Das in der Schriftenreihe „Kurzlehrbücher für das juristische Studium“ erschienene und damit für Historiker leicht zu übersehende Werk, das sich durch eine außergewöhnliche Präzision der Begrifflichkeit und der Argumentation auszeichnet, ist aufgrund umfangreicher Register, Querverweise und Literaturangaben weitaus besser zu benutzen als vergleichbare Werke.

Geschichte der Staatsgewalt

Einen ganz eigenen Platz in dieser Reihe nimmt W. Reinhards „Geschichte der Staatsgewalt“ [134] ein, ein theoretisch und methodisch ebenso anspruchsvolles wie anregendes Werk, das sich dem Untertitel nach zwar als eine „vergleichende Verfassungsgeschichte Europas“ präsentiert, das mit dem herkömmlichen Verfassungsbegriff dieser Disziplin aber nicht adäquat zu erfassen ist. Die juristische Definition sei hilfreich, so Reinhard, werde aber der historischen Entwicklung nicht gerecht, da der „moderne Staat“ erst vom ausgehenden 18. Jahrhundert an existiere. „Der Historiker tut schon deswegen gut daran, statt des zeitlos abstrakten Staates die jeweilige Staatsgewalt mit ihren historisch konkreten Personen und Institutionen in den Mittelpunkt zu stellen, denn dort fanden die Machtbildungsprozesse statt, deren institutionalisierte Endstufe ‚Staat' heißt" [Ebd., 16]. Die „Geschichte der Staatsgewalt" ist der bis heute überzeugendste Versuch, die spezifische Form der (territorialen) Staatlichkeit in Deutschland mit der Entwicklung in anderen Teilen Europas zu vergleichen.

Verbindung von Landes- und Reichsgeschichte

Dass auch die großen Synthesen der vergangenen Jahrzehnte zur deutschen Geschichte der Frühen Neuzeit mit Gewinn als Einführung in die Themenbereiche dieses Bandes zu lesen sind, hängt mit der sich bereits nach Ende des Zweiten Weltkriegs abzeichnenden, in den 1970er Jahren dann immer deutlicher werdenden Neubewertung des Alten Reiches zusammen. Mit dem Ziel einer „einheitlichen Gesamtauffassung vom Heiligen Römischen Reich" setzten sich P. Moraw und V. Press 1975 in einem programmatischen Aufsatz für einen neuen Blick auf die „Territorialstruktur des Reiches" ein und forderten, Landes- und Reichsgeschichte nicht länger getrennt zu betrachten: Herauszuarbeiten seien nicht nur „Ordnungskategorien für die Territorien, die differenzierter sind als die herkömmlichen von Reichsunmittelbarkeit einerseits und bloßen Herrschaftstiteln andererseits", vielmehr sei auch „nach dem erreichten Ausmaß von Staatlichkeit und nach der komplementären Rolle des Königtums/Kaisertums" zu fragen" [97: Probleme, 7, 10f.]. In der Folge entstanden nicht nur zahlreiche Einzelstudien über das von Moraw und Press in die Forschung eingeführte Deutungsmuster „Reich als politisches System", die Einblicke in das Zusammenspiel der einzelnen Handlungsebenen und -räume, Interaktionen, Austauschprozesse, Verwandtschafts- und Klientelbeziehungen erlaubten, sondern auch neue, dieser Modellvorstellung Rechnung tragende Gesamtdarstellungen, zu deren wichtigsten Interpretamenten Th. Klingebiel unverändert die klassischen „Staatsbildungsparadigmata" zählt [279: Lokale Amtsträger, 13].

Reichssystem und Territorialstaatsbildung

Die Beschreibungen und Bewertungen von Staat, Staatlichkeit und Staatsbildung differieren dabei im Einzelnen erheblich, wobei sich die Vielfalt der Forschungsansätze de facto auf zwei Grundpositionen reduzieren lässt. So versucht G. Schmidt das komplizierte Verfassungsgefüge Deutschlands begrifflich als „System komplementärer Staatlichkeit" zu fassen: Die Erläuterung ‚komplementär' mache dabei deutlich, „daß das, was gemeinhin als einheitliche Staatsgewalt gedacht wird, im Reichs-Staat auf unterschiedliche Ebenen verteilt war. Dabei organisierten – idealtypisch aufgefächert – das Reich Außenverteidigung und Rechtssystem, die Reichskreise Exekutionswesen und Infrastruktur, die Territorialstaaten Verwaltung und Disziplinierung der Untertanen." Seine These habe zur Konsequenz, so Schmidt, „daß der gesamtstaatliche Rahmen ein unverzichtbarer Bestandteil territorialer Staatlichkeit war und nicht – wie die ältere Forschung glaubte – deren selbständige Entwicklung blockierte“ [141: Altes Reich, 44]. Eine vergleichbare Interpretation legte J. BURKHARDT vor, der für das 16. Jahrhundert von einer „Organisation der deutschen Gesamtstaatlichkeit“ und dem gelungenen „Einbau der deutschen Einzelstaatlichkeit in den Reichsverband“ spricht: „Die Institutionalisierung des Reiches, die weder einfach der ganz großen Staatsbildung folgte, noch sich mit vielen kleineren begnügte, gründet in einer Integration von universalen und partikularen Elementen in ein und dasselbe politische System“ [118: Reformationsjahrhundert, 178]. Eine deutliche Gegenposition formulierte H. SCHILLING, nach dessen Urteil die frühmoderne Staatsbildung „in den meisten europäischen Ländern Nationalstaatsbildung, in Deutschland dagegen Territorialstaatsbildung unter dem Dach eines vorstaatlichen Reiches“ war [138: Aufbruch und Krise, 11]. Eine ähnliche Einschätzung findet sich bei W. SCHULZE: „Staatlichkeit wurde bisher vorwiegend im Bereich der Territorialisierung festgemacht, jedoch nicht im Zusammenhang des Reiches behandelt. Wir tragen damit der Tatsache Rechnung, daß sich die Entwicklung der Staatlichkeit in Deutschland vorrangig auf der Ebene der Territorien vollzieht. Daneben bildet sich eine besondere Art der Überstaatlichkeit auf der Ebene des Reiches aus, die man als übergeordnet-substitutive Staatstätigkeit bezeichnen kann“ [144: Deutsche Geschichte, 56]. Noch einmal pointiert und zugespitzt finden sich diese Positionen zur Frage der „Staatlichkeit des Alten Reiches“ in dem von M. SCHNETTGER 2002 herausgegebenen Sammelband „Imperium Romanum – irregulare corpus – Teutscher Reichs-Staat“ [486], der zugleich informative Rückblicke auf ältere Deutungsmuster des Heiligen Römischen Reiches im 19. und 20. Jahrhundert enthält.

### *1.3 Quellenüberlieferung und -problematik*

Reichspublizistik und Staatsrechtslehre

Nachdenken über Formen und Grenzen von Herrschaft, die rechte Verfassung der Obrigkeit, eine ideale Politik und Prinzipien staatlicher Ordnung: Das war während der Frühen Neuzeit Sache von Vertretern der Reichspublizistik und Staatsrechtslehre, der Polizeiwissenschaft, der Verwaltungslehre und des aufkommenden Natur- und Völkerrechts, aber auch von Theologen und Philosophen [169: M. STOLLEIS, Öffentliches Recht; 170: DERS. (Hrsg.), Staatsdenker]. Die gelehrten Werke dieser Theoretiker und die Abhandlungen der seit dem 16. Jahrhundert für die Landesherrschaft in immer größerer Zahl benötigten, an den Universitäten ausgebildeten Verwaltungspraktiker und Juristen sind für den Historiker, der sich mit der Entwicklung territorialer Staatlichkeit in Deutschland beschäftigt, bis heute wichtige und unverzichtbare Quellen.

Staatsdenker und Verwaltungspraktiker

Einschlägig sind dabei nicht nur die Werke bedeutender Staatsdenker wie D. REINKINGK (1590–1664) [38: Policey], H. CONRING (1606–1681) [19: Opera], V. L. VON SECKENDORFF (1626–1692) [43: Fürsten-Stat; 44: Christen-Stat], S. von PUFENDORF (1632–1694) [37: De Statu Imperii Germanici], J. J. MOSER (1701–1785) [32: Teutsches Staats-Recht; 33: Neues Teutsches Staatsrecht] oder J. ST. PÜTTER (1725–1807) [36: Staats- und Fürsten-Recht], sondern auch die Darstellungen häufig nur in einzelnen Herrschaften bekannter Autoren – etwa diejenigen des im württembergischen Fürstendienst stehenden N. MYLER VON EHRENBACH (1610–1677) [34: Hyparchologia], des Landsyndikus von Schwedisch-Pommern G. A. CAROC (1679- um 1730) [17: Begründete Deduction] oder des mecklenburgischen Hofrats Chr. G. JARGOW (1700– um 1760) [25: Lehre von den Regalien] – sowie juristische, philosophische und theologische Dissertationen [41: CHR. TH. SCHEURL/H. HILDEBRAND, De territorio clauso et non clauso sive mixto; 42: W. SCHRÖTER/S. CHR. OLPIUS, De Ratione Status]. War lange Zeit die 1921 von Paul Joachimsen zusammengestellte, 1967 als Nachdruck erschienene Textsammlung „Der deutsche Staatsgedanke von seinen Anfängen bis auf Leibniz und Friedrich den Großen" die einzige verfügbare Anthologie zentraler Quellentexte, so liegt seit 1995 zumindest für die Zeit des 16. und 17. Jahrhunderts eine neue, kenntnisreich kommentierte Auswahledition zur „Staatslehre der frühen Neuzeit" von N. HAMMERSTEIN [55] vor.

Entstehungskontext älterer Abhandlungen

Generell zu beachten ist, dass viele dieser Abhandlungen im Zuge konkreter Konflikte entstanden, Auftragswerke waren und als Argumente bei territorialen Auseinandersetzungen eingesetzt wurden, sie in einem modernen Wissenschaftsverständnis also nicht den Anspruch erhoben, unparteiisch und objektiv sein zu wollen. A. KNICHEN (1560–1621) zum Beispiel, der in Diensten mehrerer Landesfürsten stand und im Jahr 1600 ein ebenso gründliches wie scharfsinniges Werk über das Territorialrecht verfasste [27: De sublimi et Regio territorii iure synoptica Tractatio], strebte eine Stärkung der fürstlichen Landeshoheit („superioritas territorialis") an und geriet dabei mehrfach in Streit mit den Freien und Reichsstädten. Die Tatsache, dass sein Buch bis Ende des 17. Jahrhunderts mehrfach neu aufgelegt und an vielen Höfen gleichsam zur Pflichtlektüre wurde, lässt zugleich Rückschlüsse auf die Kräfteverhältnisse im frühneuzeitlichen Staatsbildungsprozess zu.

Frühneuzeitliche Quellenpublikationen

Einem solchen gegenwartspolitischen Zweck dienten auch zahlreiche bis Ende des 18. Jahrhunderts erarbeitete Quellenpublikationen, die in der Regel auf Veranlassung bestimmter Obrigkeiten entstanden, Belege für die eigene Rechtsanschauung zusammenstellten und auf dem Umweg über die öffentliche Meinung die Haltung der anderen Reichsstände beeinflussen sollten. Darüber hinaus hatten die Landesherren generell ein hohes Interesse nicht nur daran, das geltende Recht ihres Territoriums aufzeichnen, sondern dieses auch zusammenfassen und veröffentlichen zu lassen [152: A. Görgen, Rechtssprache, 74–85]. So erhielt Chr. O. Mylius (1678–1760) im Jahr 1715 vom preußischen König Friedrich Wilhelm I. den Auftrag, sämtliche „in der Chur- und Marck Brandenburg, auch incorporirten Landen publicirte[n] und ergangene[n] Ordnungen, Edicta, Mandata, Rescripta“ herauszugeben. Das monumentale, 1737 „mit Königlich Preußischem Privilegio“ in sechs Teilen erschienene und später noch um „Continuationen“ erweiterte Werk [35: Corpus Constitutionum Marchicarum], das dem beigefügten „Repertorium“ nach von „Geistlichen- Justiz- Lehn- Militair- Zoll- Jagdt- Müntz- Saltz- Post- Steuer- Accis- Policey- Commercien- Manufactur- Handwercks- Städte und Dörfer- auch andern unterschiedenen Sachen“ handelt, stellt bis zur Gegenwart eine unerschöpfliche Quelle für die Entwicklung Brandenburg-Preußens in der Frühneuzeit dar. Ein genuines Eigeninteresse, die eigene Rechtsposition auf diese Weise abzusichern, hatten allerdings nicht nur die Fürsten, sondern auch die Stände. Vor allem in den größeren Territorien begannen sie sehr früh, Landtagsabschiede und andere Unterlagen („Landtags Handlungen“, „Acta Publica“) zu sammeln und zu veröffentlichen – in der Steiermark, begünstigt durch die Aufgaben der dortigen Stände in der Landesdefension, bereits am Anfang des 16. Jahrhunderts [J. Bahlcke, Landtagsakten (unter besonderer Berücksichtigung der Verhältnisse in der frühneuzeitlichen Habsburgermonarchie), in: 12, 351–364]. Fachliche Interessen, wie sie moderne historisch-kritische Editionen mit ihrer exakten Dokumentation der überlieferten und erschlossenen Handschriften verfolgen, spielten in beiden Fällen vorerst keine Rolle: Solche Sammlungen dienten ausschließlich der Rechtspraxis und waren auf gezielte Auswahl und juristischen Nutzen, nicht auf enzyklopädische Vollständigkeit hin angelegt [248: B. Diestelkamp, Geschichte des Gesetzes, 386–388].

Juristischer Nutzen und politische Eigeninteressen

Quellenvielfalt und Überlieferungstradition

Der Quellentyp, der mit Gewinn für die Leitfragen dieses EdG-Bandes heranzuziehen ist, lässt sich nicht exakt eingrenzen – in Frage kommen Haus-, Familien-, Eheverträge und politische Testamente, Regierungs- und Verwaltungsakten, Hof- und Kirchenordnungen, Landtags-, Stände- und Gerichtsakten, Domkapitelprotokolle und Wahlkapitulationen, aber auch Privatkorrespondenzen, Gesandtschafts- und Reiseberichte, Tagebücher, Flugblätter und periodische Zeitungen, Historienbilder und Landkarten. Unter Kapitelüberschriften wie „Landesherren und Territorien", „Dynast, Hof, Landstände, weltliche und geistliche Verwaltung im weltlichen Territorialstaat" und „Geistliche Territorien (Germania sacra)" vermitteln die von W. Dotzauer, W. Becker und K. Müller herausgegebenen Bände der Schriftenreihe „Quellenkunde zur deutschen Geschichte der Neuzeit von 1500 bis zur Gegenwart" [2, 5, 10] noch immer einen guten ersten Einstieg. Eine neue und im Ergebnis überzeugende, weil die spezifische Territorialentwicklung und Überlieferungstradition besser als andere Werke berücksichtigende Darstellungsform wählten J. Pauser, M. Scheutz und Th. Winkelbauer 2004 mit ihrem „exemplarischen Handbuch" zu den für die Geschichte der frühneuzeitlichen Habsburgermonarchie zentralen Quellengruppen, die – und dies macht nicht zuletzt den besonderen Wort der mehr als 1100 Seiten umfassenden Zusammenstellung aus – „mit den bereits an sie angelegten und noch anzulegenden Fragen der Forschung" verknüpft und vorgestellt werden [12: Quellenkunde, 10]. So werden, um ein Beispiel herauszugreifen, nicht nur die für die landesfürstliche Gesetzgebung einschlägigen Policey-, Malefiz- und Landesordnungen sowie landesfürstliche und private Gesetzessammlungen beschrieben, sondern auch die Entstehung des Gesetzgebungsstaates in den österreichischen Ländern nachgezeichnet, Forschungsdesiderate benannt und zentrale Literaturhinweise gegeben.

Moderne Quelleneditionen

Unter den Quelleneditionen, die in den letzten beiden Jahrzehnten zur Geschichte der territorialen Staatlichkeit im Heiligen Römischen Reich in Angriff genommen wurden, lässt sich ein gewisser Schwerpunkt bei Aufzeichnungen und Verhandlungen feststellen, die mit der Tätigkeit der Landtage und anderer Ständeversammlungen verbunden waren (Abschiede, Verhandlungsprotokolle, landständische Denkschriften, Voten, Suppliken, Gravamina, behördliche Gutachten, fürstliche Resolutionen). Nach Auffassung von G. Hollenberg, der 1994 einen Band der hessischen Landtagsabschiede für die Jahre 1526 bis 1603 edierte (und damit – in veränderter Form – den beinahe ein Jahrhundert zuvor, 1901, von Hans Glagau bearbeiteten ersten Band für die Zeit von 1508 bis 1521 fortsetzte), handelt es sich dabei um Quellen, die den Prozess der „inneren Staatsbildung" – verstanden als „Entfaltung einer Regelungs- und Gesetzgebungstätigkeit, die sich auf alle Bewohner gleich welcher Rechtsstellung erstreckte, und die Schaffung von Ausführungsorganen, deren Tätigkeit nicht nur auf Treue, sondern auf Befehl und Gehorsam basierte, die stetig finanziert waren und die den Wechsel der Amtsträger überdauerten" – besonders gut veranschaulichen können [57: Landtagsabschiede, Bd. 1, 1]. Mit der Herausgabe dreier weiterer, bis zum Jahr 1798 (Hessen-Kassel) bzw. 1806 (Hessen-Darmstadt) reichender Bände [57, Bd. 2; 58; 63] konnte 2007 die Edition der „altständischen, vorkonstitutionellen hessischen Landtagsabschiede" abgeschlossen und zu Recht festgestellt werden: „Für kein anderes Territorium des alten deutschen Reiches gibt es eine derart umfassende Edition der Landtagsabschiede" [57: G. Hollenberg (Hrsg.), Landtagsabschiede, Bd. 2, 1].

Quellenreichtum und Erkenntnisinteressen

Auch in anderen weltlichen Fürstentümern lassen sich gerade auf diesem Gebiet intensive Forschungsbemühungen erkennen. Lag für die thüringischen Territorien bisher keine vergleichbare Quellenpublikation vor, so förderte die politische Wende von 1989/90, wie die Bearbeitung der „Land- und Ausschußtage in Schwarzburg-Rudolstadt 1531–1736" durch H. Herz [56] zeigt, das Interesse an der Vorgeschichte des modernen Parlamentarismus. Die geistlichen Staaten blieben demgegenüber, so W. E. J. Weber noch im Jahr 2002, „mangels hinreichender Erschließung des einschlägigen, bis heute unübersehbaren Quellenmaterials" häufig unbeachtet [„Aus altem orientalischen Schnitt und modernen Stoff zusammengesetzt". Zur Wahrnehmung und Einschätzung der geistlichen Staaten in der politiktheoretisch-reichspublizistischen Debatte des 17. und 18. Jahrhunderts, in: 233, 67–83, hier 67]. Speziell zu würdigen ist daher die von Th. Klingebiel 2006 besorgte Edition der „Landtagsabschiede des Hochstifts Hildesheim 1573–1688" [59], einem der wenigen hochstiftischen Territorien in Norddeutschland, das nicht von benachbarten Landesfürsten säkularisiert wurde.

Quellenauswahl und Forschungsbefunde

Dass eine bestimmte Quellenauswahl immer auch Fragestellungen und Ergebnisse beeinflusst, versteht sich im Grunde von selbst, ist beim Thema der frühneuzeitlichen Staatsbildung aber – ähnlich wie bei anderen Makrothesen zum historischen Wandel – wiederholt mit Nachdruck betont worden [D. Freist, Staatsbildung, lokale Herrschaftsprozesse und kultureller Wandel in der Frühen Neuzeit, in: 82, 1–47; St. Brakensiek, Herrschaftsvermittlung im alten Europa. Praktiken lokaler Justiz, Politik und Verwaltung im internationalen Vergleich, in: 243, 1–21]. So hätten zum einen die einseitige Erforschung der zentralstaatlichen Verwaltung und damit die Konzentration auf das bei Kanzleien und Behörden entstandene Schrifttum den Befund nahegelegt, dass Staatsbildung in erster Linie eine Angelegenheit und Leistung der Landesfürsten gewesen sei. Eine solche etatistische Herangehensweise, die sich auf die dem Herrscher unmittelbar untergeordneten Institutionen beschränke, hatte bereits G. Oestreich vor mehr als vier Jahrzehnten kritisiert [129: Geist und Gestalt, 179–197]. Zum anderen seien normative Quellen nicht geeignet, ein adäquates Bild der Herrschaftspraxis und der Verhältnisse im lokalen Bereich zu vermitteln, da sie – wie es G. Gahlen und C. Winkel in Kritik der lange Zeit vorherrschenden verfassungs- und institutionengeschichtlichen Militärgeschichtsschreibung ausdrücken – „einen immer fortlaufenden Prozess der Disziplinierung und Zentralisierung im werdenden *absolutistischen* Staat" glaubhaft machten [Militärische Eliten in der Frühen Neuzeit, in: Zeitschrift des Arbeitskreises Militär und Gesellschaft in der Frühen Neuzeit 14 (2010) 7–31, hier 13].

### *1.4 Periodisierung und Epochencharakter*

„Frühmoderner Staat" und „Frühe Neuzeit"

Die Periodisierung von Geschichte, das heißt die ordnende, Vergangenheit überhaupt erst beschreib- und erklärbar machende Gliederung ihres zeitlichen Ablaufs, ist seit jeher ein ebenso schwieriges wie umstrittenes Unterfangen. Sie hat nachhaltige Auswirkungen nicht nur auf die Beschreibung, Analyse und Einordnung historischer Phänomene sowie auf Begriffs- und Thesenbildung, sondern auch auf die institutionelle Gestalt und Organisation eines ganzen Faches. In der deutschen Geschichtswissenschaft wird die „Entstehung und Entwicklung des frühmodernen Staates" im Allgemeinen als einer der „wesentliche[n] Problembereiche" jener drei Jahrhunderte zwischen 1500 und 1800 gesehen, die gemeinhin als „Frühe Neuzeit" bezeichnet werden [271: Chr. van den Heuvel, Hochstift Osnabrück, 11]. Wann aber machen, fragt R. Vierhaus zu Recht, „einzelne Elemente – z.B. die Zentralisierung von Herrschaftsbefugnissen oder die Zurückdrängung des Bedecharakters von Steuern zugunsten der Steuerpflicht – eine Struktur des Staates aus, die mit Recht als ‚frühmodern' bzw. ‚modern' bezeichnet werden darf?" Überdies rufe der aus mehreren Gründen fragwürdige Zeit- und Epochenbegriff „Frühe Neuzeit", wie Vierhaus weiter ausführt, eine „Vorstellung von innerem Zusammenhang und evidenter Kontinuität" hervor, die der geschichtlichen Wirklichkeit nicht entspreche: So habe der vermeintlich „frühmoderne" Staat „vergleichsweise moderne Institutionen und Praktiken ebenso zum Zwecke effizienter Erschließung ökonomischer Ressourcen wie zur Unterdrückung selbständiger und weiterdrängender sozialer Kräfte" entwickelt [Vom Nutzen und Nachteil des Begriffs „Frühe Neuzeit", in: 111, 13–25, hier 16–18].

Periodisierung des Staatsbildungsprozesses

Bereits diese wenigen Fragen lassen erkennen, dass es zu differenzierteren Befunden und zur Veränderung von Forschungsperspektiven nicht immer der Erhebung neuer Quellen oder der Neuinterpretation bereits bekannter bedarf – auch das Nachdenken über den Nutzen und Nachteil trennscharfer Epochenabgrenzungen und das Erkennen „ineinandergreifender historischer Schichten" [86: R. Blänkner, Probleme und Perspektiven, 49] tragen das Ihre dazu bei, ein besseres und tieferes Verständnis der Vergangenheit zu gewinnen. Entsprechende Überlegungen zur Periodisierung des Staatsbildungsprozesses in den deutschen Territorien konzentrieren sich vor allem auf drei Bereiche: auf eine Diskussion der Eckdaten dieses Prozesses, die sozusagen einen Ausschnitt der breiter geführten Debatte um die Verortung der „Frühen Neuzeit" zwischen Mittelalter und Moderne bildet, und auf die Sinnhaftigkeit eines daraus abgeleiteten prozessualen Epochenbegriffs.

Epochengrenzen

Für die „Tatsachen und Probleme der Staatsbildung", so der Schweizer Historiker W. Näf bereits vor mehr als einem halben Jahrhundert [Frühformen des „modernen Staates" im Spätmittelalter, in: Historische Zeitschrift 171 (1951) 225–243, hier 225], sei eine Epochengrenze um 1500 völlig unzutreffend und irreführend. Zahlreiche Einzelforschungen haben diese Feststellung seither aus unterschiedlichen Blickwinkeln bestätigt [123: H. H. Hofmann (Hrsg.), Entstehung; 110: J. R. Strayer, Grundlagen; 319: D. Willoweit, Territorialgewalt; 172: R. Vierhaus (Hrsg.), Herrschaftsverträge; 126: J. Kunisch (Hrsg.), Sukzessionsordnungen; 161: H. Quaritsch, Souveränität; 406: D. Stievermann, Landesherrschaft und Klosterwesen; 190: H.-D. Heimann, Hausordnung und Staatsbildung; 108: E. Schubert, Umformung; 274: A. Holenstein u.a. (Hrsg.), Policey]. Einigkeit bestehe in der Forschung, so M. Stolleis zusammenfassend, dass „sowohl die wesentlichen faktischen Elemente (Verschriftlichung, Zentralverwaltung durch einen Stab loyaler und fungibler Amtsinhaber, Erlangung eines aktiv gehandhabten Gesetzgebungsmonopols, Tendenz der Machtkonzentration auf eine Spitze) als auch die ideologischen Begleitphänomene (Tendenzen der Säkularisierung der Herrschaft, Gesetzgebungsideologie, Trennung von öffentlichem und privatem Recht, Beamtenethik, Souveränitätslehren) in das Hochmittelalter zurückreichen" [169: Öffentliches Recht, 171]. In den verfassungsgeschichtlichen Synthesen wurde die weitverbreitete Trennung der „Verfassungsgeschichte der Neuzeit" von einer „Mittelalterlichen Verfassungsgeschichte" mittlerweile aufgegeben, denn die Zäsur um 1500 sei, wie D. Willoweit ausführt, sachlich nicht gerechtfertigt, weil „wesentliche Elemente des

Frühformen des „modernen Staates" im Spätmittelalter

neuzeitlichen Staates" bereits im Mittelalter entstanden seien [149: Verfassungsgeschichte, VIII; ähnlich R. SCHULZE, Geschichte der neueren vorkonstitutionellen Gesetzgebung, in: Zeitschrift der Savigny-Stiftung für Rechtsgeschichte, Germ. Abt. 98 (1981) 157–235, hier 190–194]. Eine solche Sicht ist Rechtshistorikern und Staatswissenschaftlern allerdings stets leichter gefallen als Historikern, die an der Wortverbindung „frühneuzeitliche Staatsbildung" in großer Zahl festzuhalten scheinen – eine sachliche Divergenz, die aber auch und wesentlich mit der unterschiedlichen Organisation beider Fächer, mit Lehrstuhldenominationen und Prüfungsordnungen zusammenhängt.

Institutionelle und personelle Kontinuität vom 18. zum 19. Jahrhundert

Eine eigentliche Debatte um das Ende dieses „frühmodernen" Staatsbildungsprozesses gibt es bei Lichte besehen nicht und kann es nicht geben, da diese Herrschaftsform dem theoretischen Konzept nach allmählich in den „modernen Staat" übergehen soll. Diskutiert wird gleichwohl seit langem – im Zusammenhang mit der Frage einer Epochengrenze um 1800 – das „Problem institutioneller und personeller Kontinuität vom 18. zum 19. Jahrhundert" [R. VIERHAUS, Von der altständischen zur Repräsentativverfassung, in: 332, 177–194], und hierbei speziell die Frage des Zusammenhangs zwischen altständischen und konstitutionellen Verfassungs- und Vertretungstypen [358: W. NEUGEBAUER, Politischer Wandel; 366: B. STOLLBERG-RILINGER, Landständische Repräsentation; 340: R. GEHRKE (Hrsg.), Frühparlamentarismus]. Wertvolle Anregungen enthalten überdies die in Teilen von der Auseinandersetzung um die Staatlichkeit des Heiligen Römischen Reiches angestoßenen Arbeiten über die Spätphase dieses politisch-rechtlichen Gebildes [476: D. LANGEWIESCHE/G. SCHMIDT (Hrsg.), Föderative Nation; 450: W. BURGDORF, Untergang], die Argumente für das „Fortleben des Reichserbes im Deutschen Bund" vorbringen [W. SIEMANN, „Der deutsche Bund ist nur die Continuität des Reichs…". Über das Weiterleben des Alten Reiches nach seiner Totsagung im Jahre 1806, in: GWU 57 (2006) 585–593, hier 590] und dabei auch eine „Neubewertung des föderativen Erbes des Alten Reiches für die deutsche Nationalstaatsbildung im 19. Jahrhundert" anmahnen [H. CARL, Genossenschaft und Herrschaftsverdichtung. Zur politischen Kultur der Adelseinungen im Alten Reich, in: 82, 405–427, hier 405].

Begriffsangebote

Zwar ist hier und da in der Forschung von einer „frühneuzeitlichen Epoche der Staatsbildung" [Ebd., 406], von einer „territorialen Epoche der Staatsbildung" [130: G. OESTREICH, Strukturprobleme, 149] oder – ohne adjektivische Eingrenzung und damit noch allgemeiner – von einer „Epoche der Staatsbildung" [K. KRÜGER, Formung der frühen Moderne. Ausgewählte Aufsätze, Münster 2005, 19; 169: M. STOLLEIS,

Öffentliches Recht, 276] die Rede. Durchgesetzt hat sich eine solche Begrifflichkeit freilich nicht, denn zum einen wären die Probleme, die sich bei gleichzeitigem Festhalten an dem Konzept „Frühe Neuzeit" ergeben würden, offensichtlich, zum anderen sind die seit langem etablierten, die Rolle der Reformation „für die Hervorbringung der Moderne" betonenden Epochenbezeichnungen schlicht zu dominant [90: St. Ehrenpreis/U. Lotz-Heumann, Reformation, 17]. Den Bezug zum Staatsbildungsprozess behält damit mehr oder weniger allein der Begriff des Absolutismus, um dessen Tragfähigkeit als Epochenbezeichnung freilich seit langem gestritten wird [91: D. Freist, Absolutismus, 32–35, 110–113].

## 2. Politische Wirkungen und soziale Reichweite fürstlicher Herrschaftsintensivierung

Bewertungsansätze und -kriterien

Wollte man ein verbindendes Element der neueren Forschungsdiskussion über die wichtigsten Fragestellungen dieses EdG-Bandes benennen, so ist es das „Paradox des scheiternd-erfolgreichen Staates", das A. Landwehr am Beispiel der frühneuzeitlichen Gesetzgebungspraxis näher untersucht hat: „An oberflächlichen und groben Markierungspunkten läßt sich seine Entwicklung vom 15. bis zum 19. Jahrhundert in scheinbarer Deutlichkeit nachzeichnen, entspinnt sich eine vermeintliche ‚Erfolgsgeschichte', die kaum durch Brüche getrübt wird. Versucht man diese Entwicklung jedoch im Einzelnen empirisch nachzuweisen, entpuppt sich diese konstante Aufwärtsbewegung als ein ständiges Scheitern und Ungenügen des wachsenden Staates, der den sich selbst gestellten Aufgaben nicht gerecht wurde" [„Normdurchsetzung" in der Frühen Neuzeit? Kritik eines Begriffs, in: ZfG 48 (2000) 146–162, hier 148, 150]. Zweifel erwecke zudem, so J. Eibach zusammenfassend, „eine simple Gegenüberstellung der Interessen von Obrigkeit und Untertanen, Staat und Gesellschaft, Eliten- und Volkskultur etc. auf der Makroebene" [Verfassungsgeschichte als Verwaltungsgeschichte, in: G. Lottes (Hrsg.), Kompass der Geschichtswissenschaft. Ein Handbuch, Göttingen 2002, 142–151, 174–176, hier 147]. Sieht man von einem solchen teils reflektierten, teils zwischen den Zeilen zu lesenden Unbehagen ab, ist die Pluralität der Forschungsansätze beträchtlich, zumal ältere, in der Gegenwart gern mit dem Zusatz „etatistisch" versehene und damit als vermeintlich überholt etikettierte Ansätze nicht einfach durch neuere methodische Zugänge verdrängt oder ersetzt werden.

Pluralität der Forschungsansätze

Die Überschrift dieses Kapitels ist insofern bewusst gewählt: Über die politischen Wirkungen und die soziale Reichweite fürstlicher Herrschaftsintensivierung herrscht weit weniger Konsens, als es ein einführender Darstellungsteil aufzuzeigen vermag.

### *2.1 Verwaltungsapparat und Beamtenschaft*

Verwaltungsgeschichte

Der größere Teil höherer Verwaltungsfachleute wird in Deutschland bis zur Gegenwart an den rechts- und staatswissenschaftlichen Fakultäten sowie an besonderen Einrichtungen wie der Deutschen Hochschule für Verwaltungswissenschaften in Speyer ausgebildet. Die Verwaltungsgeschichte, die zwei Jahrhunderte im Rahmen der Verfassungsgeschichte gelehrt und erforscht wurde, hat sich unterdessen zwar als eigenes wissenschaftliches Fach etabliert, ist aber weiterhin eine Domäne von Juristen. Viele Gesamtdarstellungen – die „Geschichte des Beamtentums" von H. HATTENHAUER etwa, die 1980 als erster Band eines „Handbuchs des Öffentlichen Dienstes" erschien [267] – stammen aus diesem Umfeld. Das Wort Verwaltung („administratio") bezeichnet seit der Wende vom 18. zum 19. Jahrhundert sowohl eine bestimmte Tätigkeit als auch die damit verbundenen Einrichtungen, Dienststellen oder Behörden. Über die Entwicklung der inneren Verwaltung auf Zentral-, Territorial- und Lokalebene, das Beamtentum und dessen Stellung in Staat und Gesellschaft sowie Gemeinsamkeiten und Besonderheiten der Verwaltungsorganisation in den einzelnen Territorialstaaten in Spätmittelalter und Früher Neuzeit informiert der erste Band (von insgesamt sechs) der von K. G. A. JESERICH, H. POHL und G.-CHR. VON UNRUH herausgegebenen „Deutsche[n] Verwaltungsgeschichte" [124], einem von Staats- und Verwaltungsrechtlern, Nationalökonomen, Historikern und Praktikern verfassten Sammelwerk, das umfassend und zuverlässig auch Probleme des Justiz-, Finanz- und Militärwesens diskutiert und in seiner breiten Dokumentation von Quellen und Fachliteratur ebenfalls Handbuchcharakter besitzt.

Zentralverwaltung

Die Darstellung von Behördenorganisation und Verwaltungsapparat in den einzelnen Territorien („Einzelstaaten"), und hier besonders von Entwicklung, Aufbau und Arbeitsweise der Zentralbehörden, kann in Deutschland bereits auf eine lange wissenschaftliche Tradition seit dem 19. Jahrhundert zurückblicken [252: K. DÜLFER, Fürst und Verwaltung]. Diese anfänglich reine Institutionengeschichte wurde im späteren 20. Jahrhundert, hauptsächlich im Kontext landesgeschichtlicher Untersuchungen, immer stärker um soziale, ökonomische und gesellschaftliche Aspekte erweitert. Als neue und erkenntnisleitende Ge-

Institutionen- und Sozialgeschichte

sichtspunkte bezeichnete M. LANZINNER 1980 für seine Studie zur „Entstehung der Zentralbehörden in Bayern 1511–1598" namentlich „soziale und politische Zusammenhänge, die Bedeutung der Zentralbehörden hinsichtlich Sozialstruktur und Mobilität, ihre Rolle innerhalb grundlegender politischer Entwicklungen im 16. Jahrhundert, kurz die vielfältigen inneren Beziehungen zwischen der Zentralverwaltung (und ihren Mitgliedern) sowie anderen Strukturmerkmalen des frühneuzeitlichen Staats" [282: 15].

Behördenentwicklung

Gerade für die bedeutenderen weltlichen Reichsstände mit ihrem Reichtum an archivalischen Quellen wie Bayern [295: M. RAUH, Staatsaufbau und Staatsentwicklung; 257: ST. FISCHER, Geheimer Rat], Württemberg [260: S. FREY, Hofgericht; 239: W. BERNHARDT, Zentralbehörden] und Hessen, geistliche Territorien wie Münster, Osnabrück [271: CHR. VAN DEN HEUVEL, Hochstift Osnabrück] und Fulda [196: B. JÄGER, Fürstentum Fulda], aber auch für eine Reihe von Kleinstaaten wie Weimar, Eisenach, Gotha, Altenburg, Meiningen, Hildburghausen, Schwarzburg-Sondershausen und andere thüringische Territorien [269: U. HEß, Behördenorganisation; 270: DERS., Staatsbehörden] oder die Grafschaft Schaumburg (-Lippe) [189: C.-H. HAUPTMEYER, Kleinstaat] liegt eine große Zahl an Spezialstudien vor. R. G. ASCH zeigte am Beispiel der gräflich fürstenbergischen Territorien den umgekehrten Fall – das Ausbleiben einer „die Herrschaft quasi objektivierende[n] Behördenentwicklung". Zwar habe es Ansätze zur Bildung von Kollegialbehörden und zu einer gesetzgeberischen Ordnung der Verwaltung gegeben, und auch ein allmählicher Übergang der Administration in die Hände gelehrter Juristen sei, wenngleich mit zeitlicher Verzögerung, festzustellen; insgesamt aber sei „der Charakter der fürstenbergischen Territorien und wohl auch der kleineren weltlichen Herrschaften im Reich überhaupt dadurch gekennzeichnet, daß für ihre Herren die politische Position, die sie als Reichsstand besaßen, oft nur ein Anhängsel ihrer gesellschaftlichen Stellung war" [235: R. G. ASCH, Verwaltung und Beamtentum, 243 f.].

Beamtentum und Bildungswesen

Die gleichfalls im 19. Jahrhundert einsetzende Erforschung der – dem Anspruch nach nur vom Landesherrn abhängigen und diesem treu ergebenen – Beamten, zunächst vor allem des Personals der Reichsinstitutionen und territorialen Zentralbehörden, knüpfte an die Erfassung dieses Personenkreises in älteren Staatskalendern und Almanachen an. Die grundsätzliche „Bedeutung des Beamtentums für die Heranbildung des modernen Staates", so der Titel eines einschlägigen Aufsatzes von O. KIMMINICH aus dem Jahr 1975 [278], kann unterdessen als gut erforscht gelten [258: W. FISCHER, Rekrutierung und Ausbildung; 165: R.

SCHNUR (Hrsg.), Juristen; M. STOLLEIS, Grundzüge der Beamtenethik (1550–1650), in: 168, 197–231; 317: W. E. J. WEBER, Dienst und Partizipation]. Gleiches gilt für die seit dem 17. Jahrhundert zu beobachtende Verwissenschaftlichung der politischen Führungsschichten und den funktionalen Zusammenhang zwischen dem Ausbau des frühmodernen Staates und dem Bildungswesen „im Hinblick auf die Durchsetzung zentraler Herrschaftsansprüche und Normen" [153: S. HOLTZ, Bildung und Herrschaft, 9].

Lokale Amtsträger im Staatsbildungsprozess

Seit den 1970er Jahren erwiesen sich nicht nur neue sozialgeschichtliche Fragen als ergiebig, auch die Hinwendung zu den lokalen Eliten führte zu wichtigen Ergebnissen. Nach der Pilotstudie B. WUNDERS von 1978 über die „Entstehung des Berufsbeamtentums in Bayern und Württemberg (1780–1825)" [323] war es anfänglich die Übergangszeit zum Staatsbeamtentum des 19. Jahrhunderts, die besondere Aufmerksamkeit fand [255: J. EIBACH, Staat vor Ort]. ST. BRAKENSIEK, der 1999 die „Amtsführung und Lebenswelt der Ortsbeamten in niederhessischen Kleinstädten" [241] zwischen 1750 und 1830 untersucht hatte, veröffentlichte seither mehrere zeitlich breit angelegte Forschungsberichte über familiale Strategien des sozialen Aufstiegs und Statuserhalts bei „Juristen in frühneuzeitlichen Territorialstaaten" [242] und „Lokale Amtsträger in deutschen Territorien der Frühen Neuzeit" [in: 82, 49–67]. Als ähnlich innovativ und anregend für die Erforschung der lokalen Amtsträger erwiesen sich die „Untersuchungen zur Staatsbildung und Gesellschaftsentwicklung im Hochstift Hildesheim und im älteren Fürstentum Wolffenbüttel" von TH. KLINGEBIEL [279], die Ausführungen von A. JENDORFF über „Herrschaftliche Funktionsträger im Erzstift Mainz 1514 bis 1647" [276] sowie die Betrachtungen von U. LÖFFLER über „Dörfliche Amtsträger im Staatswerdungsprozess der Frühen Neuzeit" [284] am Beispiel des Herzogtums Magdeburg im 17. und 18. Jahrhundert. Der „Evangelische[n] Geistlichkeit" in Braunschweig-Wolfenbüttel, Hessen-Kassel und in der Stadt Braunschweig, Amtsträgern im kirchlichen Bereich also, und dem Anteil dieser sozialen Gruppe an der Entfaltung frühmoderner Staatlichkeit und Gesellschaft widmete sich in einer breit angelegten Vergleichsstudie L. SCHORN-SCHÜTTE [402].

Zentrale und lokale Herrschaftspraxis

Ob durch diese Arbeiten tatsächlich „die institutionelle Schwäche der frühmodernen Territorialstaaten und die Ohnmacht ihrer Repräsentanten", so ST. BRAKENSIEK in der gerade genannten Studie über „Lokale Amtsträger" [50] resümierend, als erwiesen gelten kann, ist allerdings fraglich und wird im nächsten Abschnitt noch im Zusammenhang mit der Gesetzgebungs- und lokalen Herrschaftspraxis anzusprechen sein.

Hier wie bei nahezu allen Teilabläufen des frühneuzeitlichen Staatsbildungsprozesses ist es stets eine Frage dessen, was genau unter „Schwäche“ bzw. „Stärke“ zu verstehen ist und aus welcher Zeitperspektive man die Vorgänge betrachtet – aus früheren Jahrhunderten, die unzweifelhaft eine Zunahme systematischer und rationaler Verwaltungsarbeit erkennen lassen, oder rückblickend aus der Gegenwart (und aus gegenwartspolitischem Interesse). Zu Recht gibt A. LANDWEHR zu bedenken, dass sich die „Praxis der lokalen Amtsträger [...] einer eindeutigen Beurteilung“ entziehe und sie sich ebenso wenig wie die Wirkung von Policeyordnungen „mit Stichworten wie ‚Erfolg/Misserfolg‘ oder ‚Durchsetzung/Nicht-Durchsetzung‘ adäquat fassen“ lasse [Zwischen allen Stühlen. Lokale Amtsträger im frühneuzeitlichen Leonberg, in: 274, 95–109, hier 108 f.]. Weiterführend wären künftige Forschungen vor allem dann, so KLINGEBIEL, „wenn makro- und mikrohistorische Methoden systematisch miteinander verbunden“ würden [279: Hochstift Hildesheim, 25]. Die Möglichkeiten eines solchen kombinierten Zugangs zur Verfassungs-, Verwaltungs- und Behördengeschichte der Frühen Neuzeit von ‚oben‘ und von ‚unten‘ leuchten M. HOCHEDLINGER und TH. WINKELBAUER unter der Überschrift „Wege der Forschung: ‚Klassische‘ und ‚alternative‘ Zugänge“ in einem 2010 veröffentlichten Sammelwerk aus [94], das zugleich Vorüberlegungen für ein in Arbeit befindliches mehrbändiges Werk zur Verwaltungsgeschichte der Habsburgermonarchie enthält.

Verbindung makro- und mikrohistorischer Methoden

Dass die Frage nach der Handlungsfähigkeit und administrativen Gestaltungsmacht des werdenden Staates eng mit derjenigen nach dem Wissen des Staates zusammenhängt, haben neuere kulturwissenschaftliche Studien klar herausgearbeitet. So vermag K. GOTTSCHALK am Beispiel der Katastererstellung und der Verschriftlichung bzw. Archivierung staatlichen Wissens aufzuzeigen, wie es Zentralverwaltungen durch die Etablierung systematischer Informationserhebung und -speicherung im 18. Jahrhundert gelang, Zugriff auf lokale Wissensbestände zu erlangen. „Die Anstrengungen des frühneuzeitlichen Staates, sein Territorium zu ‚inventarisieren‘, gründeten zum einen in dem mit der Einrichtung stehender Heere verbundenen Bedarf an Basisinformationen über die Bevölkerung (Konskription). Ebenso beförderte das Interesse an einer effektiveren Erhebung ständiger Steuern die Beschaffung möglichst umfassender und aktueller Informationen über die Vermögensverhältnisse der Untertanen. Darüber hinaus war es der intensivierte Herrschaftsanspruch des Zentralstaats, der die Beschaffung von Informationen und die Kommunikation mit den Untertanen vorantrieb“ [263: Administrative Praktiken und Staatsbildungsprozesse, 150]. Dass

Systematische Informations- und Datenerhebung

staatliche Bürokratien statistisches und anderes Zahlenmaterial erhoben und als Instrument für politische Entscheidungen, die Rationalisierung von Herrschaft und die Disziplinierung der Untertanen heranzogen, ist auch aus anderen Blickwinkeln für eine Reihe von Territorien genauer untersucht worden [309: G. Spittler, Abstraktes Wissen; 237: L. Behrisch, „Politische Zahlen"; 292: R. Pröve/N. Winnige (Hrsg.), Wissen ist Macht].

### *2.2 Gesetzgebung, „gute Policey" und lokale Herrschaftspraxis*

Territoriale und Reichsgesetzgebung

Neben Behördenentwicklung und Ausdifferenzierung der Verwaltungsstätigkeit zählt die enorme quantitative Ausweitung der Gesetzgebungsstätigkeit während der Frühen Neuzeit zu den interdisziplinär gut bestellten Forschungsfeldern von Rechts- und Allgemeinhistorikern, die sich mit dem Staatsbildungsprozess in den deutschen Territorien auseinandersetzen [320: D. Willoweit (Hrsg.), Gesetzgebung; 120: B. Dölemeyer/D. Klippel (Hrsg.), Gesetz und Gesetzgebung]. Die generelle Orientierung der territorialen Gesetzgebung am Vorbild der Reichsgesetzgebung im 16. Jahrhundert ist dabei ebenso breit untersucht worden wie der prinzipielle Unterschied zwischen der älteren, den „herkömmlichen Rechtsstrukturen zugewandte[n] Gesetzgebung" und der nach dem Dreißigjährigen Krieg bei weltlichen wie geistlichen Landesherren zu beobachtenden „Instrumentalisierung der Normschöpfung" [D. Willoweit, Gesetzgebung und Recht im Übergang vom Spätmittelalter zum frühneuzeitlichen Obrigkeitsstaat, in: O. Behrends/Chr. Link (Hrsg.), Zum römischen und neuzeitlichen Gesetzesbegriff, Göttingen 1987, 123–146, hier 125]. Bürokratisierung, Verwissenschaftlichung, Professionalisierung und Verfahrensintensivierung lassen sich allgemein als Merkmale frühneuzeitlicher Rechtsprechung benennen [248: B. Diestelkamp, Beobachtungen]. Dass sich intensivierte Gesetzgebung dabei als Folge, gleichzeitig aber auch als Voraussetzung für die Entstehung moderner Staatlichkeit deuten lässt, der Gesetzgeber einerseits eines Minimums an zentralen Strukturen und ausreichend qualifizierten Juristen bedarf, andererseits aber eben diese Zentralität und die Funktionsfähigkeit eines geeigneten Verwaltungsapparats erst durch entsprechende Rechtsetzung überhaupt geschaffen werden, ist ein Paradoxon, auf das M. Stolleis hingewiesen hat [168: Staat und Staatsräson, 167–196, hier 178].

Gesetzgebung und Staatsbildung

Die Kernfrage, in welchem Verhältnis die *potestas legislatoria* der Landesfürsten und die Entstehung des frühmodernen Staates stehen, ist aus unterschiedlichen Blickwinkeln geprüft und ebenso unterschiedlich beantwortet worden. G. OESTREICH schrieb der obrigkeitlichen Gesetzgebungsaktivität mit Blick auf einen neuartigen, im Lauf des 16. Jahrhunderts in die Rechtssprache und -praxis vordringenden Gesetzestypus – die Polizei- und Landesordnungen, die er als „Mittel zum Verständnis des Disziplinierungswillens" deutete und zur Grundlage seines Konzeptes der „Sozialdisziplinierung" machte – eine tiefreichende Wirkung zu [129: Geist und Gestalt, 193]; auch M. RAEFF argumentierte in seiner Vergleichsstudie über den „wohlgeordneten Polizeistaat" in Deutschland und Russland zwischen 1600 und 1800 in ganz ähnlicher Weise [293: Well-Ordered Police State, 43–55]. H. SCHLOSSER fragte 1982 zwar nach der „Rechtswirklichkeit im Territorialstaat der frühen Neuzeit", beschränkte sich in seiner Fallstudie zu Bayern aber vollständig auf die Perspektive der Fürsten, der „neuen Gesellschafts- und Staatsbildner", denen er geradezu apodiktisch die Verfolgung eines „großen Plans" attestierte, der geeignet war, „die Gesamtheit der Lebensformen einheitlich umzugestalten"; „Endziel dieser umfassenden Neuordnung" sei „die perfekte Konformität der Gesellschafts- und Rechtsordnung mit den Staatszwecken" gewesen [302: Gesetzgebung, 530f.].

Sozialdisziplinierung

Kritik und Widerspruch gegen eine solche Sichtweise kamen von mehreren Seiten. D. WILLOWEIT wies bereits 1978 darauf hin, dass das Gesetz in der Frühen Neuzeit „oft weniger eine abstrakte, generelle Regel mit unbestimmtem Adressatenkreis als vielmehr eine Richtlinie für die ausführende Verwaltung" sei, und führte die noch im 18. Jahrhundert weitverbreitete Klage über die Nichtbeachtung landesherrlicher Gesetze unter anderem darauf zurück, dass die Gesetzgebungsflut die Gerichte überhaupt nur zum Teil erreicht habe [Struktur und Funktion intermediärer Gewalten im Ancien Régime, in: H. QUARITSCH (Hrsg.), Gesellschaftliche Strukturen als Verfassungsproblem, Berlin 1978, 9–27, hier 17]. Eine prinzipielle „Diskrepanz zwischen Gesetzesnorm und Rechtswirklichkeit" konstatierte indessen J. SCHLUMBOHM 1997 in einem richtungweisenden Diskussionsbeitrag, der sich gegen eine Sichtweise wandte, die „immer wieder die Einheit des Erlassens und Durchsetzens von Gesetzen" unterstelle und alle Impulse zur gesellschaftlichen Veränderung dem Herrscher zuschreibe, die Untertanen aber in die passive Rolle von bloßen Adressaten und Rezipienten obrigkeitlich erlassener Gesetze abdränge. Der Wandel des Rechts zwischen 1500 und 1800 könne jedoch „nicht allein als Folge der staatlichen Gesetzgebung, als Diffusionsprozess von oben nach unten, von der Zentrale zur Peripherie" betrachtet werden, vielmehr sei „den Untertanen, von den Zwischengewalten über die lokalen Amtsträger bis hin zu den Bürgern

Gesetzesnorm und Rechtswirklichkeit

Wandel des Rechts 1500–1800

und Bauern, ein erhebliches Stück Macht [geblieben], über Praktizierung oder Ignorierung der erlassenen Gesetze zu entscheiden". Als eine von mehreren Ursachen für die „mangelhafte Durchsetzung des gesetzgebenden Willens" benannte SCHLUMBOHM – und damit erfuhr der Gesamtbereich von Gesetzgebung, Administration und Justiz eine Neubewertung – die „quantitative und qualitative Unzulänglichkeit des Verwaltungsapparats" [303: Gesetze, 649, 656, 659, 663].

Praxis der Gesetzgebung und Umsetzung auf lokaler Ebene

Nicht mehr die Gesetzgebungstheorie und die obrigkeitlichen Regelungsansprüche, sondern die Praxis der Gesetzgebung und deren Umsetzung auf lokaler Ebene stehen seither im Mittelpunkt der Forschungsdiskussion. Wie sich kommunaler und landständischer Einfluss auf die fürstliche Gesetzgebung ermitteln lässt, wies am Beispiel von Hessen-Kassel A. WÜRGLER nach [371: Desideria und Landesordnungen]; seine Studie steht im Kontext der langjährigen Forschungsbemühungen P. BLICKLES, den Einfluss der Gemeinde auf den Staat aufzuzeigen, dessen legislatorische Tätigkeit zwar eine Einschränkung, nirgendwo aber eine völlige Entmachtung regionaler und lokaler Polizeikompetenzen zur Folge gehabt habe [328: Kommunalismus, Bd. 2, 215]. Studien wie die von U. RUBLACK über Territorialität, Normsetzung und Sanktionsvollzug am Beispiel Württembergs [298: Staatlichkeit], von M. HOHKAMP über die vorderösterreichische Obervogtei Triberg und die „Herausbildung moderner Staatlichkeit [...] im Spannungsfeld zwischen Ständen, Landesherrschaft und lokaler Herrschaftspraxis" [272: Herrschaft in der Herrschaft, 13], von A. LANDWEHR über die Implementation frühneuzeitlicher Polizeiordnungen in Leonberg [281: Policey im Alltag] und vor allem die weit über eine Regionalstudie zur Markgrafschaft Baden (-Durlach) hinausgehende, Mikro- und Makroebene verbindende Abhandlung von A. HOLENSTEIN über das wechselvolle Zusammenspiel von gesetzgebenden Instanzen und lokalen Akteuren [273: „Gute Policey"] zeigen, wie sehr die hier interessierenden Fragen im Schnittpunkt mehrerer kultur- und geisteswissenschaftlicher Disziplinen und Subdisziplinen stehen – von der Sozial-, Rechts-, Verwaltungs- und Kulturgeschichte über die Historische Suppliken-, Protest-, Kriminalitäts- und Gemeindeforschung bis hin zur Politikwissenschaft, Ethnologie und Kulturanthropologie.

Herrschaft und Herrschaftsvermittlung

Zu dem in diesen und anderen Arbeiten stark betonten kommunikativen Charakter von Herrschaftsbeziehungen, bei dem „Herrschaft" als Resultat von Vermittlung, Konsensfindung und Akzeptanz interpretiert und „Staat" nicht als alleiniges Ergebnis einer unablässigen Machtakkumulation verstanden werden, zu den sich überschneidenden Handlungsspielräumen der einzelnen Akteure im Bereich von Gesetzgebung, Verwaltung und Justiz, regionalen Patronage- und Klientelbeziehungen sowie zur Entstehung des öffentlichen Raumes wurden in den letzten Jahren mehrere Sammelbände publiziert, an denen die gegenwärtige Vielfalt nicht nur an Fragestellungen, sondern auch an methodischen und theoretischen Ansätzen abzulesen ist [330: P. Blickle/P. Kissling/H. R. Schmidt (Hrsg.), Gute Policey; 96: M. Meumann/R. Pröve (Hrsg.), Herrschaft; 82: R. G. Asch/D. Freist (Hrsg.), Staatsbildung; 243: St. Brakensiek/H. Wunder (Hrsg.), Herrschaftsvermittlung].

Staatsbildung „von unten"

In dieser Tradition steht auch die neueste, innerhalb wie außerhalb Deutschlands lebhaft diskutierte These von den *empowering interactions* von A. Holenstein (Empowering Interactions: Looking at State-building from Below, in: 115, 1–31). Obrigkeitliche Interessen und Anforderungen der Untertanen an die Obrigkeit werden als sich wechselseitig fördernd für die Staatsbildung interpretiert, die Perfektibilität und Effektivität des Staates gleichsam als ein Gemeinschaftsunternehmen verstanden. In die gleiche Richtung argumentiert, unabhängig von dieser Position, die ebenfalls 2009 vorgelegte handbuchartige Darstellung der „guten Policey" von A. Iseli [275].

## 2.3 *Steuerwesen und Öffentliche Finanzen*

*Pecunia nervus rerum*

Die sprichwörtliche, aus der Antike stammende Sentenz, das Geld sei der Nerv aller Dinge (*pecunia nervus rerum*), erlebte nach 1500 eine auffallende Renaissance – bei Staatsdenkern, Verwaltungspraktikern und Verfassern von Regierungshandbüchern ebenso wie in satirischer Absicht und resignativer Distanzierung [310: M. Stolleis, Staatsfinanzierung, 63–128]. Dass zwischen der Herausbildung moderner Staatlichkeit auf der einen, der Steigerung des Geldbedarfs für öffentliche Zwecke und dem dadurch ausgelösten Übergang zur Staatsfinanzierung durch Steuern auf der anderen Seite ein enger Zusammenhang besteht, ja dass „Staatsbildungs- und Staatsfinanzgeschichte" faktisch nicht voneinander zu trennen sind [U. Schirmer, Grundzüge, Aufgaben und Probleme einer Staatsbildungs- und Staatsfinanzgeschichte in Sachsen, in: Neues Archiv für sächsische Geschichte 67 (1996) 31–70], zählt seit mehr als einem Jahrhundert zum Allgemeingut der historischen Forschung. Diese Einschätzung kommt auch in dem von G. Oestreich 1967 aus verfassungshistorischer Sicht geprägten Begriff des „Finanzstaats" zum Ausdruck, mit dem eine erste Stufe des frühmodernen Staates im 16. Jahrhundert – zwischen dem älteren „Domänen-" und dem späteren „Militär-, Wirtschafts- und Verwaltungsstaat" – typolo-

Staatsbildungs- und Staatsfinanzgeschichte

gisch erfasst und inhaltlich bestimmt werden sollte [129: Geist und Gestalt, 277–289]. So sehr sich Historiker freilich auch in der Überzeugung einig waren, dass der Auf- und Ausbau von Verwaltungs-, Justiz- und Militärapparat nicht nur personal-, sondern auch kostenintensiv war, so wenig war bis dahin doch über die Art und Weise bekannt, wie dieser Bedarf in den einzelnen Territorien konkret gedeckt worden ist.

Landstände und Finanzverwaltung

Mit der Neubelebung der Ständeforschung seit den 1970er Jahren nahm das Interesse an finanz- und steuergeschichtlichen Fragestellungen zu, die sich seither nicht mehr allein auf die landesherrliche Finanzverwaltung beziehen [251: H. Dollinger, Finanzreform Maximilians I. von Bayern], sondern auch und vor allem die landständische Partizipation an der Verwaltung der öffentlichen Finanzen berücksichtigen. Oestreichs Finanzstaatsbegriff wurde dabei mehr und mehr auf das gesamte Ancien Régime ausgedehnt bzw. durch den Terminus „Steuerstaat" ersetzt. Hervorzuheben sind in diesem Zusammenhang die Arbeiten von St. Wagner über die „Staatssteuern in Jülich-Berg" [314] und J. R. Wolf über die „Steuerpolitik im schlesischen Ständestaat" [322] sowie die Studie über „Landstände und landständisches Steuerwesen in Schwäbisch-Österreich" von F. Quarthal, der – in seinen Befunden mit einer Reihe anderer Historiker übereinstimmend – „Steueraufbringung, Steuereinzug und -verwaltung als originäre Aufgabe der Landstände im Rahmen des neuzeitlichen Staates" verstand [361: 8]. K. Krüger wies in einer regionalen Fallstudie zu Hessen auf breiter Quellenbasis „die für den Finanzstaat typische Einheit von Staatsbildung und Aufbau einer leistungsfähigen Finanzverwaltung" mit Blick auf das 16. Jahrhundert nach [280: Finanzstaat, 294], W. Buchholz zeigte am Beispiel von Schwedisch-Pommern im 18. Jahrhundert das enge Zusammenspiel von Landesherrn und Landständen in diesem Bereich auf [244: Finanzen und Finanzverwaltung]. Komparatistische Studien sind auch hier selten, sieht man von gelegentlichen Vergleichen zwischen weltlichen (und zum Teil auch geistlichen) Reichsterritorien ab [291: V. Press, Finanzielle Grundlagen; 246: M. A. Denzel, Steuersysteme; 289: M. North, Finanzstaaten]. Dass auch die Reichssteuern zumindest vor dem Dreißigjährigen Krieg eine nicht zu unterschätzende Bedeutung für die Herausbildung und Festigung der Territorialstaatlichkeit besaßen, betonte W. Schulze 1978 in seinem Buch über „Reich und Türkengefahr im späten 16. Jahrhundert. Studien zu den politischen und gesellschaftlichen Auswirkungen einer äußeren Bedrohung" sowie anschließend in einer Reihe von Aufsätzen.

Territorien im Vergleich

Steuerrecht und Steuerhoheit

Nicht nur hinsichtlich ihrer zeitlichen Tiefe (1500–1800) und geographischen Breite (Bayern, Brandenburg-Preußen, Kursachsen und

Württemberg), sondern auch mit Blick auf die reichen Einzelresultate stellte die Abhandlung von A. SCHWENNICKE aus dem Jahr 1996 über die Entwicklung und politische Funktion des Steuerrechts in ausgewählten Territorien des Heiligen Römischen Reichs einen Durchbruch dar [308: „Ohne Steuer kein Staat"]. Gegenstand des Buches sind zum einen die Herleitung und Entwicklung der Steuerhoheit der Landesfürsten, zum anderen die zeitgenössischen juristisch-politischen Debatten zu diesem Komplex, wobei akademische Dissertationen und Disputationen, die Gutachtenliteratur des 16. und die Steuertraktate juristischer und kameralistischer Autoren des 17. und 18. Jahrhunderts herangezogen wurden. Im Ergebnis bestätigte SCHWENNICKE eine weitgehende Kooperation der Landesherren mit den herrschenden, vor allem lokalen Eliten, benannte aber auch das mit der Steuerfrage verbundene Konfliktpotential, das ein verstärktes praktisches Bedürfnis nach juristischer, rechtsförmlicher Lösung solcher Auseinandersetzungen hervorgerufen habe. Die Zahl solcher Streitigkeiten sei gegen Ende des 16. Jahrhunderts in den Territorien „aufgrund der Verdichtung der Herrschaftsstrukturen und der Intensivierung der Besteuerung" sprunghaft angestiegen: „Es kommt vermehrt zu Streitigkeiten um die Legitimität der einseitigen Steigerung alter oder Einführung neuer Steuern, zur Konkurrenz unterschiedlicher Herrschaftsträger um die Zuständigkeit für die Erhebung von Steuern, zu Auseinandersetzungen über die Verteilung der Steuerlast innerhalb eines Territoriums auf Adel, Geistlichkeit und Städte sowie über die Resistenz althergebrachter Freiheitsrechte und Privilegien gegenüber immer neuen Formen der Besteuerung" [Ebd., 347]. Dieses und zwei weitere, in ihrem Charakter ganz unterschiedliche Werke – die von W. BUCHHOLZ 1996 als Arbeitsmittel für Wirtschafts-, Finanz- und Sozialwissenschaftler, Historiker und Volkswirte konzipierte, Quellen und Literatur breit erfassende und erfreulich forschungs- und problemorientiert geschriebene Synthese zur „Geschichte der öffentlichen Finanzen in Europa in Spätmittelalter und Neuzeit" [117] und die 2005 von H.-P. ULLMANN vorgelegte schmale, aber inhaltsreiche Gesamtdarstellung „Der deutsche Steuerstaat" [313] – liefern zusammengenommen einen hervorragenden Einstieg in die Gesamtproblematik.

Kooperation, Konflikt, Konkurrenz

Geschichte der öffentlichen Finanzen

Welcher Stellenwert finanz- und steuergeschichtlichen Themen in der gegenwärtigen Frühneuzeitforschung eingeräumt wird, lässt sich exemplarisch an zwei im vergangenen Jahrzehnt erarbeiteten akademischen Qualifikationsschriften sowie an zwei Sammelbänden jüngeren Datums ablesen.

Regionale Fallstudien

Seine mehr als tausendseitige Leipziger Habilitationsschrift über „Kursächsische Staatsfinanzen (1456–1656)", die Fragen fürstlicher

Haushaltung und Hofwirtschaft, Verpfändungen und Schuldenwesen, Militärausgaben und Transferleistungen an das Reich ebenso detailliert diskutiert wie die Zusammensetzung der Einkünfte aus dem Bergbau, den Erträgen der Ämter, Jahrrenten oder den Tuch-, Schutz- und Gerichtsgeldern, versteht U. SCHIRMER dezidiert als Problemgeschichte des frühneuzeitlichen Staatsbildungsprozesses [300: 28–36]. Auch die weniger ambitionierte Göttinger Dissertation von C. M. ZACHLOD über „Die Staatsfinanzen des Hochstifts Hildesheim vom Ende des Siebenjährigen Krieges bis zur Säkularisation (1763–1802/03)", die nach den Spezifika von Finanzwirtschaft und -politik in geistlichen Territorien des Heiligen Römischen Reiches in dessen Spätphase fragt, verfolgt einen solchen Ansatz [324: 215–221].

Übergreifende Problemdarstellungen

Dass Finanzgeschichte und der Umgang mit finanzgeschichtlichen Quellen „wertvolle Einsichten in den Charakter der frühmodernen Staatsentwicklung" erbringen, unterstreichen F. EDELMAYER, M. LANZINNER und P. RAUSCHER einleitend in einem von ihnen herausgegebenen Sammelband über die materiellen Grundlagen fürstlicher Politik in den habsburgischen Ländern und im Heiligen Römischen Reich im 16. Jahrhundert: „Die Kriegsführung mit Söldnern, die rapide wachsende Verwaltungs- und Gerichtstätigkeit, die Professionalisierung und Zentralisierung der Verwaltung, sodann die Höfe als neuartige Macht- und Repräsentationszentren erforderten nicht nur neue Finanzquellen, sondern bewirkten über Steuern, Kredit und Konsolidierung von Herrschaft auch die Anpassung staatlicher Strukturen. Kriegsausgaben, Hofhaltung, die sich intensivierenden diplomatischen Kontakte und die zunehmende Bürokratisierung schufen einen Finanzbedarf, der die Einnahmen aus dem Kammergut der Fürsten, aus der Grundherrschaft und den finanziell nutzbaren Rechten (Regalien) weit überstieg" [253: Finanzen und Herrschaft, 11, 13 f.]. Der anschließenden Phase vom Dreißigjährigen Krieg bis zum Ende des habsburgischen Kaisertums Mitte des 18. Jahrhunderts widmet sich schließlich – thematisch enger gefasst und konzentriert auf das Verhältnis von Militär- und Finanzverfassung – ein von P. RAUSCHER vorgelegtes Sammelwerk, das Ergebnisse eines mehrjährigen Projekts zum Thema „Die finanziellen Beziehungen zwischen Kaiser und Reich 1600–1740" dokumentiert [435: Kriegführung und Staatsfinanzen].

### *2.4 Bewaffnete Macht, „Kriegswesen" und Bellizität*

Staatsverfassung und Heeresverfassung

Seit J. J. MOSER (1701–1785) in seiner Schrift „Von der Landes-Hoheit in Militar-Sachen" 1773 die Frage aufwarf, was es „für eine Veränderung in der ganzen practischen Staats-Verfassung eines Landes nach sich [ziehe], nachdeme der Landesherr starck oder nicht starck armiret" sei [33: Neues Teutsches Staatsrecht, Bd. 16/3, 3], sind das Interaktionsfeld von Krieg, Steuer und Staat, das Verhältnis von Militär-, Sozial- und Politikgeschichte und speziell der Konnex von bewaffneter Macht und territorialer Staatswerdung vielfach thematisiert worden. Entsprechende Arbeiten präsentierten 1906 bzw. 1936 Otto Hintze (1861–1940) und Fritz Hartung (1883–1967) mit ihren jeweils unter gleichem Titel vorgelegten Beiträgen „Staatsverfassung und Heeresverfassung", 1986 J. Kunisch mit dem von ihm herausgegebenen Sammelband „Staatsverfassung und Heeresverfassung in der europäischen Geschichte der frühen Neuzeit" [427] und 1997 J. Burkhardt, der eine „Theorie der Bellizität Europas" während der Frühen Neuzeit entwickelte und dabei ausführlich auf den Zusammenhang von Krieg und frühmoderner Staatsbildung einging [412: Friedlosigkeit].

Kriegs-, Wehr- und Militärgeschichte

So evident die Bedeutung von Krieg und Militär für die Herausbildung des modernen Staates und die Vernetzungen der bewaffneten Macht zu Gesellschaft, Politik und Wirtschaft auch sind, so unterschiedlich wurden diese Themenfelder doch in der Forschung behandelt und bewertet. Dies hängt auch und vor allem mit der Entwicklung der Kriegs-, Wehr- und Militärgeschichte als historischer Teildisziplin in Deutschland während der letzten zwei Jahrhunderte und der „sektoralen Wahrnehmung militärgeschichtlich relevanter Themen durch die allgemeine Geschichtswissenschaft" zusammen, wie R. Pröve in einem eigenständigen EdG-Band ausführt [Militär, Staat und Gesellschaft im 19. Jahrhundert, München 2006, 47]. Mit dem Neubeginn nach 1945 gewann besonders die jüngere deutsche Militärgeschichte an Interesse, während ältere Epochen weitgehend aus dem Blick gerieten.

Inhaltliche und methodische Akzentverschiebung

Seit den 1990er Jahren vollzieht sich in diesem Bereich ein in mehrfacher Hinsicht bemerkenswerter Wandel – bemerkenswert insofern, als nicht nur Fragestellungen gerade zur Frühen Neuzeit ungeahnte Aufmerksamkeit finden, sondern auch in konzeptioneller, methodischer und theoretischer Hinsicht sowie mit Blick auf die Quellenbasis eine spürbare Erweiterung der bisher doch recht eng gefassten Teildisziplin hin zur Kultur-, Religions-, Sozial-, Alltags- und Geschlechtergeschichte stattfindet [413: P. Burschel, Söldner; 434: R. Pröve, Stehendes Heer; 440: M. Sikora, Disziplin und Desertion; 424: B. R. Kroener/R. Pröve (Hrsg.), Krieg und Frieden; 409: M. Asche/A. Schindling (Hrsg.), Kriegserfahrungen und Religion; 420: M. Kaiser/St. Kroll (Hrsg.), Militär und Religiosität; 425: St. Kroll, Kursächsische Armee; 432: J. Nowosadtko, Militär- und Zivilbevölkerung].

Rolle des Militärs in der Frühneuzeit

Was konkret das Verhältnis von bewaffneter Macht und moderner Staatswerdung betrifft, so waren nach dem Zweiten Weltkrieg selbst in den wichtigeren Aufsatzsammlungen – etwa in dem 1967 von H. H. HOFMANN herausgegebenen Sammelwerk zur „Entstehung des modernen souveränen Staates" [123] – lange Zeit keine einschlägigen Forschungsbeiträge zur Rolle des Militärs in der Frühen Neuzeit zu finden. Ein ähnliches Bild ergibt sich beim Blick in Handbücher, Gesamtdarstellungen und Fachzeitschriften jener Jahre. Aufgeschlossen gegenüber militärhistorischen Fragestellungen blieb stets die Absolutismusforschung, die sich, so der Untertitel eines ältere Aufsätze zusammenfassenden Buches von J. KUNISCH, aus verschiedenen Blickwinkeln der „bellizistischen Disposition des absoluten Fürstenstaates" widmete [426: Fürst, Gesellschaft, Krieg]. Neben solchen vor allem diplomatiegeschichtlich motivierten Arbeiten fanden stets einzelne Großkonflikte – namentlich der Dreißigjährige Krieg [421: C. KAPSER, Bayerische Kriegsorganisation], aber auch einzelne Erbfolgekriege – Aufmerksamkeit. Was die regionale Ausrichtung betrifft, stand weiterhin Brandenburg-Preußen stark im Mittelpunkt, und zwar in der west- wie in der ostdeutschen Forschung; dies erklärt auch, warum der ursprünglich für den Hohenzollernstaat geprägte, die soziale Militarisierung der preußisch-deutschen Gesellschaft versinnbildlichende Begriff des „Militärstaats" bald als allgemeine Epochenbezeichnung verwendet wurde [411: O. BÜSCH, Militärsystem und Sozialleben]. Ein noch immer lesenswerter Forschungs- und Literaturbericht von B. R. KROENER aus dem Jahr 1988 geht nicht nur diesen thematischen Schwerpunkten exakt nach, sondern zeigt auch die spezifische Ausrichtung der westeuropäischen Militärgeschichtsschreibung und deren Rezeptionswege in Deutschland auf [Vom „extraordinari Kriegsvolck" zum „miles perpetuus". Zur Rolle der bewaffneten Macht in der europäischen Gesellschaft der Frühen Neuzeit, in: Militärgeschichtliche Mitteilungen 43 (1988) 141–188].

Traditioneller Modellfall: Brandenburg-Preußen

Neuansatz der Forschung

Einen wichtigen Neuansatz markierte 1973 die Monographie von W. SCHULZE über das „Kriegswesen des innerösterreichischen Territorialstaates (1564–1619)", in der es einleitend, die ältere Forschung präzise resümierend, heißt: „Überschaut man die Ergebnisse historischer Forschungsarbeit, die sich mit der Entstehung und dem Aufbau des frühneuzeitlichen Territorialstaates beschäftigt hat, so konstatiert man ein weitgehendes Überwiegen der Entwicklungsprozesse der Steuerverwaltung, der Gerichtsverfassung, des Kirchenwesens, fürstlicher Verwaltung und Wirtschaftspolitik und nicht zuletzt der Ständeversammlungen. [...] Die Bedeutung der Heeresverwaltung, oder, um einen den Quellen entsprechenden Ausdruck zu gebrauchen, des ‚Kriegswesens' und dessen Beitrag zur Intensivierung der gesamten staatlichen Aktivität, rückt dagegen [...] erst dann in das speziellere Interesse der Forschung, als mit der Institutionalisierung des ‚miles perpetuus' der Territorialstaat zum absolutistischen Machtstaat wird und seine Absicherung nach außen bewußt und programmatisch in zentraler Lenkung betreibt" [438: Landesdefension und Staatsbildung, 13 f.].

Frühformen des territorialen Defensionswesens

Der Blick auf die Frühformen des territorialen Defensionswesens erwies sich als außerordentlich fruchtbar: Er erlaubte einerseits wichtige Rückschlüsse auf die politische Kompetenz- und Machtverteilung innerhalb der Territorialstaaten vor der bisher hauptsächlich untersuchten Zeitspanne des späten 17. und 18. Jahrhunderts und lieferte neue Belege, dass die stark von den Ständen geprägte „Kriegsverwaltung zu einem Faktor im Prozeß der Staatsbildung" und staatlichen Herrschaftsverdichtung wurde [Ebd., 15]; er trug andererseits dazu bei, dass neben den mächtigeren Reichsständen zahlreiche weitere weltliche und geistliche Territorien auf ihre militärischen Potentiale und Strukturen hin untersucht wurden [418: G. Knüppel, Heerwesen Schleswig-Holstein-Gottorf; 441: G. Thies, Landesdefensionswerk Hessen-Kassel; 430: U. Marwitz, Kriegswesen Herzogtum Preußen; 439: B. Sicken, Streitkräfte Hochstift Würzburg]. In großer Breite trug auch der erste Band des 1979 erschienenen „Handbuchs zur deutschen Militärgeschichte" – trotz des Untertitels „Wehrwesen im Absolutismus" – dieser Perspektive Rechnung [433: G. Papke, Miliz].

Neuere Forschungsbemühungen

Verdankten sich diese Arbeiten noch weitgehend gemeinsamen methodischen Ansätzen und Grundannahmen, so stellt sich die Forschung der letzten zwei Jahrzehnte als ungleich pluralistischer dar. Die Vergleichbarkeit regionaler Befunde – und ein solcher landesgeschichtlicher Zugriff ist unverändert der Regelfall – ist damit sehr viel schwerer als bei den eben genannten Untersuchungen. Für die in diesem EdG-Band im Zentrum stehenden Fragen sind beispielsweise die Studien von Th. Fuchs über „Idee und Wirklichkeit des hessen-kasselischen Militärstaates" [415], G. Hollenberg über „Landstände und Militär in Hessen-Kassel" [418], D. Godsey, Jr. über „Stände, Militärwesen und Staatsbildung in Österreich" [in: 325, 233–267] und M. Hochedlinger über „Ständische Landesdefension, Stehendes Heer und ‚Staatsverdichtung' in der frühneuzeitlichen Habsburgermonarchie" [in: 209, 217–250] anregend, ferner die Beiträge in den neueren Sammelbänden von B. R. Kroener und R. Pröve „Krieg und Frieden. Militär und Gesellschaft in der Frühen Neuzeit" [424] bzw. von P. Rauscher „Kriegführung und Staatsfinanzen. Die Habsburgermonarchie und das Heilige

Römische Reich vom Dreißigjährigen Krieg bis zum Ende des habsburgischen Kaisertums 1740“ [435], die einen guten Querschnitt der aktuellen Forschungsbemühungen in diesem Teilbereich darstellen.

### 2.5 *Ständische und gemeindliche Partizipation*

Ständewesen als klassischer Forschungsgegenstand

In welcher Akzentuierung auch immer die regionale Ständewelt des Spätmittelalters und der Frühen Neuzeit im Einzelnen gedeutet wurde – sie war und ist eines der großen und in ihrer Breite kaum zu überblickenden Forschungsfelder der deutschen Geschichtswissenschaft. Im Gegensatz zu der eben umrissenen militärgeschichtlichen Forschung, die aus wissenschaftlichen wie außerwissenschaftlichen Gründen Kontinuitätsbrüche erlebte, werden die Werke eines Otto von Gierke (1841–1921), Georg von Below (1858–1927), Otto Hintze (1861–1940), Otto Brunner (1898–1982), Karl Bosl (1908–1993), Gerhard Oestreich (1910–1978) und Volker Press (1939–1993) weiterhin nicht nur zitiert, sondern auch rezipiert. Mit der von Gierke in seinem vierbändigen, unvollendeten Hauptwerk „Das deutsche Genossenschaftsrecht“ (1868–1913) ausgearbeiteten Lehre vom „Dualismus“ des Ständestaats setzten sich ganze Heerscharen von Historikern auseinander, und auch die zahlreichen Begriffsbildungen und Forschungsimpulse von Oestreich wirken noch Jahrzehnte später unverändert anregend [349: K. Krüger, Landständische Verfassung, 33–84].

Ständeforschung in der Bundesrepublik Deutschland

Ständeforschung stand in der Bundesrepublik Deutschland in der zweiten Hälfte des 20. Jahrhunderts stets im Verdacht, innenpolitisch-gegenwartsorientiert betrieben zu werden. Tatsächlich ist das Bemühen, in der Vergangenheit nach positiven Kontinuitätslinien für die Gegenwart zu suchen, nach dem Zusammenbruch von 1945 nicht von der Hand zu weisen. Augenfällig ist es besonders dort, wo man das Ziel verfolgte, Ständeversammlungen als unmittelbare Vorläufer und Vorformen parlamentarischer Institutionen darzustellen [345: W. Grube, Stuttgarter Landtag; 132: H. Rausch (Hrsg.), Repräsentation und Repräsentativverfassung; 133: H. Rausch (Hrsg.), Volksvertretung; 332: K. Bosl (Hrsg.), Parlamentarismus]. Diesem Interesse verdankten sich nicht wenige Forschungs-, Publikations- und auch Editionsprojekte [G. Birtsch, Die landständische Verfassung als Gegenstand der Forschung, in: 341, 32–55]. Flankiert wurden diese Ansätze durch emigrierte deutsche Historiker wie F. L. Carsten (1911–1998) [333: Princes and Parliaments], D. Gerhard (1896–1985) [341: Ständische Vertretungen] oder Helmut G. Koenigsberger, die sich bemühten, längere Entwicklungslinien einer freiheitlich-demokratischen Tradition in Deutschland herauszuarbeiten. Die dem historischen Materialismus verpflichteten Historiker der Deutschen Demokratischen Republik dagegen sahen in den Ständen – und hier besonders im Adel – eine rückwärtsgewandte, privilegierte Feudalklasse, die lediglich Partikular- und Eigeninteressen vertrat, sich an veralteten Herrschaftsformen festklammerte und so dem gesellschaftlichen Fortschritt entgegenstellte [G. OESTREICH/ I. AUERBACH, Die Ständische Verfassung in der westlichen und in der marxistisch-sowjetischen Geschichtsschreibung (1972), in: 130, 161–200].

Interpretationsansätze in der Deutschen Demokratischen Republik

Die im Einzelnen bearbeiteten Fragestellungen, die durchweg eine klare Aufwertung ständischer Verantwortungsbereiche und Partizipationsmöglichkeiten zum Ergebnis hatten, waren ebenso vielfältig wie die gewählten zeitlichen und regionalen Schwerpunkte. Konzeptionell blieben sie in weiten Teilen einer staatszentrierten Perspektive verpflichtet. Im Kern sei es diesen den herrschaftlichen Ständen gewidmeten Untersuchungen „um die Stellung gegenüber dem Landesherrn und – besonders ‚deutsch' und neuzeitlich formuliert – um ihren Anteil an der Staatsbildung" gegangen [P. MORAW, Zu Stand und Perspektiven der Ständeforschung im spätmittelalterlichen Reich, in: H. BOOCKMANN (Hrsg.), Die Anfänge der ständischen Vertretungen in Preußen und seinen Nachbarländern, München 1992, 1–33, hier 13]. Ähnlich formulierte es P. BLICKLE: „Die Frage nach dem ‚Nutzen' der Stände war in der Form, wie sie von der deutschen Geschichtsschreibung gestellt wurde, nur aufgrund der Staatsvorstellungen des 18./19. Jahrhunderts möglich" [329: Landschaften im Alten Reich, 45]. Zu nennen sind in diesem Zusammenhang vor allem die Monographien von E. SCHUBERT [364: Landstände], R. RENGER [363: Institutionengeschichte des Ständestaates], K. KÖHLE [348: Sozialstruktur und politische Repräsentanz], A. VON REDEN [362: Landständische Verfassung], F. QUARTHAL [361: Landstände], R. WALZ [368: Stände und frühmoderner Staat], W. EBERHARD [335: Monarchie und Widerstand] und CHR. FÜRBRINGER [339: Staatsbildung und Landstände].

Aufwertung ständischer Partizipationsformen

Der neue Blick auf die politisch-gesellschaftliche Entwicklung des Heiligen Römischen Reiches klammerte auch dasjenige Territorium nicht aus, das seit dem 19. Jahrhundert als Musterbeispiel eines zentral organisierten und autoritär regierten Machtstaats galt: den Hohenzollernstaat. In der Einleitung zu dem von ihm 1983 herausgegebenen, im Titel den Wortlaut einer Abhandlung von G. OESTREICH aus dem Jahr 1966 [129: 277–289] aufgreifenden Sammelband „Ständetum und Staatsbildung in Brandenburg-Preußen" distanzierte sich P. BAUMGART klar von der älteren Historiographie, die nur die klassischen Instru-

Ständetum und Staatsbildung in Brandenburg-Preußen

mente des Machtstaats – die Bürokratie, das Heerwesen und die staatliche Wirtschaftspolitik – habe wahrnehmen wollen. „Sie argumentierte von der Zentrale dieses Staates her, aus dem Blickpunkt des Gesamtstaates und der ihn verkörpernden Dynastie; [...] sie stützte sich dabei auf das meist aus den zentralen Archiven gewonnene, von der zentralen Verwaltung produzierte Aktenmaterial, das in großenteils mustergültigen Serien von Generationen von Historikern ediert wurde [...]. Mit diesen Quellengattungen waren bereits Weichenstellungen verbunden, die den Blick auf die Vielfalt ständischen Lebens in der Monarchie einengen oder trüben mußten. [...] Unser Versuch einer Gesamtsynopse des Ständewesens in Brandenburg-Preußen hat eben wegen der skizzierten Entwicklung der Historiographie keinen Vorläufer" [327: 3–15, hier 4f.]. Was hier an regionalen Varianten innerhalb einer einzelnen zusammengesetzten Monarchie vergleichend aufgezeigt wurde, unternahmen D. GERHARD [341: Ständische Vertretungen] und H. TIMMERMANN [146: Bildung des frühmodernen Staates] mit zwei nicht minder wichtigen, materialreichen Sammelbänden auf gesamtdeutscher und europäischer Ebene.

Varianten und Muster in Europa

Landschaften, Gemeinde und Staat

Dass neben dem ständischen Element auch andere „vorparlamentarische Institutionen" des spätmittelalterlich-frühneuzeitlichen Verfassungslebens breite Zuwendung erfuhren, zeigen die Arbeiten von P. BLICKLE, der sich der Vielzahl kleinerer Territorien in den alten Kerngebieten deutscher Königsherrschaft im südwestdeutschen Raum zuwandte und die dortigen „Landschaften" – territoriale Repräsentationskörperschaften, die nicht von den ständisch organisierten Korporationen, sondern von Bauern und anderen gemeindlichen Kräften getragen wurden – als Ausdruck der „staatlich[len] Funktion[en] des gemeinen Mannes" identifizierte. Von der landständischen Verfassung im geläufigen Sinn unterscheide sich die landschaftliche Verfassung dadurch, „daß in letzterer alle in einem unmittelbaren Verhältnis zum Landesfürsten stehenden Untertanen am Staat beteiligt waren" [329: Landschaften im Alten Reich, 566]. Die Fruchtbarkeit dieses Ansatzes, dessen Aufnahme in der Forschung später noch genauer betrachtet werden soll, zeigen der von BLICKLE 1998 herausgegebene Sammelband „Gemeinde und Staat im Alten Europa" [114], der den Staatsbildungsprozess mit Blick auf die städtische und ländliche Welt als „einen Prozeß der Kommunikation oder der Dialektik zwischen *Obrigkeit* und *Untertanen*" interpretiert [Ebd., 2], sowie ein zweites, von P. BLICKLE, P. KISSLING und H. R. SCHMIDT vorgelegtes Sammelwerk zum Thema „Gute Policey als Politik im 16. Jahrhundert. Die Entstehung des öffentlichen Raumes in Oberdeutschland" [330].

Neuere Forschungsanstrengungen

B. Kappelhoff hatte bereits 1982 angemahnt, dass mit einer „allgemeinen Gegenüberstellung von Ständetum und Staatsbildung" die altständische Gesellschaft nicht angemessen zu beschreiben sei [346: Landesherr und Landstände, 6]. Tatsächlich orientiert sich die ständegeschichtliche Forschung, verstärkt durch die bereits angesprochene Pluralisierung der wissenschaftlichen Zugänge zur Vergangenheit in den letzten zwei Jahrzehnten, immer mehr auf Fragestellungen „jenseits der staatszentrierten Perspektive", wie R. Eßer in einem 2005 publizierten, die wichtigsten Veröffentlichungen nennenden Forschungsüberblick ausführt [Landstände im Alten Reich, in: Zeitschrift für Neuere Rechtsgeschichte 27 (2005) 254–271, hier 267]. Exemplarisch sollen nur zwei Werke herausgegriffen griffen, die von den weiterhin beachtlichen Forschungsanstrengungen auf diesem Gebiet zeugen: zum einen der materialreiche und inhaltsschwere, zahlreiche der hier angesprochenen Forschungsprobleme reflektierende Sammelband über die Stände in der Habsburgermonarchie, deren Erforschung „lange Zeit ein Stiefkind der österreichischen Historiographie" gewesen sei [325: G. Ammerer u.a. (Hrsg.), Bündnispartner und Konkurrenten, 39], zum anderen der von B. Bei der Wieden herausgegebene, die Jahre 1500 bis 1806 umfassende erste Band des „Handbuch[s] der niedersächsischen Landtags- und Ständegeschichte" [369], der insgesamt 29 weltliche und geistliche Territorien auf dem Boden des heutigen Bundeslandes Niedersachsen nach einem festen, in sich weiter differenzierten Frageraster (Herrschaft; Landstände; Landtage; Landesgesetze) vorstellt und die dazugehörige Quellenüberlieferung exakt dokumentiert.

## 2.6 *Kirche und Staat*

Schwerpunkte der Forschung

Eine detaillierte Darstellung des Forschungsstands über den seit dem Frühmittelalter immer wieder aufbrechenden Streit zwischen geistlicher und weltlicher Gewalt, die nach dem Zerbrechen der religiösen Einheit sich häufenden Konflikte mit der werdenden Staatsgewalt, die für die Territorialisierung und Herrschaftsverdichtung wichtigen Phasen landesherrlicher Kirchenherrschaft und allgemein über die vielfältigen Interdependenzen der religiösen und politischen Sphäre während der Frühen Neuzeit erübrigt sich an dieser Stelle, da diese Fragen bereits in mehreren EdG-Bänden ausführlich dargelegt und diskutiert worden sind. Die wichtigsten Arbeiten zum landesherrlichen Kirchenregiment nennt E. Schubert in seinem Band „Fürstliche Herrschaft und Territorium im späten Mittelalter" [142: 126], O. Mörke untersucht die reformationsgeschichtlich relevanten Problemstellungen [Die Reformation. Voraussetzungen und Durchsetzung, München [2]2011], H. R. Schmidt erörtert das Verhältnis von Kirche und Staat im 16. Jahrhundert unter den Stichwörtern „Staatskirchentum und Widerstandsrecht“ [399: Konfessionalisierung, 57–59], M. Maurer geht in großer Genauigkeit der Entwicklung des neuzeitlichen Staatsdenkens („Von der christlichen Obrigkeit zur säkularen Staatsräson“) und speziell der Ausbildung eines Staatskirchenrechts nach: „Wenn man es als fundamentale Besonderheit der europäisch-abendländischen Kultur im Vergleich mit den außereuropäischen Kulturkreisen ansehen will, daß Staat und Kirche in zwei Ordnungen auseinandertraten, welche sich im Mittelalter in Kämpfen zwischen Kaiser und Papst, zwischen *imperium* und *sacerdotium* konkretisierten [...], so ist die spezifische Diastase von Staat und Kirche doch ein Ergebnis der neuzeitlichen Entwicklung, das einerseits den Aufstieg des frühmodernen Staates zur Voraussetzung hat, andererseits als Konsequenz der Glaubensspaltung angesehen werden kann“ [Kirche, Staat und Gesellschaft im 17. und 18. Jahrhundert, München 1999, 75]. Die „Kontroverse um die Ursprünge des Josephinismus“ wird schließlich ein weiteres Mal von W. Demel beleuchtet [Vom aufgeklärten Reformstaat zum bürokratischen Staatsabsolutismus, München [2]2010, 84].

Begrifflichkeit und methodischer Ansatz

Diese Aufzählung deutet bereits auf ein grundsätzliches Problem hin, das die deutsche Forschung generell kennzeichnet: Thematisch zusammenhängende Fragen werden nicht nur durch die institutionell und organisatorisch seit langem getrennte Mittelalter- und Frühneuzeitforschung auseinandergerissen, sondern auch innerhalb der Frühneuzeitforschung von Historikern behandelt, die verschiedene Arbeitsschwerpunkte haben und untereinander nur selten in Austausch treten – zu denken ist hier vor allem an die mitunter den Charakter von *closed clubs* annehmenden Kreise der Reformations- und der Aufklärungsforschung. Innerhalb dieser Teilbereiche ist zwar seit den 1970er Jahren eine zunehmende Verbindung von kirchen-, politik- und sozialgeschichtlichen Fragestellungen zu beobachten. Die größeren Überblickswerke und Problemskizzen stammen jedoch in ihrer Mehrheit weiterhin von Theologen, Kirchenhistorikern und vor allem Staatskirchenrechtlern, die ein eigenes methodisches Rüstzeug besitzen und eine spezifische Begrifflichkeit verwenden.

Theologische und kirchenhistorische Darstellungen

An vorderster Stelle zu nennen sind hier die umfassenden, die allgemeine reichs- und territorialrechtliche Situation ebenso wie Teilaspekte (Kirchengutsäkularisation, Parität im staatlich-weltlichen Recht, obrigkeitlicher Bekenntnisbann, Kirchenregiment im Territorium, Summepiskopat, Eidesfrage, Entkonfessionalisierung, Wandlungen des kanonischen Rechts durch die Aufklärung) betreffenden Aufsätze von M. HECKEL, die in den Jahren 1989 bis 2004 in fünf opulenten Bänden zusammengestellt wurden [384: Gesammelte Schriften] und zusammen mit Monographien [Staat und Kirche nach den Lehren der evangelischen Juristen Deutschlands in der ersten Hälfte des 17. Jahrhunderts, München 1968] und Artikeln in einschlägigen Nachschlagewerken (Die Religion in Geschichte und Gegenwart; Evangelisches Staatslexikon; Lexikon für Theologie und Kirche) zentrale Sachprobleme ansprechen. Mit Gewinn wird man auch die Studien von K. SCHLAICH über die Geschichte des evangelischen Kirchenverfassungsrechts [397: Rationaler Territorialismus], von CHR. LINK über „Staat und Kirche in der neueren deutschen Geschichte" [391] sowie von H. DE WALL über „Spannungen und Paradoxien im rationalen Territorialismus" heranziehen [407].

Konflikt und Partnerschaft

Eine regional vergleichende und zeitlich übergreifende Interpretation von historischer Seite zum Thema „Konflikt oder Partnerschaft von Kirche und Staat" liefert W. REINHARD im Rahmen seiner vergleichenden Verfassungsgeschichte Europas. Seinem Urteil nach entwickelte sich die Kirche im Zuge des polyzentrischen Staatsbildungsprozesses von einer Senior- zu einer Juniorpartnerin der Staatsgewalt. Vielfach habe sie „wie ein zusätzlicher Zweig des fürstlichen Herrschaftsapparats [gewirkt], dessen zunehmend akademisch professionalisiertes Personal häufig mit den Juristen der entstehenden staatlichen Bürokratie sozial eng verflochten war". Grundsätzlich sei ihre Position durch das Nebeneinander mehrerer, miteinander konkurrierender Kirchen geschwächt worden, die schon aus diesem Grund zunehmend weltlicher Unterstützung bedurft hätten. Für die deutschen Territorien erlangte die konfessionelle Identität nach REINHARD besondere Bedeutung, „weil hier Identität auf keine anderen Alteritäten als die dynastische und die konfessionelle gegründet werden konnte" [134: Geschichte der Staatsgewalt, 259, 267 f.]. Substantielle Kritik, namentlich an der von REINHARD vertretenen „katholische[n] Variante" der Konfessionalisierungsthese, äußerte vor allem P. HERSCHE [122: Muße und Verschwendung, Teilbd. 1, 54–64].

Katholische Kirche und Reformationskirchen

Bei allen interkonfessionellen Parallelen in Bezug auf die Staat-Kirche(n)-Problematik darf allerdings nicht übersehen werden, dass die katholische Kirche auch als faktisch neuartige Konfessionskirche im Gegensatz zu den Reformationskirchen häufig ein schwieriger Partner der expandierenden Staatsgewalt geblieben ist [374: J. BAHLCKE, Ungarischer Episkopat und österreichische Monarchie]. Ihre in der historischen Forschung eher unterschätzten, im konfessionellen Zeitalter in bestimmten Segmenten aber nicht nur ab-, sondern auch zunehmenden Machtansprüche, die eine Art Selbstverteidigung des Staates notwendig machen konnten, sind daher nach Auffassung des Kirchenhistorikers R. REINHARDT bei der Reflexion über das historische Verhältnis von geistlicher und weltlicher Macht stets zu berücksichtigen [Der Wandel des geschichtlichen Verhältnisses von Kirche und Staat, in: J. KÖHLER (Hrsg.), Säkularisationen in Ostmitteleuropa. Zur Klärung des Verhältnisses von geistlicher und weltlicher Macht im Mittelalter, von Kirche und Staat in der Neuzeit, Köln/Wien 1984, 15–32].

### *2.7 Zusammengesetzte Staatlichkeit, Dynastie und Reich*

Endogene und exogene Faktoren

Ein unter dem Titel „Landesherrschaft, Territorien und Staat in der Frühen Neuzeit" vorgelegtes Buch über die frühmoderne Staatsbildung im Heiligen Römischen Reich läuft Gefahr, im Stil der älteren Landesgeschichtsschreibung allzu rasch eine Gleichsetzung von Land und Herrscherhaus vorzunehmen. Auf die über das Territorium hinausweisende dynastische Politik, das Zusammenspiel von Landes- und Reichspolitik sowie allgemein auf überterritoriale Raumstrukturen (Münzvereine, Landfrieden, Lehensbindungen) hat bereits E. SCHUBERT 1996 in seinem EdG-Band über „Fürstliche Herrschaft und Territorium im späten Mittelalter" mit Nachdruck hingewiesen [143: 100–103]. Auch in den nachfolgenden Jahrhunderten sind diese Hinweise, wie aus ganz unterschiedlichen Blickwinkeln von der Frühneuzeitforschung gezeigt worden ist, ernst zu nehmen. So wichtig der in den letzten Abschnitten näher beleuchtete Prozess der inneren Herrschaftsintensivierung fraglos war: Für die fürstenstaatliche Strukturentwicklung sind endogene und exogene Faktoren in gleicher Weise zu beachten [431: W. NEUGEBAUER, Politische Strukturen].

Mehrgliedrige Länderkomplexe

Sieht man von kleineren Abhandlungen Samuel Pufendorfs aus dem 17. Jahrhundert ab [N. HAMMERSTEIN, Samuel Pufendorf, in: 170, 172–196], so ist bis zur Zeit Georg Jellineks (1851–1911) im Grunde nie zusammenhängend über die Bedingung der Möglichkeit von Herrschaft in mehrgliedrigen Länderkomplexen nachgedacht worden. Es überrascht daher kaum, dass es sich bei Begriffen wie „Länder-" oder „Staatenverbindung" und „Gesamtstaat" nahezu um Austriazismen handelt, war doch das habsburgische Altösterreich bis zu seinem Zusammenbruch am Ende des Ersten Weltkriegs eine *composite monarchy*, ein in Europa einmaliges, höchst kompliziertes Herrschaftsgebilde aus mehreren historisch gewachsenen Länderkomplexen, die ihrerseits ebenfalls zusammengesetzte Staaten mit erheblichen Autonomieansprüchen der einzelnen Länder darstellten [185: R. J. W. Evans, Habsburg Monarchy; 209: P. Maťa/Th. Winkelbauer (Hrsg.), Habsburgermonarchie; 326: J. Bahlcke, Regionalismus und Staatsintegration]. Auch in neuerer Zeit kamen wichtige Impulse für diese Fragestellungen – von Otto Brunner (1898–1982) über Th. Fröschl [462: Föderationsmodelle und Unionsstrukturen] bis hin zu W. Brauneder [448: Staatliche Vereinigung] – nicht zufällig gerade von der österreichischen Forschung.

Zusammengesetzte Staatlichkeit

Varianten dieses Strukturprinzips lassen sich allerdings auch in anderen Regionen, Herrschaftsgebilden und „Territorialstaaten“ des Alten Reiches beobachten. Für F. Bosbach, der in Anlehnung an ältere Forschungen von Helmut G. Koenigsberger und John H. Elliott das Phänomen der „Mehrfachherrschaft im Staatsbildungsprozeß“ näher untersuchte, lag diesem „kein immanenter Trend zu einem territorial geschlossenen und souveränen Einheitsstaat“ zugrunde: „Die Geschichte der Staatsbildung erschöpft sich nicht in einem Vorgang konsequenter Festigung und Ausgestaltung staatsbezogener Strukturen, und ihr Ergebnis ist keineswegs determiniert, sondern durchaus willkürlich“ [Mehrfachherrschaft – eine Organisationsform frühmoderner Herrschaft, in: 199, 19–34, hier 19f.]. Das von W. Neugebauer 1998 thematisierte „Problem der Integration in der brandenburg-preußischen Geschichte“ [Staatliche Einheit und politischer Regionalismus, in: 448, 49–87] ist 2005 von M. Kaiser und M. Rohrschneider erneut aufgegriffen und um weitere Aspekte bereichert worden [199: Membra unius capitis]. Die Ergebnisse sind von M. Rohrschneider, ergänzt um Perspektiven der weiteren Forschung, nochmals an anderer Stelle zusammengefasst worden [Zusammengesetzte Staatlichkeit in der Frühen Neuzeit, in: Archiv für Kulturgeschichte 90 (2008) 321–349].

Dynastiesicherung und Staatsbildung

Im Gegensatz zu diesen erst in den letzten Jahren verstärkt diskutierten Fragen von Territorialität, Integration und Regionalismus ist das monarchisch-personale Element frühneuzeitlicher Staatlichkeit, der Zusammenhang von Dynastiesicherung und Staatsbildung, in der Forschung vergleichsweise kontinuierlich thematisiert worden [190: H.-D. Heimann, Hausordnung und Staatsbildung]. Eine Zwischenbilanz legte J. Kunisch 1982 mit dem Sammelband „Der dynastische Fürstenstaat. Zur Bedeutung von Sukzessionsordnungen für die Entstehung des frühmodernen Staates“ vor, der zugleich eine Fülle neuer Belege für die „Verstaatlichung des dynastischen Verbandes“ vorbrachte, die Rudolf Vierhaus als Ziel der europäischen Fürstenstaaten vor allem während des 17. Jahrhunderts ausgemacht hatte [126: XIV]. Eine prägnante, forschungs- und problemorientiert verfasste Darstellung liegt von W. E. J.

WEBER vor, nach dessen Auffassung die lange Dauer der Beherrschung Europas „durch eine begrenzte Zahl untereinander verflochtener und gleichzeitig miteinander rivalisierender Dynastien auf deren Fähigkeit zurückzuführen ist, dynastische Herrschaft zu staatlicher Herrschaft zu transformieren, also – im Hinblick auf die im Allgemeinen für am wichtigsten erachteten Merkmale dieses Staates – Herrschaft zu territorialisieren, zu institutionalisieren, zu verrechtlichen und auf eine feste finanzielle Grundlage zu stellen". Diese Verdichtungsvorgänge seien durch die sich während der Frühen Neuzeit noch verschärfende Konkurrenzsituation der Dynastien weiter beschleunigt worden. Dass in dieser Zeit die Zahl der kleineren und mittleren Herrschaftsgebilde zugunsten einiger weniger Großsysteme ständig abnahm, sei wesentlich auf entsprechende „Deklassierungen, Zerreibungen und Umstrukturierungen in der dynastischen Landschaft" zurückzuführen [112: Dynastiesicherung und Staatsbildung, 93, 102]. Die zugespitzte Aussage von E. SCHUBERT, die „Biologie gestaltet die deutsche Herrschaftswelt" [143: Herrschaft und Territorium, 23], verliert ihre Gültigkeit insofern nicht mit dem Ende des Mittelalters. Dass das Vorhandensein mehrerer herrschaftsberechtigter Familienmitglieder zwar Risiken barg, aber auch Vorteile mit sich bringen konnte, erhellt M. KAISER in einem Beitrag über den „Bruderzwist als dynastisches Strukturprinzip" [Regierende Fürsten und Prinzen von Geblut, in: Jahrbuch Stiftung Preußische Schlösser und Gärten Berlin-Brandenburg 4 (2001/02) 3–28].

Dynastische Konkurrenz

Reichsrecht und Landesherrschaft

Der eindringliche Appell von P. MORAW und V. PRESS in den 1970er Jahren, man könne die territorialstaatliche Entwicklung in Spätmittelalter und Früher Neuzeit nicht ohne den Bezugspunkt des Reiches denken [97: Probleme], hat die reichs- wie landesgeschichtliche Forschung gleichermaßen geprägt [469: G. HAUG-MORITZ, Württembergischer Ständekonflikt und deutscher Dualismus; 452: A. BUSCHMANN, Reichsrecht und Landesherrschaft; 472: S. JAHNS, Mecklenburgischer Ständekonflikt und neue kaiserliche Reichspolitik; 195: G. HUSMEIER, Landesherrschaft, Reichspolitik und Niederländischer Aufstand; 490: J. VÖTSCH, Kursachsen, das Reich und der mitteldeutsche Raum]. Das Ergebnis dieser und anderer Arbeiten fasst J. BURKHARDT mit den Sätzen zusammen: „Erst die Organisation und Institution des Reiches gab der von regionalen Ordnungsstrukturen her aufgebauten Landesstaatlichkeit ihren rechtlichen Rahmen. Die landesstaatliche Ebene bedurfte zu ihrer Legitimation auch der gesamtstaatlichen" [Europäischer Nachzügler oder institutioneller Vorreiter? Plädoyer für einen neuen Entwicklungsdiskurs zur konstruktiven Doppelstaatlichkeit des frühmodernen Reiches, in: 486, 297–316, hier 308].

Besonders intensiv wurden in diesem Zusammenhang – neben der für die Territorien stets wichtigen Rechtsprechung der höchsten Reichsgerichte [460: M. FIMPEL, Reichsjustiz und Territorialstaat; 493: S. WESTPHAL, Kaiserliche Rechtsprechung und herrschaftliche Stabilisierung] – die Möglichkeiten, aber auch Grenzen korporativer Staatlichkeit untersucht [484: G. SCHMIDT, Städtetag; 483: DERS., Wetterauer Grafenverein; 447: E. BÖHME, Fränkisches Reichsgrafenkollegium; 445: J. ARNDT, Niederrheinisch-Westfälisches Reichsgrafenkollegium; 485: K. SCHNEIDER, Münz- und Währungspolitik; 463: U. GITTEL, Niedersächsischer Reichskreis; 466: P. C. HARTMANN, Bayerischer Reichskreis; 453: W. DOTZAUER, Reichskreise; H. CARL, Genossenschaft und Herrschaftsverdichtung. Zur politischen Kultur von Adelseinungen im Alten Reich, in: 82, 405–427; 480: M. MÜLLER, Kurrheinischer Kreis]. Der im Jahr 2000 von W. WÜST herausgegebene Sammelband „Reichskreis und Territorium: Die Herrschaft über der Herrschaft?“, der am Beispiel der süddeutschen Reichskreise „supraterritoriale Tendenzen in Politik, Kultur, Wirtschaft und Gesellschaft“ aufzeigt, fasst die grundsätzliche Problematik einleitend aus „landes- und reichshistorische[r] Perspektive“ nochmals detailliert zusammen [495: 1–23].

Möglichkeiten und Grenzen korporativer Staatlichkeit

## 3. Exemplarische Forschungsschwerpunkte und -kontroversen

Forschungsschwerpunkte und -kontroversen zum Rahmenthema dieses Bandes in einem auch nur annähernd repräsentativen Überblick vorstellen zu wollen, ist angesichts der enormen methodischen Binnendifferenzierung in der Geschichtswissenschaft während der vergangenen Jahrzehnte unmöglich. Auch mit Blick auf einzelne geistliche Territorien bzw. dynastische weltliche Fürstenstaaten lassen sich naturgemäß Schwerpunktsetzungen festmachen, zumal die Teilung Deutschlands nach dem Zweiten Weltkrieg erhebliche Auswirkungen auf die Ausrichtung der landesgeschichtlichen Forschung hatte [88: W. BUCHHOLZ (Hrsg.), Landesgeschichte]. Die Entwicklung und Etablierung neuer makrohistorischer Forschungskonzepte bringt es mit sich, dass ältere Erklärungskategorien für bestimmte Prozesse und Strukturen in der Gesellschaft allmählich zurückgedrängt werden. Hinzu kommt die Kurzlebigkeit einzelner Diskurse, die mitunter durch konkrete politisch-gesellschaftliche Ereignisse Auftrieb erhalten – zu denken wäre hier zum Beispiel an die für die Erforschung frühneuzeitlicher Staat-

Zeitbedingte Schwerpunkte und Forschungsansätze

lichkeit fruchtbare, mit dem Zusammenbruch des sowjetischen Systems im östlichen Europa intensivierte Diskussion um Grenzziehungen, Staatsbürgerschaft und die Herstellung des politisch-sozialen Raumes [479: H. MEDICK, Grenzziehung; 496: W. ZIEGLER, Grenzproblematik; 470: W. HEINDL/E. SAURER (Hrsg.), Grenze und Staat] –, die ebenso rasch aber auch wieder an Reiz und Aufmerksamkeit verlieren. Im Folgenden kann es insofern nur darum gehen, vier Themenbereiche exemplarisch vorzustellen.

### *3.1 Säkularisierung versus Konfessionalisierung*

Kooperation von Allgemein- und Rechtshistorikern

Was Genese und Verlauf der frühmodernen Staatsbildung in Deutschland betrifft, sind es vor allem die beiden Fundamentalprozesse der Säkularisierung und der Konfessionalisierung, die seit Jahrzehnten kontrovers diskutiert werden [399: H. R. SCHMIDT, Konfessionalisierung, 86–122]. Die Debatte zeigt zugleich, wie wenig Historiker und Rechtshistoriker – Vertreter zweier zwar an verschiedenen Fakultäten gelehrter, aber affiner Disziplinen, die Wesentliches zu den hier interessierenden Fragen beigetragen haben – bisweilen die Ansätze und Ergebnisse des jeweils anderen Faches rezipieren. Nicht ohne Ernüchterung urteilte 1997 der Frankfurter Rechtshistoriker und Direktor des Max-Planck-Instituts für europäische Rechtsgeschichte M. STOLLEIS über die Diskussion der Streitfrage, wie der moderne Staat entstanden sei: „Eine wirkliche Kooperation von Geschichte und Rechtsgeschichte steht auf diesem Feld noch aus. Die Literatur zur weltlichen und kirchlichen Rechtsgeschichte der frühen Neuzeit etwa wird von Historikern nur ausnahmsweise wirklich bearbeitet“ [109: „Konfessionalisierung“ oder „Säkularisierung“, 453].

Trennung von Politik und Religion

In einem einflussreichen, einen weiten Bogen vom Investiturstreit im Mittelalter bis zum 20. Jahrhundert schlagenden Beitrag erklärte der Staats- und Verwaltungsrechtler E.-W. BÖCKENFÖRDE 1967 die Entstehung des Staates, so programmatisch bereits im Titel, „als Vorgang der Säkularisation“ [87]. Gemeint war damit nicht Säkularisation im Sinn von „Einziehung und Verwendung von Gütern kirchlichen Eigentums für nicht-kirchliche Zwecke“ [R. VIERHAUS, Säkularisation als Problem der neueren Geschichte, in: 380, 13–30, hier 16], sondern die „Herausnahme der Politik aus einer vorgegebenen religiösen Einbindung und Zielausrichtung“, eine gezielte Trennung von Politik und Religion und Neutralisierung der Rechtsordnung also. Entstanden sei der sich „rein weltlich und politisch aufbauende und legitimierende Staat“ des 16./17. Jahrhunderts nach BÖCKENFÖRDE aus der

Notwendigkeit heraus, die „Politik über die Forderungen der streitenden Religionsparteien" zu stellen und sie von diesen zu emanzipieren [87: Entstehung, 94, 101].

Konfessionsneutrale Entwicklungen

Diese These im Grundsatz bestätigend und ergänzend, wurden in der Folge weitere Entwicklungsmomente hervorgehoben: etwa die zumindest partielle, an Paritätsregelungen sowie Freiheits- und Verteilungsnormen über geistliche und weltliche Herrschaftsrechte und Güter im Reich ablesbare Säkularisierung des Verfassungsrechts [mehrere Beiträge in 384: M. Heckel, Gesammelte Schriften], die vielfach in konfessionsneutralem Fahrwasser erfolgende Ausbildung von Gesandtschaftswesen, Bürokratie und militärischer Elite [165: R. Schnur (Hrsg.), Juristen], ferner das Entstehen einer die Autonomie politischen Handelns fordernden Staatsräson und des juristischen Konzepts des legitimen Gewaltmonopols (Souveränität) [166: R. Schnur (Hrsg.), Staatsräson; 168: M. Stolleis, Staat und Staatsräson], die säkulare Antike-Rezeption der Humanisten, die Ausbildung der akademischen Rechtswissenschaft [169: M. Stolleis, Öffentliches Recht], das Aufkommen der empirisch begründeten Wissenschaften sowie andere, allgemein eine Verweltlichung des Denkens, Handelns und Lebens begünstigende Faktoren.

Konfessionalisierung und Territorialstaatsbildung

Widersprochen wurde dieser Auffassung vor allem von Historikern, die sich methodisch an dem in den 1980er Jahren von Wolfgang Reinhard und Heinz Schilling entwickelten Konfessionalisierungsparadigma [mehrere Beiträge in 100: W. Reinhard, Abhandlungen; 104: H. Schilling, Abhandlungen] orientieren. Diesem Forschungskonzept nach, das Thema eines eigenständigen EdG-Bandes ist [399: H. R. Schmidt, Konfessionalisierung] und hier daher nicht näher vorgestellt werden muss, entstand der deutliche Wachstumsschub an moderner Staatlichkeit in nachreformatorischer Zeit nicht allein durch säkulare Momente, sondern auch und vor allem durch eine von Staat und Kirche gemeinsam betriebene Konfessionalisierung. Neben dem Steuer- und Militärwesen, die traditionell als entscheidende Motoren für die staatliche Verdichtung angesehen würden, sei der „Kampf um die geistigen und religiösen Grundlagen der Territorialgesellschaft sowie um Bekenntnisstand und Organisation des Kirchenwesens", so H. Schilling 1981 in einer wegweisenden, die weitere Diskussion stark beeinflussenden Fallstudie über das Verhältnis von religiösem und sozialem Wandel in der Frühneuzeit am Beispiel der Grafschaft Lippe, „von gleichrangiger Bedeutung" gewesen; Reformation und Territorialstaatsbildung seien insofern „aufs engste miteinander verzahnt" [398: Konfessionskonflikt, 365 f.].

Fallstudien zum konfessionellen Zeitalter

Diese Theoriebildung, die in Deutschland über mehrere Jahrzehnte der Erforschung des konfessionellen Zeitalters wichtige Impulse gab und vielfach auch bei Kirchen-, Kunst- und Literaturhistorikern Resonanz fand, ist seither durch eine kaum noch zu überblickende Vielzahl von Einzelstudien untermauert und präzisiert worden. Untersucht wurden, um nur einige Fragestellungen zu benennen, die für die Ausbildung des modernen bürokratischen Verwaltungsstaates zu beachtenden religiösen Kontroll-, Zensur- und Polizeimaßnahmen, die Errichtung konfessionsspezifischer Bildungsinstitutionen, der durch die konfessionelle Homogenisierung der einzelnen Fürstentümer erzielte Zugewinn an politischer und territorialer Identität, der namentlich in den evangelischen Territorialstaaten erfolgte Zugriff der weltlichen Macht auf Bereiche, die bisher der Obhut der Kirche unterstanden (Ehe und Familie, Schule, Armenfürsorge) sowie die Auswirkungen auf die außenpolitische Sphäre [382: R. von Friedeburg, Landesherrschaft; 381: W. Freitag, Westfälische Territorien; 403: U. Sibeth, Eherecht; 465: H. Th. Gräf, Konfession und internationales System].

Positionen und Argumente

Die Frage, welchem der beiden Fundamentalprozesse letztlich größere Bedeutung für die Entstehung des frühmodernen Staates zukomme, hat mit der im vergangenen Jahrzehnt wachsenden Kritik am Konfessionalisierungsparadigma erheblich an Schärfe verloren [90: St. Ehrenpreis/U. Lotz-Heumann, Reformation, 67–75; 91: D. Freist, Absolutismus, 69–77; 85: R. Blänkner, Strukturprobleme, 412–415]. Aus der Juristenperspektive stimmt M. Stolleis der Auffassung zu, dass die Konfessionalisierung von Staat, Kirche und Gesellschaft – als *eines* von mehreren Mitteln zur Verdichtung von Herrschaft – „dem Prozeß der Staatsbildung neue Schubkraft“ gegeben habe; sektoral und territorial komme ihr insofern ein nicht zu unterschätzendes Gewicht zu. In der Langzeitperspektive dagegen seien die Säkularisierungstendenzen jedoch von ungleich größerer Wirkmächtigkeit gewesen [109: „Konfessionalisierung“ oder „Säkularisierung“, 468, 476 f.]. Für den Rechtshistoriker D. Willoweit können das christliche Selbstverständnis und die enge Verzahnung von Religionsausübung und weltlicher Herrschaft „nicht über eine zugleich latent wachsende Säkularisierung des Herrschaftsdenkens“ hinwegtäuschen: „Erst die unlösbare Verbindung der beiden an sich konträren Prinzipien, Staatskonfession und Staatsräson, hat dem Obrigkeitsstaat in der zweiten Hälfte des 16. Jahrhunderts sein unverwechselbares Gesicht und seine spezifische Stärke gegeben“ [149: Verfassungsgeschichte, 139]. Auch A. Schindling sieht in der Antithese Säkularisierung versus Konfessionalisierung letztlich ein „Scheinproblem“, denn beide Tendenzen seien „nebeneinander

Verbindung beider Forschungsansätze

wichtig, vielfach verschränkt und einander wechselseitig bedingend" gewesen. Er verweist darüber hinaus mit Nachdruck auf die Grenzen der Konfessionalisierbarkeit und benennt Entwicklungen, die als Ausdruck eines „resistenten Säkularismus vor der modernen Säkularisierung" zu verstehen sind [Konfessionalisierung und Grenzen von Konfessionalisierbarkeit, in: 140, Bd. 7, 9–44, hier 11 f., 41]. Mit ähnlichen Argumenten spricht W. SCHULZE, der das konfessionelle Zeitalter geradezu als Wegbereiter der Säkularisierung sieht, von einem „scheinbare[n] Gegensatz". Denn darin scheine gerade die besondere Bedeutung des 16. Jahrhunderts zu liegen: „Indem es um die Konfession streitet, findet es die Prinzipien nüchterner, säkularer Interessenpolitik" [144: Geschichte, 160].

### *3.2 Kommunalismus versus Territorialismus*

Herrschaft, Landschaft, Staat

Eine lebhafte Debatte um die verfassungs- und ständegeschichtliche Entwicklung Deutschlands vom 15. bis zum frühen 19. Jahrhundert lösten die bereits angesprochenen Forschungen P. BLICKLEs über Herrschaft, Landschaft und die Rolle des „Gemeinen Mannes" in Oberdeutschland aus. Die Ergebnisse seiner Habilitationsschrift von 1973 fasste BLICKLE in der Gleichung zusammen: „Herrschaft + Landschaft = Staat. Herrschaft ist der Landesherr mit den von ihm abhängigen Organen; Landschaft ist die Untertanenkorporation auf territorialer Ebene. Herrschaft + Landschaft = Staat ist gleichsam die Synthese der sich antithetisch gegenüberstehenden Prinzipien Herrschaft – Genossenschaft (hier: Landschaft), die sich in reinster Form hier in der schweizerischen Demokratie, dort in der absoluten Monarchie ausgeprägt haben. Zwischen diesen Typen sind die Grenzen und Übergänge fließend" [329: Landschaften im Alten Reich, 565].

Kommunalismus, Parlamentarismus, Republikanismus

BLICKLE lenkte damit den Blick weg von den ständischen Korporationen und der zentralen Ebene territorialer Herrschaftsverbände hin zu den repräsentationsfähigen Kommunen. Verbunden mit diesem Konzept war die Begründung eines neuen Wissenschafts- und Epochenbegriffs: des „Kommunalismus", der eine gesellschaftliche und politische Organisationsform von Bürgern und Bauern bezeichnet, die mit ihren Institutionen und mit ihren Wertvorstellungen von Frieden, Gemeinnutz und Rechtsgleichheit die Legitimationsmuster des entstehenden Staates der Frühen Neuzeit überlagert habe. „Freilich erträgt der Kommunalismus auch einen herrschaftlichen Überbau in Form der Monarchie oder des Territorialstaats, dem er sich langfristig aber doch unterlegen zeigt, falls es nicht gelingt, gemeindliche Strukturen über die Landschaften und Landstände fest in der Verfassung einzubauen. Das erklärt die unterschiedlich lange, praktisch nicht verallgemeinerbare Lebensdauer des Kommunalismus“ [328: Kommunalismus, Bd. 1, 178]. Gleichzeitig stellte Blickle eine Verknüpfung des von ihm und seinem Schülerkreis breit untersuchten Strukturprinzips vormoderner Herrschaft mit demokratisch-parlamentarischen Traditionen her. „So ist der Parlamentarismus der Komparativ zu Kommunalismus; er ist es insofern, als das kommunale Prinzip mit seinen Organisationsstrukturen und Wertvorstellungen auf Territorialebene abgebildet und damit stabilisiert wird. Der Superlativ zu Kommunalismus freilich heißt Republikanismus“ [Studien zur geschichtlichen Bedeutung des deutschen Bauernstandes, Stuttgart/New York 1989, 203].

Vielfalt kommunaler Strukturen

Das Konzept des Kommunalismus fand bei vielen Historikern Zuspruch und wurde bald auch für andere Regionen überprüft – etwa für den norddeutschen Raum, der eine Fülle genossenschaftlich organisierter Verbände lokaler autonomer wie herrschaftlich beauftragter Selbstverwaltung kennt, und zwar in den Bereichen adeliger und geistlicher Grund- und Gerichtsherrschaft sowie landesherrlicher Schutzherrschaft ebenso wie im Nordseeküstenbereich. Diese Vielfalt kommunaler Strukturen in Schleswig-Holstein, Dänemark und Niedersachsen zeigt besonders eindrücklich der 1988 von U. Lange herausgegebene Sammelband „Landgemeinde und frühmoderner Staat“, dessen leitende Fragestellung sich auf zahlreiche Aspekte erstreckte: „auf die Bereiche, in denen die Gemeinde über ihre Organe tätig wurde (Steuerwesen, Dienste, Gerichtswesen, Kirchenangelegenheiten, Regelung der Feldbestellung, Nutzung des Gemeindelandes, ‚Policey‘), auf die gemeindlichen Organe, auf die Bestellung und Legitimation dieser Organe, auf den Rang der einzelnen Funktionsträger in der sozialen Hierarchie der Gemeinde, darüber hinaus auf den Fragenkomplex der Außenbeziehungen der Gemeinde, z. B. ihrer Verbindungen zu anderen Gemeinden und der Repräsentation der Gemeinde im übergeordneten Kommunalverband oder gegenüber dem Landesherrn“ [354: 8].

Kritik des Forschungskonzeptes

Kritik dagegen fand das Konzept schon früh bei V. Press, der sich bereits 1975 intensiv mit Blickles Werk „Landschaften im Alten Reich“ auseinandergesetzt hat. Seiner Auffassung nach müsse man die Bedeutung der Landschaften, die in der Frühzeit vergleichsweise flüchtige, nur in Krisenzeiten und bei bestimmten Konflikten zusammengetretene Einrichtungen seien, ebenso wie die Rolle der Untertanen auf den Landtagen „stärker relativieren“. Vor allem aber seien die Landschaften, so Press weiter, dem Konkurrenzdruck von Regierung und

Beamtenschaft nicht gewachsen gewesen: „Vom 15. bis zum 18. Jahrhundert ist zugleich ein ständiger Prozeß des Ausbaus staatlicher Organe sichtbar: die Kanzlei wird dauernd vergrößert, der Rat wird ausgebaut und neue Behörden bilden sich. Dahinter steht eine Bürokratisierung des politischen Lebens, aber auch eine sich ständig steigernde Machtentfaltung der Fürsten und Herren, gegen die die Landschaften wegen ihrer beschränkten Möglichkeiten kein Gegengewicht bilden können, auch wenn sie da und dort zu erfolgreicher Opposition gegen den einen oder anderen Aspekt des fürstlichen Absolutismus antraten" [Herrschaft, Landschaft und „Gemeiner Mann" in Oberdeutschland vom 15. bis zum frühen 19. Jahrhundert, in: Zeitschrift für die Geschichte des Oberrheins 123 (1975) 169–214, hier 211, 214].

Seine Kritik hat PRESS später nochmals zugespitzt und um grundsätzliche „Bemerkungen zur Ausbildung des frühmodernen Staates in Mitteleuropa" erweitert. Letztlich sei „der Landesstaat die entscheidende Kraft der Staatswerdung, der Wegbereiter des modernen Staates" gewesen, habe sich der „Territorialismus" durchgesetzt: „Zweifellos wird das idealtypische Bild des alten Landesstaates immer mehr relativiert, aber trotzdem bleibt die säkulare Bedeutung des Territorialisierungsprozesses, der für die Menschen zu einer übermächtigen Wirklichkeit wurde und auch die Bereiche der Gemeinden, also des ‚Kommunalismus', erheblich beschränkte" [Kommunalismus oder Territorialismus?, in: 146, 109–135, hier 119, 122].

Räumliche, sachliche und begriffliche Differenzierungen

Einen Kompromiss gewissermaßen schlug G. OESTREICH in seinem letzten, 1979 erst posthum erschienenen Aufsatz „Zur Vorgeschichte des Parlamentarismus" vor, in dem er eine räumliche Typologie und damit verbunden eine Dreiteilung ständischer Verfassungsmodelle ins Gespräch brachte. Den Begriff „Ständische Verfassung" wollte OESTREICH für Großterritorien mit Reichs- und Generalständen wie Frankreich, England, die Niederlande und zusammengesetzte Staaten wie Preußen und Österreich reserviert wissen; unter dem Begriff „Landständische Verfassung" seien die Territorialstaaten des Heiligen Römischen Reiches mit Landtagen zusammenzufassen; die kleineren, von BLICKLE für sein Konzept des Kommunalismus vorrangig untersuchten Territorien mit ihren starken genossenschaftlichen Strukturen dagegen könnten am ehesten unter der Bezeichnung „Landschaftliche Verfassung" gebündelt werden [130: 253–271]. In M. MITTERAUERS 2003 vorgelegter Interpretation der mittelalterlichen Wurzeln des modernen, liberalen und rechtsstaatlichen Europa stellt der Kommunalismus neben der Agrarrevolution des Frühmittelalters und dem Eucharistiekult des Christentums einen dritten, „besonders bedeutsame[n] und wirkkräftige[n] Faktor des europäischen Sonderwegs“ dar [128: Mittelalterliche Grundlagen, 284–287].

### *3.3 Absolutismus und frühmoderner Staat*

Neubewertung der europäischen Monarchie

Galt die beinahe ganz auf das Heilige Römische Reich konzentrierte Debatte um den Stellenwert von Säkularisierung und Konfessionalisierung für die Entstehung des modernen Staates in der Frühen Neuzeit vorwiegend der Zeit bis zum Dreißigjährigen Krieg, so betrifft eine andere, deutlich breiter geführte Kontroverse die Neubewertung der europäischen Monarchie im 17. und 18. Jahrhundert. Auslöser der jüngsten Absolutismusdebatte war 1992 die schmale Streitschrift „The Myth of Absolutism. Change and Continuity in Early Modern European Monarchy“ des britischen Historikers Nicholas Henshall, der die – freilich seit langem mit Vorbehalten gesehene – Reichweite absolutistischer Herrschaft ein weiteres Mal in Frage stellte, den Einfluss der traditionellen Zwischengewalten aufwertete und überdies für eine Abschaffung des Absolutismus als eines umfassenden Epochenbegriffs plädierte [zusammenfassend 91: D. Freist, Absolutismus, 29–33].

Absolutismusforschung nach 1945

In Deutschland hatte E. Hinrichs erst 1986 in einem von ihm veröffentlichten Sammelband mit zentralen Texten zur Deutung des Absolutismus als Ergebnis der Nachkriegsforschung festgehalten, dass diese Herrschaftspraxis in zahlreichen Monarchien des Kontinents „nicht annähernd jenes Maß an Rationalität der politischen Organisation, an Integration und Vereinheitlichung des Untertanenverbandes“ erreicht habe, das seiner Theorie tendenziell innewohne, und dass auch die „personelle[n] und materielle[n] Ressourcen“, die es für die Kontrolle und Verwaltung der Staaten im Innern sowie deren Machtsicherung oder Machterweiterung nach außen bedurft hätte, in den meisten Fällen schlicht nicht vorhanden waren [Zum Stand und zu den Aufgaben gegenwärtiger Absolutismusforschung, in: 92, 7–32, hier 11, 13]. Die neuerliche Absolutismusdebatte, bei der Fragen zur vergleichenden Geschichte Europas, übergreifende Entwicklungslinien und die Gegenüberstellung von Mustern – herkömmlich die Herausbildung der absoluten Monarchie in Frankreich – und Sonderwegen im Vordergrund standen [81: R. G. Asch/H. Duchhardt (Hrsg.), Absolutismus; 122: P. Hersche, Muße und Verschwendung], erwies sich gleichwohl für die Diskussion territorialer Staatlichkeit im frühneuzeitlichen Deutschland als anregend. Denn der Blick auf die einzelnen Reichsstände mit ihren jeweils spezifischen politischen Machtmitteln, finanziellen Ressourcen und sozialen Gegebenheiten erlaubt es, der Grundfrage nach Herr-

Regionale Vergleichsstudien

schaftsanspruch und gesellschaftlicher Wirklichkeit genauer nachzugehen [141: G. VOGLER, Reich und Territorien].

Zustimmung, Skepsis und Ablehnung

Für P. BAUMGART gibt es ausreichende Belege dafür, „den Verstaatlichungsprozeß, den die Fürsten des 17. und 18. Jahrhunderts als Selbstherrscher mit dem Instrumentarium der ‚Bürokratie' und des stehendes Heeres mindestens partiell durchgesetzt haben, als einen großen Umformungs- und Disziplinierungsvorgang von Staat, Gesellschaft und Individuum mit sehr weitreichenden Folgen zu begreifen" [83: Reflexionen, 585]. Merklich skeptischer äußert sich J. ARNDT, und dies selbst über die Situation in einem Territorium wie Brandenburg-Preußen, das in der deutschen geschichtswissenschaftlichen Perspektive des 19. Jahrhunderts stets als Paradebeispiel für eine absolutistische Einherrschaft herangezogen worden ist: Zwar habe Kurfürst Friedrich Wilhelm seine Befugnisse erheblich ausweiten, die politischen Mitwirkungsmöglichkeiten der Stände zurückdrängen und auch im Bereich von Außen- und Militärpolitik an Terrain gewonnen; *princeps legibus solutus*, ein von den Gesetzen entbundener Herrscher, sei der Große Kurfürst jedoch zu keinem Zeitpunkt gewesen [Der Große Kurfürst, ein Herrscher des Absolutismus? Über die Möglichkeiten und Grenzen monokratischer Herrschaft im 17. Jahrhundert, in: 81, 249–273]. W. NEUGEBAUER, der sich bereits 1985 in einer Monographie mit der Absolutismusforschung – und hier konkret mit dem preußischen Landschulwesen als einer der „Berührungslinien von ‚Staat' und Untertan im Zeitalter der absolutistischen Regierungsformen" [287: Schulwirklichkeit, 3] – auseinandergesetzt hat, betont ebenfalls, dass die „Bedeutung des ständisch-staatlichen Konsenses" für den preußischen Fall in der Vergangenheit chronisch unterschätzt worden sei: „Das Nichtabsolutistische des preußischen Absolutismus war für die Zeitgenossen des 18. Jahrhunderts in Preußen allgegenwärtig [...]. In Preußen war Staatsbildung funktional-selektiv, bezogen auf bestimmte machtrelevante Bereiche. ‚Verdichtung' blieb insofern sektoral, sie war noch lange nicht allumfassend wie sehr bald nach Stein-Hardenberg. Noch blieb Raum für Traditionen und Landessolidaritäten – neben der Staatsidentität. Als partiell-sektorale Staatsbildung verweisen Strukturen und Verläufe des preußischen Typs auf die lange Dauer der frühen Neuzeit" [214: Staatsbildung, 188, 193 f.; mit weiteren Argumenten 431: Politische Strukturen]. Ähnlich zurückhaltend äußert sich F. GÖSE, der die Situation in Kursachsen näher untersucht hat [342: Kursächsischer Adel, 160].

Partiell-sektorale Staatsbildung

Methodische, theoretische und begriffliche Neuansätze

Als fruchtbar erwies sich die Absolutismusdebatte auch in methodischer, theoretischer und begrifflicher Hinsicht. Exemplarisch zu nennen ist hier ein Beitrag von R. BLÄNKNER, der in einem weiten historiographiekritischen Rückblick auf die Anfänge des „in Deutschland von [Georg Wilhelm Friedrich] Hegel bis [Otto] Hintze vorherrschenden Paradigma der ‚Staatsbildung'" nach Gründen fragt, die im 19. und 20. Jahrhundert – und dafür sei die Absolutismusforschung ein treffendes Beispiel – einer Verzerrung frühneuzeitlicher Macht- und Herrschaftsverhältnisse Vorschub geleistet hätten [86: Probleme und Perspektiven, 59]. So habe Bodin, der noch immer als maßgeblicher Vordenker des Absolutismus gelte, in seiner Souveränitätslehre beispielsweise keineswegs eine prinzipielle Auflösung der intermediären Gewalten vorgesehen. Mit der „Rückprojektion des souveränen einheitlichen Staatsverbandes und des staatlichen Gewaltmonopols in die Frühe Neuzeit" sei schließlich auch die moderne Vorstellung von öffentlichem Recht, Staatsfinanzierung und Bürokratie verbunden. Selbst jüngere Forschungsansätze kämen in einem letztlich noch immer stark etatistischen Zugriff „über ältere Deutungsmuster des ‚staatsbildenden' Absolutismus" kaum hinaus. BLÄNKNER regt daher an, die „Besonderheit dieses institutionellen Gefüges und seiner spezifischen Integrationsmechanismen als ‚Staat des Ancien Régime' hervorzuheben" und auf diese Weise einen eigenständigen historischen Typus zu kreieren, der unterschiedliche Ausprägungen frühneuzeitlicher Staatlichkeit integrieren könne. Auch mit Blick auf die gesamteuropäische Diskussion des Absolutismus sei eine solche Typologie von Nutzen: „Indem der Begriff ‚Staat' von seiner in der Frühneuzeit-Forschung verbreiteten monarchischen Verengung befreit wird und wieder jenen weiten Sinn als ‚Regierung' erhält, den er in der zeitgenössischen Literatur des 16. und 17. Jahrhunderts besaß, eröffnet er zugleich neue Möglichkeiten für den historischen Vergleich" [Ebd., 65–68].

Staat des Ancien Régime

Fruchtbarkeit der Debatte

Wichtige Impulse und Anregungen erbrachte die Debatte darüber hinaus für einzelne Territorien und Herrschaftsbildungen. Dies gilt vor allem für das Länderkonglomerat der deutschen (österreichischen) Habsburger, dessen innere Entwicklung im 17. und 18. Jahrhundert zwar in den letzten Jahrzehnten Gegenstand wichtiger Einzelabhandlungen war [238: J. BÉRENGER, Finances et absolutisme autrichien], das im Vergleich zu anderen Gebieten jedoch nach Auffassung von P. MAŤA und TH. WINKELBAUER bisher „ein Stiefkind der Absolutismusdebatte" gewesen sei [Das Absolutismuskonzept, die Neubewertung der frühneuzeitlichen Monarchie und der zusammengesetzte Staat der österreichischen Habsburger im 17. und frühen 18. Jahrhundert, in: 209, 7–42, hier 17]. Entsprechend kommt dem von ihnen 2006 vorgelegten Sammelband, der in 15 Beiträgen nach Leistungen und Grenzen des Abso-

Schwerpunktthema Habsburgermonarchie

lutismusparadigmas fragt, hohe Bedeutung zu. Dies gilt umso mehr, als die Entwicklung der Habsburgermonarchie in der Vergangenheit von der (bundes-)deutschen reichs- und landesgeschichtlichen Forschung nur allzu oft ausgeblendet worden ist. Dass es – unabhängig von diesem Befund – keine anderen Territorien vergleichbare Gesamtinterpretation dieses zusammengesetzten Staates für die hier interessierende Zeitspanne gibt, führen die Herausgeber darauf zurück, dass die einzelnen Nationalhistoriographien bis 1918 ihre genuine Aufgabe „gerade in der geschichtlichen Aufwertung der Gegenkräfte der monarchischen Zentralisierung" gesehen und nach dem Zerfall der Doppelmonarchie im Ersten Weltkrieg dann die äußeren Rahmenbedingungen für eine „gesamtstaatlich orientierte Geschichtsschreibung" gefehlt hätten [Ebd., 22 f.; diese Beobachtung macht nicht zuletzt das außerordentliche Gewicht verständlich, das der Darstellung von 185: R. J. W. Evans, Habsburg Monarchy, zukommt]. Mit Blick auf das Heilige Römische Reich sind inhaltlich besonders hervorzuheben die quellennahen, auch in ihrer theoretischen Reflexion überzeugenden Beiträge von K. J. Mac Hardy [Staatsbildung in den habsburgischen Ländern in der Frühen Neuzeit. Konzepte zur Überwindung des Absolutismusparadigmas, in: 209, 73–98], M. Hengerer [Die Hofbewilligungen der niederösterreichischen Stände im zweiten Drittel des 17. Jahrhunderts. Zur Frage der Leistungsfähigkeit des Absolutismusbegriffs aus der Perspektive der Hofforschung zur Habsburgermonarchie, ebd., 159–177], Th. Winkelbauer [Nervus rerum Austriacarum. Zur Finanzgeschichte der Habsburgermonarchie um 1700, ebd., 179–215] und M. Hochedlinger [Der gewaffnete Doppeladler. Ständische Landesdefension, Stehendes Heer und „Staatsverdichtung" in der frühneuzeitlichen Habsburgermonarchie, ebd., 217–250].

### 3.4 *Hochstiftische Herrschaftsformen*

Innovatives Forschungsfeld

Inhaltlich ist vor allem ein innovatives Forschungsfeld zu benennen, das im Gegensatz zu den zuvor genannten methodisch-konzeptionellen Debatten deutlich weniger kontroversen Charakter trägt. In einer Grundannahme ist vielmehr weitgehende Einigkeit festzustellen: in der Überzeugung, dass den vielfach ganz ausgeblendeten oder für die Ausbildung territorialer Staatlichkeit als unerheblich erachteten (katholischen) geistlichen Staaten im Heiligen Römischen Reich ein ungleich größeres Gewicht beizumessen sei als dies die ältere, namentlich die protestantisch geprägte Forschung von Leopold von Ranke (1795–1886) über Ludwig Häusser (1818–1867) bis hin zu Hans-Ulrich Wehler, in der Vergangenheit getan habe [S. Holtz, Die geistlichen Staaten im Spiegel der Historiographie. Kontinuität und Wandel in ihrer Beurteilung, in: 177, 31–53].

Wahrnehmung und Beurteilung geistlicher Staaten

Zu einseitig abwertenden, auf politische Machtlosigkeit, mangelhafte Justiz, fehlende Wirtschaftskraft und schlechte Infrastruktur verweisenden Beurteilungen der in einer solchen Lesart reformunfähigen, besonders in der Spätphase des Reiches antiquiert anmutenden geistlichen Territorien zu kommen, lag freilich nicht zuletzt deshalb nahe, weil zahlreiche Quellen und Darstellungen des 18. Jahrhunderts genau diese Befunde zu bestätigen schienen. Bereits lange vor der Säkularisation von 1802/03, mit der nahezu alle reichsunmittelbaren Staaten der geistlichen Reichsstände von der politischen Landkarte des Alten Reiches verschwanden, wurden die Legitimität dieser Territorien sowie die aus dem Mittelalter überkommene Verknüpfung von geistlichem Amt und weltlicher Herrschaft im öffentlich-rechtlichen und politiktheoretischen Schrifttum ausgesprochen kritisch reflektiert [W. E. J. Weber, „Aus altem orientalischen Schnitt und modernen Stoff zusammengesetzt". Zur Wahrnehmung und Einschätzung der geistlichen Staaten in der politiktheoretisch-reichspublizistischen Debatte des 17. und 18. Jahrhunderts, in: 233, 67–83]. Speziell die aufgeklärt-bürgerliche Kritik um 1800, die den geistlichen Staaten eine uneingeschränkte Rückständigkeit attestierte, sollte die spätere Geschichtsschreibung nachhaltig prägen [229: P. Wende, Geistliche Staaten; 191: P. Hersche, Intendierte Rückständigkeit]. Eine auf den ersten Blick überraschende Aussage aus dem Jahr 2003 – „Der Historiker muß erstaunt feststellen, daß sich solche alten Kontroversen noch in der jüngeren Forschung spiegeln" [180: B. Braun/F. Göttmann/M. Ströhmer (Hrsg.), Geistliche Staaten, 7] – hat durchaus ihre Berechtigung.

Aufgeklärt-bürgerliche Kritik um 1800

Weltliche Territorien als Modell

Eine Marginalisierung der das Napoleonische Zeitalter nicht überlebenden geistlichen gegenüber den modifiziert fortbestehenden weltlichen Territorien, die im Allgemeinen als Modell für die Analyse und Bewertung frühmoderner Staatlichkeit dienen, ist unübersehbar. Deutlich wird dies etwa an der Schwerpunktsetzung der groß angelegten, in ihrer Materialfülle unzweifelhaft verdienstvollen „Deutschen Verwaltungsgeschichte", in deren erstem, 1983 vorgelegten Band über die Entwicklung vom Spätmittelalter bis zum Ende des Alten Reiches die hochstiftischen Herrschaftsformen nahezu vollständig übergangen wurden [124: K. G. A. Jeserich/H. Pohl/G.-Chr. von Unruh (Hrsg.), Deutsche Verwaltungsgeschichte].

Forschungsschwerpunkte nach 1945

Das traditionell eher verhaltene Interesse der deutschen Forschung führte nur langsam zu einer Neubewertung der von einem Souverän geistlichen Standes (Bischof, Abt, Äbtissin, Hochmeister) regierten Territorien im Heiligen Römischen Reich. Wertvolle Impulse hierzu gingen zunächst von kirchenhistorischen Untersuchungen zur *Germania Sacra* aus, die in der 1956 begründeten, bis heute fortgeführten Schriftenreihe „Beiträge zur Geschichte der Reichskirche in der Neuzeit" zusammengeführt werden. Die Erträge dieser eng mit den Namen von Heribert Raab, Rudolf Reinhardt, Günter Christ und Hubert Wolf verbundenen Studien hat A. A. STRNAD 1999 in einem umfassenden Literaturbericht vorgestellt, der auch das ältere Schrifttum zu den Hochstiften und den Territorien der Reichsprälatenklöster dokumentiert [Auf den Spuren der Germania Sacra, in: Innsbrucker Historische Studien 20/21 (1999) 323–398]. Schon der einleitende Hinweis auf die „in großer Formenvielfalt auftretenden geistlichen Fürstentümer" [Ebd., 323] und die Anlage des Literaturberichts lassen freilich erkennen, dass der weitaus größere Teil der erwähnten Publikationen jeweils einzelnen Bistümern, Klöstern und kirchlichen Persönlichkeiten, weniger vergleichenden Aspekten und systematischen Fragestellungen gilt. Unter den Reichs- und Landeshistorikern sind A. SCHINDLING [140: Territorien] und P. BLICKLE [179: Fürststift Kempten] zu nennen, die sich wiederholt den geistlichen Territorialstaaten zwischen Reformation und Aufklärung zuwandten. Die Forschungsansätze von Allgemeinhistorikern, die in der zweiten Hälfte des 20. Jahrhunderts Fragen von Landesherrschaft und Staatlichkeit geistlicher Fürstentümer erörterten, blieben allerdings konzeptionell wenig verbunden und überdies wissenschaftsorganisatorisch kaum vernetzt. Territorienübergreifende Zugriffe stellten zudem eine Ausnahme dar.

Formenvielfalt geistlicher Territorien

Eine relativ geschlossene Landschaft geistlicher Territorien bildeten die Bistümer im Nordwesten des Alten Reiches. Diese zeichneten sich durch markante ständestaatliche Strukturen aus, so dass hier besonders das staatsbildende Potential von Stiftsständen [221: K. H. SCHLEIF, Erzstift Bremen], Formen landständischer Partizipation [363: R. RENGER, Hochstift Osnabrück; R. VON OER, Landständische Verfassungen in den geistlichen Fürstentümern Nordwestdeutschlands, in: 341, 94–119] und Funktionen bischöflicher Wahlkapitulationen [386: M. KIẞENER, Ständemacht und Kirchenreform] untersucht wurden. Am Beispiel der Entwicklung des Hochstifts Osnabrück, einem mit einer Gesamtfläche von 36 Quadratmeilen und einer Bevölkerung von rund 120000 Einwohnern zu den mittleren geistlichen Fürstentümern des Heiligen Römischen Reiches zählenden Territorium, ging CHR. VAN DEN HEUVEL der Kohärenz von Beamtenschaft und Territorialstaat nach und zeigte auf, dass das Hochstift „durchaus als repräsentatives Beispiel in

Regionale Fallstudien zum Nordwesten des Reiches

der Reihe deutscher Klein- und Mittelstaaten" stehe, „deren Weg zur staatlichen Modernisierung zwar nicht gradlinig" verlaufen sei, nicht weniger umfassend jedoch sämtliche Lebensbereiche berührt habe [271: Hochstift Osnabrück, 266]. Eine als „Beitrag zur Verfassungs- und Verwaltungsgeschichte kleiner Territorien des Alten Reiches" verstandene Abhandlung verfasste B. Jäger über das Stift Fulda, in der er die Landesherrschaft des Abtes, das Mitwirken der Landstände (Stiftskapitel, Ritterschaft, Städte, zeitweilig Kanonikerstifte) an der Herrschaftsausübung sowie den Auf- und Ausbau der Regierungs- und Verwaltungsinstrumente detailliert untersuchte [196: Geistliches Fürstentum Fulda].

Untersuchungen zu Süddeutschland

Eine ungleich größere Zahl von Einzelforschungen, von deren thematischer Vielfalt eine 2002 erstellte Quellen- und Literaturzusammenstellung einen Eindruck vermittelt [A. O. Weber, Gesamtbibliographie, in: 233, 397–452], liegt jedoch insgesamt zu den bedeutenderen Erz- und Hochstiften sowie Prälatenherrschaften im Süden des Reiches vor. Während H. Caspary beispielsweise Finanzen, Wirtschaft und Heerwesen im Hochstift Bamberg in der zweiten Hälfte des 17. Jahrhunderts beleuchtete [182: Hochstift Bamberg], widmeten sich H. N. Reuschling [220: Hochstift Würzburg] und B. Sicken [439: Streitkräfte] den zentralen Regierungsbehörden und Beamten des Hochstifts Würzburg im 16. Jahrhundert sowie dessen bewaffneter Macht, besonders der Organisation und Sozialstruktur der Streitkräfte, am Ende des Ancien Régime. Ebenfalls zu Würzburg legte H. Schott eine aufschlussreiche Fallstudie zum – im Ergebnis erstaunlich konfliktfreien – Verhältnis geistlicher Fürsten und ihrer Residenzstädte im 18. Jahrhundert vor, deren reiche Teilergebnisse er abschließend mit den Worten resümierte: „Das Kurfürstentum Bayern übernahm 1802/03 nicht eine von der geistlichen Landesherrschaft zugrunde gerichtete Stadt Würzburg, denn unter dem Krummstab ließ es sich gut leben – auch für einen nicht am Wohl der Stadt orientierten Stadtrat" [223: Stadt Würzburg, 657].

Neue Impulse nach Säkularisationsjubiläum

Als in den Jahren 2002 und 2003 in Deutschland mit zahlreichen Veranstaltungen an die Säkularisation von 1802/03 erinnert wurde, diskutierte man auch verschiedene Aspekte geistlicher Staatlichkeit. Verstand sich der von K. Andermann vorgelegte, räumlich auf den süddeutschen Bereich und zeitlich auf die Zeit um 1800 beschränkte Sammelband [177: Geistliche Staaten] noch eher als Zwischenbilanz denn als Resultat neuer Forschungsbemühungen, so vermittelt die von B. Braun, F. Göttmann und M. Ströhmer herausgegebene, die „Krummstabländer" vornehmlich im nordwestdeutschen Raum während des 17.

und 18. Jahrhunderts betrachtende Aufsatzsammlung völlig neue Einblicke [180: Geistliche Staaten]. Die hier versammelten Studien verstehen sich dezidiert, so der Untertitel, als „Forschungen zum Problem frühneuzeitlicher Staatlichkeit". Der Beitrag von B. BRAUN und F. GÖTTMANN [Der geistliche Staat der Frühen Neuzeit. Einblicke in Stand und Tendenzen der Forschung, ebd., 59–86] fasst bisherige Ansätze und Ergebnisse zuverlässig zusammen. Nimmt man zwei weitere Sammelbände hinzu – einen von W. WÜST publizierten, der sich der Stellung der oberdeutschen, als „regionale Basis für den Überbau des Alten Reiches im deutschen Südwesten" [233: Geistliche Staaten, 18] interpretierten Wahlstaaten im Rahmen der Reichsverfassung zuwendet, sowie den von B. BRAUN, M. MENNE und M. STRÖHMER vorgelegten, stärker kultur- und kunsthistorisch ausgerichteten über die geistlichen Reichsfürsten im 17. und 18. Jahrhundert [181: Geistliche Fürsten] –, so bieten diese Studien eine informative Bestandsaufnahme der aktuellen Forschung auf diesem Gebiet.

Übergreifende und vergleichende Studien

Von der Intensität dieser Forschungsanstrengungen im vergangenen Jahrzehnt zeugen auch mehrere monographische Arbeiten, unter denen der beinahe tausend Seiten umfassenden Habilitationsschrift von W. WÜST über das Hochstift Augsburg, die nicht nur eine *histoire totale* dieses Reichsterritoriums liefert, sondern auch wertvolle Anregungen für eine Typologie der geistlichen Staaten im frühneuzeitlichen Heiligen Römischen Reich insgesamt gibt, besondere Bedeutung zukommt [231: Augsburger Fürstbistum; eine ‚Kurzfassung' von noch immer gut 400 Seiten ist bereits 1997 unter dem Titel „Das Fürstbistum Augsburg. Ein geistlicher Staat im Heiligen Römischen Reich deutscher Nation" erschienen]. WÜSTS Einschätzung nach agierten und funktionierten die geistlichen Reichsterritorien kaum anders als die weltlichen. Zu nennen sind ferner Darstellungen über die Sicherung der Landeshoheit zwischen dem Hochstift Bamberg und dem Zisterzienserkloster Langheim im 18. Jahrhundert [201: W. KELLER, Landeshoheit], zum Bischofswechsel in dem seit 1648 abwechselnd von katholischen und evangelischen Bischöfen regierten Hochstift Osnabrück [226: M. A. STEINERT, Alternative Sukzession], zur territorialstaatlichen Entwicklung des Hochstifts Paderborn in den Jahrzehnten um 1600 [206: J. LOTTERER, Gegenreformation] sowie zu den herrschaftlichen Funktionsträgern im Erzstift Mainz von 1514 bis 1647 [276: A. JENDORFF, Verwandte]. Durchaus ergiebig für systematische Fragestellungen sind überdies biographische Studien, wie sie zuletzt etwa Jörg Ernesti über den Fürstbischof von Paderborn und Münster Ferdinand von Fürstenberg (1626–1683), Walter Ansbacher über den Augsburger Fürstbischof Johann

Christoph von Freyberg (1616–1690) oder Friedegund Freitag über den Fürstbischof von Regensburg und Freising Max Prokop von Törring-Jettenbach (1739–1789) vorlegten.

Vergleich geistlicher und weltlicher Territorien

Eine zusammenfassende, nicht nur auf das 18. Jahrhundert fokussierte monographische Würdigung der geistlichen Staaten steht unverändert aus, und auch Überlegungen zu einem Vergleich weltlicher und geistlicher Reichsterritorien sind über erste Vorarbeiten – zu nennen ist hier vor allem die fundierte, Maßstäbe setzende Fallstudie von TH. KLINGEBIEL, der die lokale Amtsträgerschaft im Hochstift Hildesheim und im benachbarten Fürstentum Wolfenbüttel analysiert hat [279: Staatsbildung und Gesellschaftsentwicklung] – bisher nicht hinausgekommen. Die Tendenz einzelner Studien, das Paradigma vermeintlicher Rückständigkeit lediglich durch ein entgegengesetztes Konzept angeblicher Fortschrittlichkeit zu ersetzen, ist unverkennbar. Weitere, neues Quellenmaterial erschließende und zu differenzierten Einsichten gelangende Untersuchungen zu den hochstiftischen Herrschaftsformen im Alten Reich werden dies zu berücksichtigen haben.

# III. Quellen und Literatur

Die regionalgeschichtliche Forschungsliteratur ist unübersehbar. Sie kann in der folgenden Auswahlbibliographie ebenso wenig erschöpfend dokumentiert werden wie die für das vorliegende Buch nicht minder wichtige Literatur zur allgemeinen Entwicklung des Heiligen Römischen Reiches in Spätmittelalter und Früher Neuzeit. Zu beiden Forschungsfeldern liegen überdies mehrere EdG-Bände vor, die ergänzend heranzuziehen sind [E. Schubert, Fürstliche Herrschaft und Territorium im späten Mittelalter, München ²2006; K. Krüger, Die Landständische Verfassung, München 2003; R. Endres, Adel in der Frühen Neuzeit, München 1993; H. Neuhaus, Das Reich in der Frühen Neuzeit, München ²2003]. Von den zeitgenössischen Ausgaben (bis 1806) werden vor allem diejenigen Werke genannt, die bereits im einleitenden Überblicksteil vorgestellt wurden.

## 1. Gedruckte Quellen

### *1.1 Allgemeine Sammlungen und Quellenkunden*


1. W. Baumgart, Bücherverzeichnis zur deutschen Geschichte. Hilfsmittel, Handbücher, Quellen, München $^{17}$2010 [Bonn $^{1}$1969].
2. W. Becker (Bearb.), Quellenkunde zur deutschen Geschichte der Neuzeit von 1500 bis zur Gegenwart. Bd. 2: Dreißigjähriger Krieg und Zeitalter Ludwigs XIV. (1618–1715), Darmstadt $^{2}$2005 [$^{1}$1995].
3. A. Buschmann (Hrsg.), Kaiser und Reich. Verfassungsgeschichte des Heiligen Römischen Reiches Deutscher Nation vom Beginn des 12. Jahrhunderts bis zum Jahre 1806 in Dokumenten. Bd. 1–2, Baden-Baden $^{2}$1994 [München $^{1}$1984].
4. F. Dickmann (Bearb.), Geschichte in Quellen. Bd. 3: Renaissance, Glaubenskämpfe, Absolutismus, München $^{3}$1982 [$^{1}$1966].

5. W. DOTZAUER (Bearb.), Quellenkunde zur deutschen Geschichte der Neuzeit von 1500 bis zur Gegenwart. Bd. 1: Das Zeitalter der Glaubensspaltung (1500–1618), Darmstadt [2]2005 [[1]1987].
6. H. H. HOFMANN (Hrsg.), Quellen zum Verfassungsorganismus des Heiligen Römischen Reiches deutscher Nation 1495–1815, Darmstadt 1976.
7. E. R. HUBER (Hrsg.), Dokumente zur deutschen Verfassungsgeschichte. Bd. 1: Deutsche Verfassungsdokumente 1803–1850, Stuttgart u. a. [3]1978 [[1]1961].
8. U. KÖPF (Hrsg.), Deutsche Geschichte in Quellen und Darstellung. Bd. 3: Reformationszeit 1495–1555, Stuttgart 2001 [ND 2002].
9. K. KROESCHELL, Deutsche Rechtsgeschichte. Bd. 2: 1250–1650, Göttingen [9]2008 [Opladen [1]1973], Bd. 3: Seit 1650, Göttingen [5]2008 [[1]1989].
10. K. MÜLLER (Bearb.), Quellenkunde zur deutschen Geschichte der Neuzeit von 1500 bis zur Gegenwart. Bd. 3: Absolutismus und Zeitalter der Französischen Revolution (1715–1815), Darmstadt [2]2005 [[1]1982].
11. H. NEUHAUS (Hrsg.), Deutsche Geschichte in Quellen und Darstellung. Bd. 5: Zeitalter des Absolutismus 1648–1789, Stuttgart 1997.
12. J. PAUSER/M. SCHEUTZ/TH. WINKELBAUER (Hrsg.), Quellenkunde der Habsburgermonarchie (16.–18. Jahrhundert). Ein exemplarisches Handbuch, Wien/München 2004.
13. B. ROECK (Hrsg.), Deutsche Geschichte in Quellen und Darstellung. Bd. 4: Gegenreformation und Dreißigjähriger Krieg 1555–1648, Stuttgart 1996 [ND 2006].

### *1.2 Zeitgenössische Ausgaben (bis 1806)*

14. J. BODIN, Les Six Livres de la République, Paris 1576.
15. A. F. BÜSCHING, Neue Erdbeschreibung [...]. Bd. 1–11, Hamburg 1754–1792.
16. J. ST. BURGERMEISTER, Thesaurus iuris equestris publici et privati [...]. Bd. 1–2, Ulm 1718.
17. [G. A. CAROC], Begründete Deduction Von Land-Ständen/ Derselben Befugnissen/ Pflichten und Nutzen/ absonderlich in denen Landen/ des Reichs Teutscher Nation [...], o. O. 1718.
18. J. COCHLAEUS, Brevis Germanie Descriptio (1512). Hrsg. v. K. LANGOSCH, Darmstadt 2010.

19. H. Conring, Opera. Bd. 1–7. Hrsg. v. J. W. Goebel, Brunsvigae 1730 [ND Aalen 1970–1973].
20. J. von Eggers, Neues Kriegs- Ingenieur- Artillerie- See- und Ritter-Lexicon [...]. Bd. 1–2, Dresden/Leipzig 1757.
21. T. H. Gadebusch, Schwedischpommersche Staatskunde. Bd. 1–2, Greifswald 1786–1788.
22. N. Th. Gönner, Teutsches Staatsrecht, Landshut 1804 [ND Goldbach 2002].
23. C. F. Häberlin, Handbuch des Teutschen Staatsrechts [...]. Bd. 1–3, Berlin 1794–1797.
24. [Ph. W. von Hörnigk], Oesterreich Uber alles wann es nur will. Das ist: wohlmeinender Fürschlag Wie mittelst einer wolbestellten Lands-Oeconomie, die Kayserl. Erbland in kurzem über alle andere Staat von Europa zu erheben/ und mehr als einiger derselben/ von denen andern Independent zu machen, o. O. 1684 [ND Wien 1964, 1983, Düsseldorf 1997].
25. Chr. G. Jargow, Einleitung zu der Lehre von den Regalien, Oder Majestätischen Rechten eines Regenten, und sonderlich der Chur- und Fürsten des Heil. Römischen Reichs [...], Rostock/Leipzig 1726.
26. D. H. Kemmerich, Introductio ad jus publicum Imperii Romano-Germanici [...], Wittebergae 1721.
27. A. Knichen, De sublimi et Regio territorii iure synoptica Tractatio; In qua Principum Germaniae regalia territorio subnixa, vulgo *Landes Obrigkeit* indigitata [...], Francofurti 1600.
28. [F. Chr. Laukhard], Schilderung der jetzigen Reichsarmee, nach ihrer wahren Gestalt. Nebst Winken über Deutschlands künftiges Schicksal, Kölln 1796.
29. G. W. Leibniz, Entwurff gewisser Staats-Tafeln [1680], in: Ders., Sämtliche Schriften und Briefe. Bd. IV/3, Berlin 1986, 340–349.
30. J. Chr. Lünig (Hrsg.), Das Teutsche Reichs-Archiv [...]. Bd. 1–24, Leipzig 1710–1722.
31. F. C. von Moser, Ueber die Regierung der geistlichen Staaten in Deutschland, Frankfurt/Leipzig 1787.
32. J. J. Moser, Teutsches Staats-Recht. Bd. 1–50, Reg.-Bd. 1, Erg.-Bd. 1–2, Nürnberg u. a. 1737–1754 [ND Osnabrück 1968].
33. J. J. Moser, Neues Teutsches Staatsrecht. Bd. 1–20 [jeder Bd. mit anderem Haupttitel], Reg.-Bd. 1, Erg.-Bd. 1–3, Franckfurt u. a. 1766–1782 [ND Osnabrück 1967–1968].
34. N. Myler ab Ehrenbach, Hyparchologia, seu de officialibus, magistratibus et administris [...], Stutgardiae 1678.

35. Chr. O. Mylius, Corpus Constitutionum Marchicarum, Oder Königl.-Preußis. und Churfürstl. Brandenburgische in der Chur- und Marck Brandenburg, auch incorporirten Landen publicirte und ergangene Ordnungen, Edicta, Mandata, Rescripta [...]. Bd. 1–6 sowie 4 Kont. und 3 Suppl., Berlin/Halle 1737–1755 [ND Dillenburg 1998].
36. J. St. Pütter, Beyträge zum Teutschen Staats- und Fürsten-Rechte. Bd. 1–2, Göttingen 1777–1779 [ND Hildesheim/Zürich/New York 2001–2002].
37. S. Pufendorf, De Statu Imperii Germanici, Genevae 1667.
38. D. Reinkingk, Biblische Policey [...], Franckfurt am Mayn 1653.
39. J. K. Riesbeck, Briefe eines reisenden Franzosen über Deutschland an seinen Bruder zu Paris [Zürich 1783]. Hrsg. v. W. Gerlach, Stuttgart 1967.
40. J. von Sartori, Geistliches und Weltliches Staatsrecht der Deutschen, Catholischgeistlichen Erz- Hoch- und Ritterstifter. Bd. 1–2, Nürnberg 1788–1791.
41. Chr. Th. Scheurl/H. Hildebrand, De territorio clauso et non clauso sive mixto [...], Altdorfii 1718.
42. W. Schröter/S. Chr. Olpius, Dissertatio academica, Cuius prima pars De Ratione Status, altera De Nobilitate, tertia De Ministrissimo, Jenae 1663.
43. V. L. von Seckendorff, Teutscher Fürsten-Stat, Franckfurth am Mayn 1656.
44. V. L. von Seckendorff, Christen-Stat, Leipzig 1685.
45. S. Strykius, Specimen usus moderni Pandectarum. Bd. 1–5, Halae Magdeburgicae 1690–1712.
46. J. J. von Wallhausen, Defensio Patriae Oder Landtrettung [...], Franckfurt am Main 1621.

### *1.3 Quellensammlungen und Editionen seit Beginn des 19. Jahrhunderts*

47. Acta Borussica. Denkmäler der Preußischen Staatsverwaltung im 18. Jahrhundert. Bd. 1–38, Berlin u. a. 1892–1936 [ND Frankfurt am Main 1987–1988].
48. W. Buchholz (Hrsg.), Pommersche Landtagsakten. Bd. 1: Von den Anfängen bis zum Erbteilungsvertrag 1541, Teilbd. 1: 1521–1535, Köln/Weimar/Wien 2000.
49. R. Dietrich (Bearb.), Die politischen Testamente der Hohenzollern, Köln/Wien 1986.

50. U. EISENHARDT (Hrsg.), Die kaiserlichen privilegia de non appellando, Köln/Wien 1980.

51. TH. FELLNER/H. KRETSCHMAYR, Die österreichische Zentralverwaltung, Abt. I: Von Maximilian I. bis zur Vereinigung der Österreichischen und Böhmischen Hofkanzlei (1749). Bd. 1–3, Wien 1907.

52. H. GÜNTER (Hrsg.), Das Bayerische Landrecht von 1616. Halbbd. 1: Text, München 1969.

53. K. HÄRTER/M. STOLLEIS (Hrsg.), Repertorium der Policeyordnungen der Frühen Neuzeit. Bd. 1–10, Frankfurt am Main 1996–2010.

54. W. HAHLWEG (Bearb.), Die Heeresreform der Oranier. Das Kriegsbuch des Grafen Johann von Nassau-Siegen, Wiesbaden 1973.

55. N. HAMMERSTEIN (Hrsg.), Staatslehre der frühen Neuzeit, Frankfurt am Main 1995.

56. H. HERZ (Bearb.), Land- und Ausschußtage in Schwarzburg-Rudolstadt 1531–1736. Quellenpublikation, Jena u.a. 1997.

57. G. HOLLENBERG (Hrsg.), Hessische Landtagsabschiede 1526–1647. Bd. 1–2, Marburg 1994–2007.

58. G. HOLLENBERG (Hrsg.), Hessen-Kasselische Landtagsabschiede 1649–1798, Marburg 1989.

59. TH. KLINGEBIEL (Bearb.), Die Landtagsabschiede des Hochstifts Hildesheim 1573–1688, Hannover 2006.

60. H. KLUETING (Hrsg.), Der Josephinismus. Ausgewählte Quellen zur Geschichte der theresianisch-josephinischen Reformen, Darmstadt 1995.

61. W. KUNKEL/H. THIEME (Hrsg.), Quellen zur Neueren Privatrechtsgeschichte Deutschlands. Bd. 1/1–1/2, Weimar 1936–1938, Bd. 2/1–2/2, Köln/Graz 1968–1969.

62. TH. VON MOERNER (Hrsg.), Kurbrandenburgs Staatsverträge von 1601 bis 1700, Berlin 1867.

63. K. MURK (Hrsg.), Hessen-Darmstädtische Landtagsabschiede 1648–1806, Darmstadt 2002.

64. W. PABST (Hrsg.), Bischöfliche Landesherrschaft und städtisch-bürgerliche Freiheit. Ausgewählte Quellen zur Einführung in die Geschichte der Stadt und des Hochstifts Osnabrück von ihren Anfängen bis zum Westfälischen Frieden, Osnabrück [2]1994 [[1]1986].

65. H. PALM/J. KREBS (Hrsg.), Acta Publica. Verhandlungen und Correspondenzen der schlesischen Fürsten und Stände [1618–1629]. Bd. 1–8, Breslau 1865–1906.

66. M. Rassem/J. Stagl (Hrsg.), Geschichte der Staatsbeschreibung. Ausgewählte Quellentexte 1456–1813, Berlin 1994.
67. H. Schulze (Hrsg.), Die Hausgesetze der regierenden deutschen Fürstenhäuser. Bd. 1–3, Jena 1862–1883.
68. J. J. Scotti, Sammlung der Gesetze und Verordnungen, welche in dem Herzogthum Cleve und in der Grafschaft Mark über Gegenstände der Landeshoheit, Verfassung, Verwaltung und Rechtspflege ergangen sind vom Jahre 1418 bis zum Eintritt der königlich preußischen Regierungen im Jahre 1816. Th. 1–5, Düsseldorf 1826.
69. Sněmy české od leta 1526 až po naši dobu. Die böhmischen Landtagsverhandlungen und Landtagsbeschlüsse vom Jahre 1526 an bis auf die Neuzeit. Bd. 1–11/2 [1526–1607], 15/1–3 [1611], Praha 1877–1954.
70. G. Turba, Die Grundlagen der Pragmatischen Sanktion. Bd. 2: Die Hausgesetze, Leipzig/Wien 1912.
71. F. Walter, Die österreichische Zentralverwaltung, Abt. 2: Von der Vereinigung der Österreichischen und Böhmischen Hofkanzlei bis zur Einrichtung der Ministerialverfassung. Bd. 1–5, Wien 1925–1956.
72. A. Wendland (Hrsg.), Prinzenbriefe zum hannoverschen Primogeniturstreit 1685–1701, Hildesheim/Leipzig 1937.
73. H. Wiemann (Hrsg.), Die Grundlagen der landständischen Verfassung Ostfrieslands. Die Verträge von 1595 bis 1611, Aurich 1974.

## 2. Darstellungen

### *2.1 Bibliographische Hilfsmittel und Nachschlagewerke*

74. O. Brunner/W. Conze/R. Koselleck (Hrsg.), Geschichtliche Grundbegriffe. Historisches Lexikon zur politisch-sozialen Sprache in Deutschland. Bd. 1–8/2, Stuttgart 1972–1997 [Studienausgabe 2004].
75. A. Erler/E. Kaufmann (Hrsg.), Handwörterbuch zur deutschen Rechtsgeschichte. Bd. 1–5, Berlin 1971–1998 [Bd. 1–2 ²2008–2009].
76. E. Gatz unter Mitwirkung von C. Brodkorb und H. Flachenecker (Hrsg.), Die Bistümer des Heiligen Römischen Reiches von ihren Anfängen bis zur Säkularisation, Freiburg im Breisgau 2003.

77. F. JÄGER (Hrsg.), Enzyklopädie der Neuzeit. Bd. 1–12, Stuttgart 2005–2010.
78. H. JEDIN/K. S. LATOURETTE/J. MARTIN (Hrsg.), Atlas zur Kirchengeschichte. Die christlichen Kirchen in Geschichte und Gegenwart, Freiburg/Basel/Wien 2004.
79. G. KÖBLER, Historisches Lexikon der deutschen Länder. Die deutschen Territorien vom Mittelalter bis zur Gegenwart, München [7]2007 [[1]1988].
80. R. OBERSCHELP, Die Bibliographien zur deutschen Landesgeschichte und Landeskunde, Frankfurt am Main [3]1997 [[1]1967].

### 2.2 *Methoden-, Epochen- und Grundsatzfragen*

81. R. G. ASCH/H. DUCHHARDT (Hrsg.), Der Absolutismus – ein Mythos? Strukturwandel monarchischer Herrschaft in West- und Mitteleuropa (ca. 1550–1700), Köln/Weimar/Wien 1996.
82. R. G. ASCH/D. FREIST (Hrsg.), Staatsbildung als kultureller Prozess. Strukturwandel und Legitimation von Herrschaft in der Frühen Neuzeit, Köln/Weimar/Wien 2005.
83. P. BAUMGART, Absolutismus ein Mythos? Aufgeklärter Absolutismus ein Widerspruch? Reflexionen zu einem kontroversen Thema gegenwärtiger Frühneuzeitforschung, in: Zeitschrift für Historische Forschung 27 (2000) 573–589.
84. H.-J. BECKER, Der Föderalismus als Konstante der deutschen Verfassungsgeschichte, in: J. ECKERT (Hrsg.), Der praktische Nutzen der Rechtsgeschichte. Hans Hattenhauer zum 8. September 2001, Heidelberg 2003, 23–38.
85. R. BLÄNKNER, Strukturprobleme des frühmodernen Staates, in: F. S. CARNEY/H. SCHILLING/D. WYDUCKEL (Hrsg.), Jurisprudenz, Politische Theorie und Politische Theologie, Berlin 2004, 399–435.
86. R. BLÄNKNER, „Absolutismus“ und „frühmoderner Staat“. Probleme und Perspektiven der Forschung, in: R. VIERHAUS (Hrsg.), Frühe Neuzeit – Frühe Moderne? Forschungen zur Vielschichtigkeit von Übergangsprozessen, Göttingen 1992, 48–74.
87. E.-W. BÖCKENFÖRDE, Die Entstehung des Staates als Vorgang der Säkularisation [1967], in: DERS., Recht, Staat, Freiheit. Studien zur Rechtsphilosophie, Staatstheorie und Verfassungsgeschichte, Frankfurt am Main 1991, 92–114.
88. W. BUCHHOLZ (Hrsg.), Landesgeschichte in Deutschland. Bestandsaufnahme – Analyse – Perspektiven, Paderborn u. a. 1998.

89. K. Czok, Charakter und Entwicklung des feudalen deutschen Territorialstaates, in: Zeitschrift für Geschichtswissenschaft 21 (1973) 925–949.
90. St. Ehrenpreis/U. Lotz-Heumann, Reformation und konfessionelles Zeitalter (Kontroversen um die Geschichte), Darmstadt 2002.
91. D. Freist, Absolutismus (Kontroversen um die Geschichte), Darmstadt 2008.
92. E. Hinrichs (Hrsg.), Absolutismus, Frankfurt am Main 1986.
93. M. Hochedlinger, Bürokratisierung, Zentralisierung, Sozialdisziplinierung, Konfessionalisierung, Militarisierung. Politische Geschichte der Frühen Neuzeit als „Machtstaatsgeschichte", in: H.-Chr. Kraus/Th. Nicklas (Hrsg.), Geschichte der Politik. Alte und Neue Wege, München 2007, 239–269.
94. M. Hochedlinger/Th. Winkelbauer (Hrsg.), Herrschaftsverdichtung, Staatsbildung, Bürokratisierung. Verfassungs-, Verwaltungs- und Behördengeschichte der Frühen Neuzeit, Wien/München 2010.
95. Th. Mayer, Die Ausbildung der Grundlagen des modernen deutschen Staates im hohen Mittelalter [1939], in: H. Kämpf (Hrsg.), Herrschaft und Staat im Mittelalter, Darmstadt 1956, 284–331.
96. M. Meumann/R. Pröve (Hrsg.), Herrschaft in der Frühen Neuzeit. Umrisse eines dynamisch-kommunikativen Prozesses, Münster 2004.
97. P. Moraw/V. Press, Probleme der Sozial- und Verfassungsgeschichte des Heiligen Römischen Reiches im späten Mittelalter und in der frühen Neuzeit (13.–18. Jahrhundert) [1975], in: V. Press, Das Alte Reich. Ausgewählte Aufsätze. Hrsg. v. J. Kunisch, Berlin 1997, 3–17.
98. Sh. Ogilvie, The State in Germany: A Non-Prussian View, in: J. Brewer/E. Hellmuth (Hrsg.), Rethinking Leviathan. The Eighteenth-Century State in Britain and Germany, Oxford 1999, 167–202.
99. V. Press, Altes Reich und Deutscher Bund. Kontinuität in der Diskontinuität, München 1995.
100. W. Reinhard, Ausgewählte Abhandlungen, Berlin 1997.
101. W. Reinhard, Frühmoderner Staat und deutsches Monstrum. Die Entstehung des modernen Staates und das Alte Reich, in: Zeitschrift für Historische Forschung 29 (2002) 339–357.
102. E. Riedenauer (Hrsg.), Landeshoheit. Beiträge zur Entstehung, Ausformung und Typologie eines Verfassungselements des Römisch-Deutschen Reiches, München 1994.

103. B. ROECK, Staat ohne Hauptstadt. Städtische Zentren im Alten Reich der frühen Neuzeit, in: H.-M. KÖRNER/K. WEIGAND (Hrsg.), Hauptstadt. Historische Perspektiven eines deutschen Themas, München 1995, 59–72.

104. H. SCHILLING, Ausgewählte Abhandlungen zur europäischen Reformations- und Konfessionsgeschichte. Hrsg. v. L. SCHORN-SCHÜTTE und O. MÖRKE, Berlin 2002.

105. W. SCHLESINGER, Die Landesherrschaft der Herren von Schönburg. Eine Studie zur Geschichte des Staates in Deutschland, Münster/Köln 1954.

106. L. SCHORN-SCHÜTTE, Staatsformen in der Frühen Neuzeit, in: A. GALLUS/E. JESSE (Hrsg.), Staatsformen. Modelle politischer Ordnung von der Antike bis zur Gegenwart. Ein Handbuch, Köln/Weimar/Wien 2004, 123–152.

107. L. SCHORN-SCHÜTTE (Hrsg.), Alteuropa oder Frühe Moderne. Deutungsmuster für das 16. bis 18. Jahrhundert aus dem Krisenbewußtsein der Weimarer Republik in Theologie, Rechts- und Geschichtswissenschaft, Berlin 1999.

108. E. SCHUBERT, Die Umformung spätmittelalterlicher Fürstenherrschaft im 16. Jahrhundert, in: Rheinische Vierteljahrsblätter 63 (1999) 204–263.

109. M. STOLLEIS, „Konfessionalisierung“ oder „Säkularisierung“ bei der Entstehung des modernen Staates, in: Zeitsprünge. Forschungen zur Frühen Neuzeit 1 (1997) 452–477.

110. J. R. STRAYER, Die mittelalterlichen Grundlagen des modernen Staates, Köln/Wien 1975 [zuerst engl. u.d.T.: On the Medieval Origins of the Modern State, Princeton, NJ 1970].

111. R. VIERHAUS (Hrsg.), Frühe Neuzeit – Frühe Moderne? Forschungen zur Vielschichtigkeit von Übergangsprozessen, Göttingen 1992.

112. W. E. J. WEBER, Dynastiesicherung und Staatsbildung. Die Entfaltung des frühmodernen Fürstenstaats, in: W. WEBER (Hrsg.), Der Fürst. Ideen und Wirklichkeiten in der europäischen Geschichte, Köln/Weimar/Wien 1998, 91–136.

113. D. WILLOWEIT, Spätmittelalterliche Staatsbildung im Vergleich. Zur Erforschung der deutschen hoch- und spätmittelalterlichen Territorialstrukturen, in: G. CHITTOLINI/D. WILLOWEIT (Hrsg.), Hochmittelalterliche Territorialstrukturen in Deutschland und Italien, Berlin 1996, 23–30.

### 2.3 *Handbücher und übergreifende Darstellungen*

114. P. Blickle (Hrsg.), Gemeinde und Staat im Alten Europa, München 1998.

115. W. Blockmans/A. Holenstein/J. Mathieu (Hrsg.), Empowering Interactions. Political Cultures and Emergence of the State in Europe, 1300–1900, Farnham, Surrey 2009.

116. H. Boldt, Deutsche Verfassungsgeschichte. Politische Strukturen und ihr Wandel. Bd. 1: Von den Anfängen bis zum Ende des älteren deutschen Reiches 1806, München [3]1994 [[1]1984].

117. W. Buchholz, Geschichte der öffentlichen Finanzen in Europa in Spätmittelalter und Neuzeit. Darstellung, Analyse, Bibliographie, Berlin 1996.

118. J. Burkhardt, Das Reformationsjahrhundert. Deutsche Geschichte zwischen Medienrevolution und Institutionenbildung 1517–1617, Stuttgart 2002.

119. P. Collin/Th. Horstmann (Hrsg.), Das Wissen des Staates. Geschichte, Theorie und Praxis, Baden-Baden 2004.

120. B. Dölemeyer/D. Klippel (Hrsg.), Gesetz und Gesetzgebung im Europa der Frühen Neuzeit, Berlin 1998.

121. H. Duchhardt, Deutsche Verfassungsgeschichte 1495–1806, Stuttgart/Berlin/Köln 1991.

122. P. Hersche, Muße und Verschwendung. Europäische Gesellschaft und Kultur im Barockzeitalter. Teilbd. 1–2, Freiburg im Breisgau/Basel/Wien 2006.

123. H. H. Hofmann (Hrsg.), Die Entstehung des modernen souveränen Staates, Köln/Berlin 1967.

124. K. G. A. Jeserich/H. Pohl/G.-Chr. von Unruh (Hrsg.), Deutsche Verwaltungsgeschichte. Bd. 1: Vom Spätmittelalter bis zum Ende des Reiches, Stuttgart 1983.

125. W. Künzel/W. Rellecke (Hrsg.), Geschichte der deutschen Länder. Entwicklungen und Traditionen vom Mittelalter bis zur Gegenwart, Münster 2005.

126. J. Kunisch (Hrsg.), Der dynastische Fürstenstaat. Zur Bedeutung von Sukzessionsordnungen für die Entstehung des frühmodernen Staates, Berlin 1982.

127. K. Malý/J. Pánek (Hrsg.), Vladislavské zřízení zemské a počátky ústavního zřízení v českých zemích (1500–1619), Praha 2001.

128. M. Mitterauer, Warum Europa? Mittelalterliche Grundlagen eines Sonderwegs, München [5]2009 [[1]2003].

129. G. Oestreich, Geist und Gestalt des frühmodernen Staates. Ausgewählte Aufsätze, Berlin 1969.

130. G. Oestreich, Strukturprobleme der frühen Neuzeit. Ausgewählte Aufsätze. Hrsg. v. B. Oestreich, Berlin 1980.

131. V. Press, Kriege und Krisen. Deutschland 1600–1715, München 1991.

132. H. Rausch (Hrsg.), Zur Theorie und Geschichte der Repräsentation und Repräsentativverfassung, Darmstadt 1968.

133. H. Rausch (Hrsg.), Die geschichtlichen Grundlagen der modernen Volksvertretung. Die Entwicklung von den mittelalterlichen Korporationen zu den modernen Parlamenten. Bd. 1–2, Darmstadt 1974–1980.

134. W. Reinhard, Geschichte der Staatsgewalt. Eine vergleichende Verfassungsgeschichte Europas von den Anfängen bis zur Gegenwart, München [3]2002 [[1]1999].

135. M. Reisenleitner, Frühe Neuzeit, Reformation und Gegenreformation. Darstellung – Forschungsüberblick – Quellen und Literatur, Innsbruck/Wien/München 2000.

136. U. Rosseaux, Städte in der Frühen Neuzeit, Darmstadt 2006.

137. M. Schaab (Hrsg.), Territorialstaat und Calvinismus, Stuttgart 1993.

138. H. Schilling, Aufbruch und Krise. Deutschland 1517–1648, Berlin 1988.

139. H. Schilling, Höfe und Allianzen. Deutschland 1648–1763, Berlin 1989.

140. A. Schindling/W. Ziegler (Hrsg.), Die Territorien des Reichs im Zeitalter der Reformation und Konfessionalisierung. Land und Konfession 1500–1650. Bd. 1–7, Münster 1989–1997.

141. G. Schmidt, Geschichte des Alten Reiches. Staat und Nation in der Frühen Neuzeit 1495–1806, München 1999.

142. G. Schmidt (Hrsg.), Stände und Gesellschaft im Alten Reich, Stuttgart 1989.

143. E. Schubert, Fürstliche Herrschaft und Territorium im späten Mittelalter, München [2]2006 [[1]1996].

144. W. Schulze, Deutsche Geschichte im 16. Jahrhundert. 1500–1618, Frankfurt am Main 1987.

145. M. Stolleis (Hrsg.), Policey im Europa der Frühen Neuzeit, Frankfurt am Main 1996.

146. H. Timmermann (Hrsg.), Die Bildung des frühmodernen Staates – Stände und Konfessionen, Saarbrücken 1989.

147. R. Vierhaus, Staaten und Stände. Vom Westfälischen bis zum Hubertusburger Frieden. 1648 bis 1763, Berlin 1984.
148. G. Vogler, Absolutistische Herrschaft und ständische Gesellschaft. Reich und Territorien von 1648 bis 1790, Stuttgart 1996.
149. D. Willoweit, Deutsche Verfassungsgeschichte. Vom Frankenreich bis zur Wiedervereinigung Deutschlands, München [6]2009 [[1]1989].

*2.4 Politische Theorie, Staatswissenschaft und öffentliches Recht*

150. M. Behnen, „Arcana – haec sunt ratio status“. Ragion di Stato und Staatsräson. Probleme und Perspektiven (1589–1651), in: Zeitschrift für Historische Forschung 14 (1987) 129–195.
151. H. Dreitzel, Ständestaat und absolute Monarchie in der politischen Theorie des Reiches in der frühen Neuzeit, in: G. Schmidt (Hrsg.), Stände und Gesellschaft im Alten Reich, Stuttgart 1989, 19–50.
152. A. Görgen, Rechtssprache in der Frühen Neuzeit. Eine vergleichende Untersuchung der Fremdwortverwendung in Gesetzen des 16. und 17. Jahrhunderts, Frankfurt am Main u. a. 2002.
153. S. Holtz, Bildung und Herrschaft. Zur Verwissenschaftlichung politischer Führungsschichten im 17. Jahrhundert, Leinfelden-Echterdingen 2002.
154. H. Kraemer, Der deutsche Kleinstaat des 17. Jahrhunderts im Spiegel von Seckendorffs „Teutschem Fürstenstaat“, in: Zeitschrift des Vereins für Thüringische Geschichte und Altertumskunde N. F. 25 (1922/24) 1–98 [ND Darmstadt 1974].
155. H. Maier, Gesammelte Schriften. Bd. 4: Die ältere deutsche Staats- und Verwaltungslehre, München 2009 [Neuwied/Berlin [1]1966]
156. Ch. Möllers, Staat als Argument, München 2000.
157. P. Münch, Die ‚Obrigkeit im Vaterstand‘ – Zu Definition und Kritik des ‚Landesvaters‘ während der Frühen Neuzeit, in: Daphnis. Zeitschrift für Mittlere Deutsche Literatur 11 (1982) 15–40.
158. H. Münkler, Im Namen des Staates. Zur Begründung der Staatsraison in der Frühen Neuzeit, Frankfurt am Main 1987.
159. P. Nitschke, Einführung in die politische Theorie der Prämoderne 1500–1800, Darmstadt 2000.
160. J. W. Pichler, Necessitas. Ein Element des mittelalterlichen und neuzeitlichen Rechts. Dargestellt am Beispiel österreichischer Rechtsquellen, Berlin 1983.

161. H. QUARITSCH, Souveränität. Entstehung und Entwicklung des Begriffs in Frankreich und Deutschland vom 13. Jh. bis 1806, Berlin 1986.
162. M. RASSEM/J. STAGL (Hrsg.), Statistik und Staatsbeschreibung in der Neuzeit, vornehmlich im 16.–18. Jahrhundert, Paderborn u. a. 1980.
163. B. ROECK, Reichssystem und Reichsherkommen. Die Diskussion über die Staatlichkeit des Reiches in der politischen Publizistik des 17. und 18. Jahrhunderts, Stuttgart 1984.
164. A. RÜDIGER, Staatslehre und Staatsbildung. Die Staatswissenschaft an der Universität Halle im 18. Jahrhundert, Tübingen 2005.
165. R. SCHNUR (Hrsg.), Die Rolle der Juristen bei der Entstehung des modernen Staates, Berlin 1986.
166. R. SCHNUR (Hrsg.), Staatsräson. Studien zur Geschichte eines politischen Begriffs, Berlin 1975.
167. B. STOLLBERG-RILINGER, Der Staat als Maschine. Zur politischen Metaphorik des absoluten Fürstenstaats, Berlin 1986.
168. M. STOLLEIS, Staat und Staatsräson in der frühen Neuzeit. Studien zur Geschichte des öffentlichen Rechts, Frankfurt am Main 1990.
169. M. STOLLEIS, Geschichte des öffentlichen Rechts in Deutschland. Bd. 1: Reichspublizistik und Policeywissenschaft 1600–1800, München 1988.
170. M. STOLLEIS (Hrsg.), Staatsdenker in der Frühen Neuzeit, München [3]1995 [Frankfurt am Main [1]1977].
171. M. VEC, Zeremonialwissenschaft im Fürstenstaat. Studien zur juristischen und politischen Theorie absolutistischer Herrschaftsrepräsentation, Frankfurt am Main 1998.
172. R. VIERHAUS (Hrsg.), Herrschaftsverträge, Wahlkapitulationen, Fundamentalgesetze, Göttingen 1977.
173. W. WEBER, Prudentia gubernatoria. Studien zur Herrschaftslehre in der deutschen politischen Wissenschaft des 17. Jahrhunderts, Tübingen 1992.
174. P.-L. WEINACHT, Staat. Studien zur Bedeutungsgeschichte des Wortes von den Anfängen bis ins 19. Jahrhundert, Berlin 1968.
175. D. WYDUCKEL, Ius Publicum. Grundlagen und Entwicklung des Öffentlichen Rechts und der deutschen Staatsrechtswissenschaft, Berlin 1984.
176. D. WYDUCKEL, Princeps Legibus Solutus. Eine Untersuchung zur frühmodernen Rechts- und Staatslehre, Berlin 1979.

### 2.5 *Formierung und Entwicklung einzelner Territorien*

177. K. ANDERMANN (Hrsg.), Die geistlichen Staaten am Ende des Alten Reiches. Versuch einer Bilanz, Epfendorf 2004.
178. J. BAHLCKE (Hrsg.), Die Oberlausitz im frühneuzeitlichen Mitteleuropa. Beziehungen – Strukturen – Prozesse, Stuttgart 2007.
179. P. BLICKLE, Das Fürststift Kempten: Ein typischer Kleinstaat in der Frühneuzeit, in: V. DOTTERWEICH u. a. (Hrsg.), Geschichte der Stadt Kempten, Kempten 1989, 184–202.
180. B. BRAUN/F. GÖTTMANN/M. STRÖHMER (Hrsg.), Geistliche Staaten im Nordwesten des Alten Reiches. Forschungen zum Problem frühmoderner Staatlichkeit, Köln 2003.
181. B. BRAUN/M. MENNE/M. STRÖHMER (Hrsg.), Geistliche Fürsten und Geistliche Staaten in der Spätphase des Alten Reiches. Epfendorf 2008.
182. H. CASPARY, Staat, Finanzen, Wirtschaft und Heerwesen im Hochstift Bamberg (1672–1693), Bamberg 1976.
183. G. CHRIST, Frühneuzeitliche Staatlichkeit im Erzstift Mainz und im Hochstift Würzburg. Ein Vergleich, in: F. SEIBT (Hrsg.), Gesellschaftsgeschichte. Festschrift für Karl Bosl zum 80. Geburtstag. Bd. 2, München 1988, 373–392.
184. G. EBERSOLD, Herrschaft Zwingenberg – ein gescheiterter Staatsbildungsversuch im südöstlichen Odenwald (1504–1806). Ein Beitrag zur kurpfälzischen Geschichte, Frankfurt am Main u. a. 1997.
185. R. J. W. EVANS, The Making of the Habsburg Monarchy: 1550–1700. An Interpretation, Oxford [3]1991 [[1]1979]; deutsch u. d. T.: Das Werden der Habsburgermonarchie 1550–1700. Gesellschaft, Kultur, Institutionen, Wien/Köln [2]1989 [[1]1986].
186. R.-G. FOERSTER, Herrschaftsverständnis und Regierungsstruktur in Brandenburg-Ansbach 1648–1703. Ein Beitrag zur Geschichte des Territorialstaates im Zeitalter des Absolutismus, Ansbach 1975.
187. H. GABEL, Widerstand und Kooperation. Studien zur politischen Kultur rheinischer und maasländischer Kleinterritorien (1648–1794), Tübingen 1995.
188. E. J. GREIPL, Zur weltlichen Herrschaft der Fürstbischöfe in der Zeit vom Westfälischen Frieden bis zur Säkularisation, in: Römische Quartalschrift für christliche Altertumskunde und Kirchengeschichte 83 (1988) 252–264.
189. C.-H. HAUPTMEYER, Souveränität, Partizipation und absolutisti-

scher Kleinstaat. Die Grafschaft Schaumburg (-Lippe) als Beispiel, Hildesheim 1980.

190. H.-D. Heimann, Hausordnung und Staatsbildung. Innerdynastische Konflikte als Wirkungsfaktoren der Herrschaftsverfestigung bei den wittelsbachischen Rheinpfalzgrafen und den Herzögen von Bayern. Ein Beitrag zum Normenwandel in der Krise des Spätmittelalters, Paderborn u. a. 1993.

191. P. Hersche, Intendierte Rückständigkeit: Zur Charakteristik des geistlichen Staates im Alten Reich, in: G. Schmidt (Hrsg.), Stände und Gesellschaft im Alten Reich, Stuttgart 1989, 133–149.

192. H. H. Hofmann, Adelige Herrschaft und souveräner Staat. Studien über Staat und Gesellschaft in Franken und Bayern im 18. und 19. Jahrhundert, München 1962.

193. E. Hübner, Kampf um die Selbständigkeit. Das Fürstbistum Lübeck zwischen 1647 und 1803, in: F. Baudach/A. E. Walter (Hrsg.), Wirken und Bewahren. Beiträge zur regionalen Kulturgeschichte und zur Geschichte der Eutiner Landesbibliothek, Eutin 2003, 285–300.

194. L. Hüttl, Geistlicher Fürst und geistliche Fürstentümer im Barock und Rokoko. Ein Beitrag zur Strukturanalyse von Gesellschaft, Herrschaft, Politik und Kultur des alten Reiches, in: Zeitschrift für bayerische Landesgeschichte 37 (1974) 3–48.

195. G. Husmeier, Graf Otto IV. von Holstein-Schaumburg (1517–1576). Landesherrschaft, Reichspolitik und Niederländischer Aufstand, Bielefeld 2002.

196. B. Jäger, Das geistliche Fürstentum Fulda in der Frühen Neuzeit: Landesherrschaft, Landstände und fürstliche Verwaltung. Ein Beitrag zur Verfassungs- und Verwaltungsgeschichte kleiner Territorien des Alten Reiches, Marburg 1986.

197. F. R. Janssen, Kurtrier in seinen Ämtern vornehmlich im 16. Jahrhundert. Studien zur Entwicklung frühmoderner Staatlichkeit, Bonn 1985.

198. J. John (Hrsg.), Kleinstaaten und Kultur in Thüringen vom 16. bis 20. Jahrhundert, Weimar/Köln/Wien 1994.

199. M. Kaiser/M. Rohrschneider (Hrsg.), Membra unius capitis. Studien zu Herrschaftsauffassungen und Regierungspraxis in Kurbrandenburg (1640–1688), Berlin 2005.

200. Chr. Keitel, Herrschaft über Land und Leute. Leibherrschaft und Territorialisierung in Württemberg 1246–1593, Leinfelden-Echterdingen 2000.

201. W. Keller, Bamberg und Langheim. Die Sicherung der Landes-

hoheit zwischen Fürstbistum und Abtei im 18. Jahrhundert, Bamberg 2004.

202. Th. Klein, Verpaßte Staatsbildung? Die Wettinischen Landesteilungen in Spätmittelalter und früher Neuzeit, in: J. Kunisch (Hrsg.), Der dynastische Fürstenstaat. Zur Bedeutung von Sukzessionsordnungen für die Entstehung des frühmodernen Staates, Berlin 1982, 89–114.

203. A. Klinger, Der Gothaer Fürstenstaat. Herrschaft, Konfession und Dynastie unter Herzog Ernst dem Frommen, Husum 2002.

204. G. Krings, Die Reichsunmittelbarkeit Wickraths 1488–1794. Zur frühneuzeitlichen Verfassungs- und Landesgeschichte eines niederrheinischen Kleinterritoriums im deutschen Reich, in: Annalen des Historischen Vereins für den Niederrhein, insbesondere das alte Erzbistum Köln 206 (2003) 95–128.

205. W. Liebhart/U. Faust (Hrsg.), Suevia Sacra. Zur Geschichte der oschwäbischen Reichsstifte im Spätmittelalter und in der Frühen Neuzeit, Stuttgart 2001.

206. J. Lotterer, Gegenreformation als Kampf um die Landesherrschaft. Studien zur territorialstaatlichen Entwicklung des Hochstifts Paderborn im Zeitalter Dietrichs von Fürstenberg (1585–1618), Paderborn 2003.

207. G. Lottes, Die geistlichen Staaten und die Herrschaftskonkurrenz im Reich, in: M. Weinzierl (Hrsg.), Individualisierung, Rationalisierung, Säkularisierung. Neue Wege der Religionsgeschichte, Wien/München 1997, 96–111.

208. U. Lutz, Die Herrschaftsverhältnisse in der Landgrafschaft Baar in der Wende vom 15. zum 16. Jahrhundert. Ein Beitrag zur Entstehung des Territorialstaates und zur Geschichte des Bauernkriegs, Bühl/Baden 1979.

209. P. Maťa/Th. Winkelbauer (Hrsg.), Die Habsburgermonarchie 1620 bis 1740. Leistungen und Grenzen des Absolutismusparadigmas, Stuttgart 2006.

210. G. Menk, Die Beziehungen zwischen Hessen und Waldeck von der Mitte des 16. Jahrhunderts bis zum Westfälischen Frieden. Territorialstaatliches Verhalten im Spannungsfeld von Lehnrecht und Superiorität, in: Geschichtsblätter für Waldeck 75 (1987) 43–206.

211. G. Mölich/M. Pohl/V. Veltzke (Hrsg.), Preußens schwieriger Westen. Rheinisch-preußische Beziehungen, Konflikte und Wechselwirkungen, Duisburg 2003.

212. H. Müller, Oberhof und neuzeitlicher Territorialstaat. Dargestellt

am Beispiel der drei rheinischen geistlichen Kurfürstentümer, Aalen 1978.

213. M. Müller, Gemeinden und Staat in der Reichsgrafschaft Sayn-Hachenburg 1652–1799, Wiesbaden 2005.

214. W. Neugebauer, Zur Staatsbildung Brandenburg-Preußens. Thesen zu einem historischen Typus, in: Jahrbuch für brandenburgische Landesgeschichte 49 (1998) 183–194.

215. P. Nitschke, Von der Landeshoheit zur Landesherrschaft – die Grafschaft Lippe im Zeitalter der Aufklärung, in: J. Arndt/P. Nitschke (Hrsg.), Kontinuität und Umbruch in Lippe. Sozialpolitische Verhältnisse zwischen Aufklärung und Restauration 1750–1820, Detmold 1994, 25–48.

216. J. Pánek, Staatsbildung in einer überstaatlichen Monarchie: Der Fall Böhmen, in: A. Mączak/W. E. J. Weber (Hrsg.), Der frühmoderne Staat in Ostzentraleuropa. Bd. 1, Augsburg 1999, 88–102.

217. V. Press, Calvinismus und Territorialstaat. Regierung und Zentralbehörden der Kurpfalz 1559–1619, Stuttgart 1970.

218. V. Press, Die Reichsritterschaft im Reich der frühen Neuzeit, in: Nassauische Annalen 87 (1976) 101–122.

219. W. Quint, Souveränitätsbegriff und Souveränitätspolitik in Bayern. Von der Mitte des 17. bis zur ersten Hälfte des 19. Jahrhunderts, Berlin 1971.

220. H. N. Reuschling, Die Regierung des Hochstifts Würzburg 1495–1642. Zentralbehörden und führende Gruppen eines geistlichen Staates, Würzburg 1984.

221. K. H. Schleif, Regierung und Verwaltung des Erzstifts Bremen am Beginn der Neuzeit (1500–1645). Eine Studie zum Wesen der modernen Staatlichkeit, Hamburg 1972.

222. G. Schmidt, Die politische Bedeutung der kleineren Reichsstände im 16. Jahrhundert, in: Jahrbuch für Geschichte des Feudalismus 12 (1988) 185–206.

223. H. Schott, Das Verhältnis der Stadt Würzburg zur Landesherrschaft im 18. Jahrhundert, Würzburg 1995.

224. H. Schwarzmaier, „Von der fürsten tailung“. Die Entstehung der Unteilbarkeit fürstlicher Territorien und die badischen Teilungen des 15. und 16. Jahrhunderts, in: Blätter für deutsche Landesgeschichte 126 (1990) 161–183.

225. K. J. Seidel, Das Oberelsaß vor dem Übergang an Frankreich. Landesherrschaft, Landstände und fürstliche Verwaltung in Alt-Vorderösterreich (1602–1638), Bonn 1980.

226. M. A. Steinert, Die alternative Sukzession im Hochstift Osna-

brück. Bischofswechsel und das Herrschaftsrecht des Hauses Braunschweig-Lüneburg in Osnabrück 1648–1802, Osnabrück 2003.

227. M. VENTZKE, Das Herzogtum Sachsen-Weimar-Eisenach 1775–1783, Köln/Weimar/Wien 2004.
228. ST. WEINFURTER, Die Einheit Bayerns. Zur Primogeniturordnung des Herzogs Albrecht IV. von 1506, in: H. DICKERHOF (Hrsg.), Festgabe H. Hürten zum 60. Geburtstag, Frankfurt am Main u. a. 1988, 225–242.
229. P. WENDE, Die geistlichen Staaten und ihre Auflösung im Urteil der zeitgenössischen Publizistik, Lübeck/Hamburg 1966.
230. P. WICK, Versuche zur Errichtung des Absolutismus in Mecklenburg in der ersten Hälfte des 18. Jahrhunderts. Ein Beitrag zur Geschichte des deutschen Territorialabsolutismus, Berlin 1964.
231. W. WÜST, Geistlicher Staat und Altes Reich: Frühneuzeitliche Herrschaftsformen, Administration und Hofhaltung im Augsburger Fürstbistum. Bd. 1–2, München 2001.
232. W. WÜST, Hochstiftische Herrschaft in der Frühmoderne. Ein Vergleich süd- und nordalpiner Verhältnisse: Brixen-Trient und Augsburg-Eichstätt-Konstanz, in: Der Schlern. Monatszeitschrift für Südtiroler Landeskunde 77/8–9 (2003) 34–64.
233. W. WÜST (Hrsg.), Geistliche Staaten in Oberdeutschland im Rahmen der Reichsverfassung. Kultur – Verfassung – Wirtschaft – Gesellschaft. Ansätze zu einer Neubewertung, Epfendorf 2002.
234. H. ZÖTTLEIN, Dynastie und Landesherrschaft. Politischer Wandel in der Grafschaft Waldeck zwischen 1680 und 1730, Bad Arolsen 2004.

### 2.6 *Innere Entwicklung, Gesetzgebung und Finanzen*

235. R. G. ASCH, Verwaltung und Beamtentum. Die gräflich fürstenbergischen Territorien vom Ausgang des Mittelalters bis zum schwedischen Krieg 1490–1632, Stuttgart 1986.
236. L. F. BECK, Residenzbildung und Ausbau des frühneuzeitlichen Territorialstaates im albertinischen Kursachsen im Lichte der archivalischen Überlieferung, in: A. THIEME/J. VÖTSCH (Hrsg.), Hof- und Hofkultur unter Moritz von Sachsen (1521–1553), Beucha 2004, 41–55.
237. L. BEHRISCH, „Politische Zahlen". Statistik und die Rationalisierung der Herrschaft im späten Ancien Régime, in: Zeitschrift für Historische Forschung 31 (2004) 551–577.

238. J. BÉRENGER, Finances et absolutisme autrichien dans la seconde moitié du XVIIe siècle, Paris 1975.

239. W. BERNHARDT, Die Zentralbehörden des Herzogtums Württemberg und ihre Beamten 1520–1629. Bd. 1–2, Stuttgart 1972.

240. E.-W. BÖCKENFÖRDE, Der Westfälische Frieden und das Bündnisrecht der Reichsstände, in: Der Staat 8 (1969) 449–478.

241. ST. BRAKENSIEK, Fürstendiener – Staatsbeamte – Bürger. Amtsführung und Lebenswelt der Ortsbeamten in niederhessischen Kleinstädten (1750–1830), Göttingen 1999.

242. ST. BRAKENSIEK, Juristen in frühneuzeitlichen Territorialstaaten. Familiale Strategien des sozialen Aufstiegs und Statuserhalts, in: G. SCHULZ (Hrsg.), Sozialer Aufstieg. Funktionseliten im Spätmittelalter und in der frühen Neuzeit, München 2002, 269–289.

243. ST. BRAKENSIEK/H. WUNDER (Hrsg.), Ergebene Diener ihrer Herren? Herrschaftsvermittlung im alten Europa, Köln/Weimar/Wien 2005.

244. W. BUCHHOLZ, Öffentliche Finanzen und Finanzverwaltung im entwickelten frühmodernen Staat. Landesherr und Landstände in Schwedisch-Pommern 1720–1806, Köln/Weimar/Wien 1992.

245. W. BUTZ, Der Polizeibegriff im Herzogtum Braunschweig-Wolfenbüttel. Umfang und geschichtliche Entwicklung bis 1806, Braunschweig 1986.

246. M. A. DENZEL, Staatliche und kirchliche Steuersysteme im 18. Jahrhundert. Aspekte und Entwicklungslinien des Steuerwesens weltlicher und geistlicher Territorien im Heiligen Römischen Reich, in: S. CAVACIOCCHI (Hrsg.), Poteri economici e poteri politici secc. XIII-XVIII, Prato 1999, 663–675.

247. P. G. M. DICKSON, Finance and Government under Maria Theresia 1740–1780. Bd. 1–2, Oxford 1987.

248. B. DIESTELKAMP, Einige Beobachtungen zur Geschichte des Gesetzes in vorkonstitutioneller Zeit, in: Zeitschrift für Historische Forschung 10 (1983) 385–420.

249. G. DILCHER (Hrsg.), Die Verwaltung und ihre Ressourcen. Untersuchungen zu ihrer Wechselwirkung, Berlin 1991.

250. I. DOLD, Die Entwicklung des Beamtenverhältnisses im Fürstentum Fürstenberg in der Zeit des späten Naturrechts (1744–1806), Allensbach/Bodensee 1961.

251. H. DOLLINGER, Studien zur Finanzreform Maximilians I. von Bayern in den Jahren 1598–1618. Ein Beitrag zur Geschichte des Frühabsolutismus, Göttingen 1968.

252. K. DÜLFER, Fürst und Verwaltung. Grundzüge der hessischen Ver-

waltungsgeschichte im 16.–19. Jahrhundert, in: Hessisches Jahrbuch für Landesgeschichte 3 (1953) 150–223.
253. F. EDELMAYER/M. LANZINNER/P. RAUSCHER (Hrsg.), Finanzen und Herrschaft. Materielle Grundlagen fürstlicher Politik in den habsburgischen Ländern und im Heiligen Römischen Reich im 16. Jahrhundert, Wien/München 2003.
254. H. CH. EHALT, Ausdrucksformen absolutistischer Herrschaft. Der Wiener Hof im 17. und 18. Jahrhundert, Wien 1980.
255. J. EIBACH, Der Staat vor Ort. Amtsmänner und Bürger im 19. Jahrhundert am Beispiel Badens, Frankfurt am Main/New York 1994.
256. J. FALKENHAGEN, Absolutes Staatswesen und Autonomie der Territorialverbände und Genossenschaften. Eine Studie zur Entwicklung des modernen Staates in Schleswig-Holstein an Hand der landesherrlichen Gesetzgebung des 17. und 18. Jahrhunderts, Kiel 1967.
257. ST. FISCHER, Der Geheime Rat und die Geheime Konferenz unter Kurfürst Karl Albrecht von Bayern 1726–1745, München 1987.
258. W. FISCHER, Rekrutierung und Ausbildung von Personal für den modernen Staat: Beamte, Offiziere und Techniker in England, Frankreich und Preußen in der frühen Neuzeit, in: R. KOSELLECK (Hrsg.), Studien zum Beginn der modernen Welt, Stuttgart 1977, 194–217.
259. U. FLOẞMANN, Landrechte als Verfassung, Wien/New York 1976.
260. S. FREY, Das württembergische Hofgericht (1460–1618), Stuttgart 1989.
261. K. GERTEIS (Hrsg.), Stadt und frühmoderner Staat. Beiträge zur städtischen Finanzgeschichte von Luxemburg, Lunéville, Mainz, Saarbrücken und Trier im 17. und 18. Jahrhundert, Trier 1994.
262. F. GÖTTMANN, Das Messen des Weges zwischen Überlingen und Bodman. Zu Raumvorstellung, Vermessungstechnik und Wegemaß am Bodensee um 1700, in: Hegau. Zeitschrift für Geschichte, Volkskunde und Naturgeschichte des Gebietes zwischen Rhein, Donau und Bodensee 31/32 (1986/87) 135–153.
263. K. GOTTSCHALK, Wissen über Land und Leute. Administrative Praktiken und Staatsbildungsprozesse im 18. Jahrhundert, in: P. COLLIN/TH. HORSTMANN (Hrsg.), Das Wissen des Staates. Geschichte, Theorie und Praxis, Baden-Baden 2004, 149–174.
264. R. GRAWERT, Staat und Staatsangehörigkeit. Verfassungsgeschichtliche Untersuchung zur Entstehung der Staatsangehörigkeit, Berlin 1973.
265. P.-M. HAHN, Fürstliche Territorialhoheit und lokale Adelsgewalt.

Die herrschaftliche Durchdringung des ländlichen Raumes zwischen Elbe und Aller (1300–1700), Berlin/New York 1989.

266. N. Hammerstein, Universitäten – Territorialstaaten – Gelehrte, in: R. Schnur (Hrsg.), Die Rolle der Juristen bei der Entstehung des modernen Staates, Berlin 1986, 687–735.

267. H. Hattenhauer, Handbuch des Öffentlichen Dienstes. Bd. 1: Geschichte des Beamtentums, Köln u. a. 1980.

268. E. Henschke, Landesherrschaft und Bergbauwirtschaft. Zur Wirtschafts- und Verwaltungsgeschichte des Oberharzer Bergbaugebietes im 16. und 17. Jahrhundert, Berlin 1974.

269. U. Heß, Geschichte der Behördenorganisation der thüringischen Staaten und des Landes Thüringen von der Mitte des 16. Jahrhunderts bis zum Jahr 1952, Jena/Stuttgart 1993.

270. U. Heß, Geschichte der Staatsbehörden in Schwarzburg-Rudolstadt. Hrsg. v. P. Langhof, Jena/Stuttgart 1994.

271. Chr. van den Heuvel, Beamtenschaft und Territorialstaat. Behördenentwicklung und Sozialstruktur der Beamtenschaft im Hochstift Osnabrück 1550–1800, Osnabrück 1984.

272. M. Hohkamp, Herrschaft in der Herrschaft. Die vorderösterreichische Obervogtei Triberg von 1737 bis 1780, Göttingen 1998.

273. A. Holenstein, „Gute Policey“ und lokale Gesellschaft im Staat des Ancien Régime. Das Fallbeispiel der Markgrafschaft Baden (-Durlach). Bd. 1–2, Tübingen 2003.

274. A. Holenstein u. a. (Hrsg.), Policey in lokalen Räumen. Ordnungskräfte und Sicherheitspolizei in Gemeinden und Territorien vom Spätmittelalter bis zum frühen 19. Jahrhundert, Frankfurt am Main 2002.

275. A. Iseli, Gute Policey. Öffentliche Ordnung in der Frühen Neuzeit, Stuttgart 2009.

276. A. Jendorff, Verwandte, Teilhaber und Dienstleute. Herrschaftliche Funktionsträger im Erzstift Mainz 1514 bis 1647, Marburg 2003.

277. E. Jost, Staatsschutzgesetzgebung im Zeitalter des Absolutismus, dargestellt am Beispiel Brandenburg-Preußens in der Zeit von 1640 bis 1786, Berlin 1998.

278. O. Kimminich, Die Bedeutung des Beamtentums für die Heranbildung des modernen Staates, in: W. Leisner (Hrsg.), Das Berufsbeamtentum im demokratischen Staat. Beiträge zum Dienstrecht und zur Dienstrechtsreform, Berlin 1975, 47–70.

279. Th. Klingebiel, Ein Stand für sich? Lokale Amtsträger in der Frühen Neuzeit: Untersuchungen zur Staatsbildung und Gesell-

schaftsentwicklung im Hochstift Hildesheim und im älteren Fürstentum Wolfenbüttel, Hannover 2002.

280. K. KRÜGER, Finanzstaat Hessen 1500–1567. Staatsbildung im Übergang vom Domänenstaat zum Steuerstaat, Marburg 1980.

281. A. LANDWEHR, Policey im Alltag. Die Implementation frühneuzeitlicher Policeyordnungen in Leonberg, Frankfurt am Main 2000.

282. M. LANZINNER, Fürst, Räte und Landstände. Die Entstehung der Zentralbehörden in Bayern 1511–1598, Göttingen 1980.

283. R. LENZ, Kellerei und Unteramt Dilsberg. Entwicklung einer regionalen Verwaltungsinstanz im Rahmen der kurpfälzischen Territorialpolitik am unteren Neckar, Stuttgart 1989.

284. U. LÖFFLER, Dörfliche Amtsträger im Staatswerdungsprozess der Frühen Neuzeit. Die Vermittlung von Herrschaft auf dem Lande im Herzogtum Magdeburg, 17. und 18. Jahrhundert, Münster 2005.

285. B. MARSCHKE, Absolutely Pietist. Patronage, Fictionalism [i. e. Factionalism], and State-Building in the Early Eighteenth-Century Prussia Army Chaplaincy, Tübingen 2005.

286. H. MOHNHAUPT, Potestas legislatoria und Gesetzesbegriff im Ancien Régime, in: Ius Commune 4 (1972) 188–239.

287. W. NEUGEBAUER, Absolutistischer Staat und Schulwirklichkeit in Brandenburg-Preußen, Berlin/New York 1985.

288. P. NITSCHKE, Verbrechensbekämpfung und Verwaltung. Die Entstehung der Polizei in der Grafschaft Lippe, 1700–1814, Münster/New York 1990.

289. M. NORTH, Finanzstaaten im Vergleich: Die Landgrafschaft Hessen und das Herzogtum Preußen im 16. Jahrhundert, in: W. BUCHHOLZ/ST. KROLL (Hrsg.), Quantität und Struktur. Festschrift für Kersten Krüger zum 60. Geburtstag, Rostock 1999, 63–74.

290. G. OTRUBA/M. WEISS (Hrsg.), Beiträge zur Finanzgeschichte Österreichs (Staatshaushalt und Steuern 1740–1840), Linz 1986.

291. V. PRESS, Finanzielle Grundlagen territorialer Verwaltung um 1500 (14.–17. Jahrhundert), in: G. DILCHER (Hrsg.), Die Verwaltung und ihre Ressourcen. Untersuchungen zu ihrer Wechselwirkung, Berlin 1991, 1–29.

292. R. PRÖVE/N. WINNIGE (Hrsg.), Wissen ist Macht. Herrschaft und Kommunikation in Brandenburg-Preußen 1600–1850, Berlin 2001.

293. M. RAEFF, The Well-Ordered Police State. Social and Institutional Change through Law in the Germanies and Russia, 1600–1800, New Haven/London 1983.

294. H. RANKL, Staatshaushalt, Stände und „gemeiner Nutzen“ in Bayern 1500–1516, München 1976.
295. M. RAUH, Verwaltung, Stände und Finanzen. Studien zu Staatsaufbau und Staatsentwicklung Bayerns unter dem späteren Absolutismus, München 1988.
296. TH. ROBISHEAUX, Rural society and the search for order in early modern Germany, Cambridge u. a. 1989.
297. K. ROTHE, Das Finanzwesen der Reichsstadt Ulm im 18. Jahrhundert. Ein Beitrag zur Wirtschaftsgeschichte, Stuttgart 1991.
298. U. RUBLACK, Frühneuzeitliche Staatlichkeit und lokale Herrschaftspraxis in Württemberg, in: Zeitschrift für Historische Forschung 24 (1997) 347–376.
299. H. SCHILLING, Stadt und frühmoderner Territorialstaat: Stadtrepublikanismus versus Fürstensouveränität. Die politische Kultur des deutschen Stadtbürgertums in der Konfrontation mit dem frühmodernen Staatsprinzip, in: M. STOLLEIS (Hrsg.), Recht, Verfassung und Verwaltung in der frühneuzeitlichen Stadt, Köln/Wien 1991, 19–39.
300. U. SCHIRMER, Kursächsische Staatsfinanzen (1456–1656). Strukturen – Verfassung – Funktionseliten, Stuttgart 2006.
301. R. SCHLÖGL, Bauern, Krieg und Staat. Oberbayerische Bauernwirtschaft und frühmoderner Staat im 17. Jahrhundert, Göttingen 1988.
302. H. SCHLOSSER, Gesetzgebung und Rechtswirklichkeit im Territorialstaat der frühen Neuzeit. Am Beispiel des Landesfürstentums Bayern (16./17. Jahrhundert), in: Diritto e potere nella storia europea. Atti in onore di Bruno Paradisi, Firenze 1982, 525–542.
303. J. SCHLUMBOHM, Gesetze, die nicht durchgesetzt werden – ein Strukturmerkmal des frühneuzeitlichen Staates?, in: Geschichte und Gesellschaft 23 (1997) 647–663.
304. S. SCHMITT, Territorialstaat und Gemeinde im kurpfälzischen Oberamt Alzey vom 14. bis zum Anfang des 17. Jahrhunderts, Stuttgart 1992.
305. H. SCHNABEL-SCHÜLE, Überwachen und Strafen im Territorialstaat. Bedingungen und Auswirkungen des Systems strafrechtlicher Sanktionen im frühneuzeitlichen Württemberg, Köln/Weimar/Wien 1997.
306. H. SCHULZ, Das System und die Prinzipien der Einkünfte im werdenden Staat der Neuzeit, dargestellt anhand der kameralwissenschaftlichen Literatur (1600–1835), Berlin 1982.
307. R. SCHULZE, Policey und Gesetzgebungslehre im 18. Jahrhundert, Berlin 1982.

308. A. SCHWENNICKE, „Ohne Steuer kein Staat“. Zur Entwicklung und politischen Funktion des Steuerrechts in den Territorien des Heiligen Römischen Reichs (1500–1800), Frankfurt am Main 1996.
309. G. SPITTLER, Abstraktes Wissen als Herrschaftsbasis. Zur Entstehungsgeschichte bürokratischer Herrschaft im Bauernstaat Preußen, in: Kölner Zeitschrift für Soziologie und Sozialpsychologie 32 (1980) 574–604.
310. M. STOLLEIS, Pecunia nervus rerum. Zur Staatsfinanzierung in der frühen Neuzeit, Frankfurt am Main 1983.
311. H. STRAKOSCH, Privatrechtskodifikation und Staatsbildung in Österreich (1753–1811), Wien 1976.
312. R. STRAUBEL, Beamte und Personalpolitik im altpreußischen Staat. Soziale Rekrutierung, Karriereverläufe, Entscheidungsprozesse (1763/86–1806), Potsdam 1998.
313. H.-P. ULLMANN, Der deutsche Steuerstaat. Geschichte der öffentlichen Finanzen vom 18. Jahrhundert bis heute, München 2005.
314. ST. WAGNER, Staatssteuern in Jülich-Berg von der Schaffung der Steuerverfassung im 15. Jahrhundert bis zur Auflösung der Herzogtümer in den Jahren 1801 und 1806, Köln 1977.
315. P. WARDE, Ecology, Economy and State Formation in Early Modern Germany, Cambridge u. a. 2006.
316. M. WEBER, Die schlesischen Polizei- und Landesordnungen der Frühen Neuzeit, Köln/Weimar/Wien 1996.
317. W. E. J. WEBER, Dienst und Partizipation: Bemerkungen zur Rolle der hohen Beamtenschaft in der frühneuzeitlichen Staatsbildung, in: A. MĄCZAK/W. E. J. WEBER (Hrsg.), Der frühmoderne Staat in Ostzentraleuropa. Bd. 1, Augsburg 1999, 103–115.
318. D. WESELY, Steuerreform und Katasterkartographie im Fürstentum Fürstenberg im 18. Jahrhundert, Frankfurt am Main u. a. 1995.
319. D. WILLOWEIT, Rechtsgrundlagen der Territorialgewalt. Landesobrigkeit, Herrschaftsrechte und Territorium in der Rechtswissenschaft der Neuzeit, Köln/Wien 1975.
320. D. WILLOWEIT (Hrsg.), Gesetzgebung als Faktor der Staatsentwicklung, Berlin 1984.
321. A. WINTERLING, Der Hof der Kurfürsten von Köln 1688–1794. Eine Fallstudie zur Bedeutung „absolutistischer“ Hofhaltung, Bonn 1986.
322. J. R. WOLF, Steuerpolitik im schlesischen Ständestaat. Untersuchungen zur Sozial- und Wirtschaftsstruktur Schlesiens im 17. und 18. Jahrhundert, Marburg/Lahn 1978.

323. B. Wunder, Privilegierung und Disziplinierung. Die Entstehung des Berufsbeamtentums in Bayern und Württemberg (1780–1825), München/Wien 1978.
324. Chr. M. Zachlod, Die Staatsfinanzen des Hochstifts Hildesheim vom Ende des Siebenjährigen Krieges bis zur Säkularisation (1763–1802/03), Stuttgart 2007.

### 2.7 *Ständische Strukturen, lokale Herrschaftsverhältnisse und politische Kultur*

325. G. Ammerer u. a. (Hrsg.), Bündnispartner und Konkurrenten der Landesfürsten? Die Stände in der Habsburgermonarchie, Wien/München 2007.
326. J. Bahlcke, Regionalismus und Staatsintegration im Widerstreit. Die Länder der Böhmischen Krone im ersten Jahrhundert der Habsburgerherrschaft (1526–1619), München 1994.
327. P. Baumgart (Hrsg.), Ständetum und Staatsbildung in Brandenburg-Preußen, Berlin/New York 1983.
328. P. Blickle, Kommunalismus. Skizzen einer gesellschaftlichen Organisationsform. Bd. 1–2, München 2000.
329. P. Blickle, Landschaften im Alten Reich. Die staatliche Funktion des gemeinen Mannes in Oberdeutschland, München 1973.
330. P. Blickle/P. Kissling/H. R. Schmidt (Hrsg.), Gute Policey als Politik im 16. Jahrhundert. Die Entstehung des öffentlichen Raumes in Oberdeutschland, Frankfurt am Main 2003.
331. K. Bosl, Die Geschichte der Repräsentation in Bayern. Landständische Bewegung, Landständische Verfassung, Landesausschuß und altständische Gesellschaft, München 1974.
332. K. Bosl (Hrsg.), Der moderne Parlamentarismus und seine Grundlagen in der ständischen Repräsentation, Berlin 1977.
333. F. L. Carsten, Princes and Parliaments in Germany. From the Fifteenth to the Eighteenth Century, Oxford 1959.
334. M. Cramer-Fürtig, Landesherr und Landstände im Fürstentum Pfalz-Neuburg. Staatsbildung und Ständeorganisation in der ersten Hälfte des 16. Jahrhunderts, München 1995.
335. W. Eberhard, Monarchie und Widerstand. Zur ständischen Oppositionsbildung im Herrschaftssystem Ferdinands I. in Böhmen, München 1985.
336. W. Eberhard, Herrscher und Stände, in: I. Fetscher/H. Münkler (Hrsg.), Pipers Handbuch der politischen Ideen. Bd. 2, München 1993, 467–551.

337. R. Eßer, Landstände und Landesherrschaft. Zwischen „status provincialis“ und „superioritas territorialis“: Landständisches Selbstverständnis in deutschen Territorien des 17. Jahrhunderts, in: Zeitschrift für Neuere Rechtsgeschichte 23 (2001) 177–194.
338. R. von Friedeburg, Landgemeinde, adlige Herrschaft und frühmoderner Staat in Hessen-Kassel nach dem Dreißigjährigen Krieg: Merzhausen 1646–1672, in: Hessisches Jahrbuch für Landesgeschichte 41 (1991) 153–176.
339. Chr. Fürbringer, Necessitas und Libertas. Staatsbildung und Landstände im 17. Jahrhundert in Brandenburg, Frankfurt am Main u. a. 1985.
340. R. Gehrke (Hrsg.), Aufbrüche in die Moderne. Frühparlamentarismus zwischen altständischer Ordnung und monarchischem Konstitutionalismus 1750–1850: Schlesien – Deutschland – Mitteleuropa, Köln/Weimar/Wien 2005.
341. D. Gerhard (Hrsg.), Ständische Vertretungen in Europa im 17. und 18. Jahrhundert, Göttingen [2]1974 [[1]1969].
342. F. Göse, Zwischen „Ständestaat“ und „Absolutismus“. Zur Geschichte des kursächsischen Adels im 17. Jahrhundert unter besonderer Berücksichtigung des Verhältnisses zwischen Ständetum und Landesherrschaft, in: K. Keller/J. Matzerath (Hrsg.), Geschichte des sächsischen Adels, Köln/Weimar/Wien 1997, 139–160.
343. G. Greindl, Untersuchungen zur bayerischen Ständeversammlung im 16. Jahrhundert. Organisation, Aufgaben und die Rolle der adeligen Korporation, München 1983.
344. R. Groß (Hg.), Landtage in Sachsen 1438–1831, Chemnitz 2000.
345. W. Grube, Der Stuttgarter Landtag. Von den Landständen zum demokratischen Parlament, Stuttgart 1957.
346. B. Kappelhoff, Absolutistisches Regiment oder Ständeherrschaft? Landesherr und Landstände in Ostfriesland im ersten Drittel des 18. Jahrhunderts, Hildesheim 1982.
347. W. Köfler, Land, Landschaft, Landtag. Geschichte der Tiroler Landtage von den Anfängen bis zur Aufhebung der landständischen Verfassung 1808, Innsbruck 1985.
348. K. Köhle, Landesherr und Landstände in der Oberpfalz von 1400–1583. Sozialstruktur und politische Repräsentanz eines frühneuzeitlichen Territoriums, München 1969.
349. K. Krüger, Die Landständische Verfassung, München 2003.
350. N. Krüger, Landesherr und Landstände in Kursachsen auf den Ständeversammlungen der zweiten Hälfte des 17. Jahrhunderts.

„... die zwischen Haupt und Gliedern eingeführte Harmonie unverrückt bewahren“, Frankfurt am Main u. a. 2007.

351. K. E. KUMMER, Landstände und Landschaftsverordnung unter Maximilian I. von Bayern (1598–1651), Berlin 2005.

352. U. LANGE, Landtag und Ausschuß. Zum Problem der Handlungsfähigkeit landständischer Versammlungen im Zeitalter der Entstehung des frühmodernen Staates. Die welfischen Territorien als Beispiel (1500–1629), Hildesheim 1986.

353. U. LANGE, Die politischen Privilegien der schleswig-holsteinischen Stände 1588–1675. Veränderung von Normen politischen Handelns, Neumünster 1980.

354. U. LANGE (Hrsg.), Landgemeinde und frühmoderner Staat. Beiträge zum Problem der gemeindlichen Selbstverwaltung in Dänemark, Schleswig-Holstein und Niedersachsen in der frühen Neuzeit, Sigmaringen 1988.

355. B. MARQUARDT, Das Römisch-Deutsche Reich als Segmentäres Verfassungssystem (1348–1806/48). Versuch zu einer neuen Verfassungstheorie auf der Grundlage der Lokalen Herrschaften, Zürich 1999.

356. H. MOHNHAUPT, Die Mitwirkung der Landstände an der Gesetzgebung. Argumente und Argumentationsweise in der Literatur des 17. und 18. Jahrhunderts, in: M. STOLLEIS (Hrsg.), Die Bedeutung der Wörter. Studien zur europäischen Rechtsgeschichte. Festschrift für S. Gagnér zum 70. Geburtstag, München 1991, 249–264.

357. CHR. L. MUELLER, The Styrian Estates 1740–1848. A Century of Transition, New York/London 1987.

358. W. NEUGEBAUER, Politischer Wandel im Osten. Ost- und Westpreußen von den alten Ständen zum Konstitutionalismus, Stuttgart 1992.

359. K. ORZECHOWSKI, Ogólnośląskie zgromadzenia stanowe, Warszawa/Wrocław 1979.

360. M. PTAK, Zgromadzenia i urzędy stanowe księstwa głogowskiego od początku XIV w. do 1742 r., Wrocław 1991.

361. F. QUARTHAL, Landstände und landständisches Steuerwesen in Schwäbisch-Österreich, Stuttgart 1980.

362. A. VON REDEN, Landständische Verfassung und fürstliches Regiment in Sachsen-Lauenburg (1543–1689), Göttingen 1974.

363. R. RENGER, Landesherr und Landstände im Hochstift Osnabrück in der Mitte des 18. Jahrhunderts. Untersuchungen zur Institutionengeschichte des Ständestaates im 17. und 18. Jahrhundert, Göttingen 1968.

364. E. SCHUBERT, Die Landstände des Hochstifts Würzburg, Würzburg 1967.
365. V. SERESSE, Politische Normen in Kleve-Mark während des 17. Jahrhunderts. Argumentationsgeschichtliche und herrschaftstheoretische Zugänge zur politischen Kultur der frühen Neuzeit, Epfendorf/Neckar 2005.
366. B. STOLLBERG-RILINGER, Vormünder des Volkes? Konzepte landständischer Repräsentation in der Spätphase des Alten Reiches, Berlin 1999.
367. A. STROHMEYER, Konfessionskonflikt und Herrschaftsordnung. Widerstandsrecht bei den österreichischen Ständen (1550–1650), Mainz 2006.
368. R. WALZ, Stände und frühmoderner Staat. Die Landstände von Jülich-Berg im 16. und 17. Jahrhundert, Neustadt an der Aisch 1982.
369. B. BEI DER WIEDEN (Hrsg.), Handbuch der niedersächsischen Landtags- und Ständegeschichte. Bd. 1: 1500–1806, Hannover 2004.
370. D. WILLOWEIT, Genossenschaftsprinzip und altständische Entscheidungsstrukturen in der frühneuzeitlichen Staatsentwicklung, in: G. DILCHER/B. DIESTELKAMP (Hrsg.), Recht, Gericht, Genossenschaft und Policey. Studien zu Grundbegriffen der germanistischen Rechtshistorie, Berlin 1986, 126–138.
371. A. WÜRGLER, Desideria und Landesordnungen. Kommunaler und landständischer Einfluß auf die fürstliche Gesetzgebung in Hessen-Kassel 1650–1800, in: P. BLICKLE (Hrsg.), Gemeinde und Staat im Alten Europa, München 1998, 149–207.
372. W. WÜST, Gemeindeverband und Territorialstaat in Ostschwaben: „Landständischer" Partikularismus oder administrative Doppelverantwortung?, in: P. FASSL/W. LIEBHART/W. WÜST (Hrsg.), Aus Schwaben und Altbayern. Festschrift für Pankraz Fried zum 60. Geburtstag, Sigmaringen 1991, 293–396.

### 2.8 *Kirchenregiment und Landesherrschaft*

373. I. AUERBACH (Hrsg.), Reformation und Landesherrschaft, Marburg 2005.
374. J. BAHLCKE, Ungarischer Episkopat und österreichische Monarchie. Von einer Partnerschaft zur Konfrontation (1686–1790), Stuttgart 2005.
375. H.-J. BECKER, Die Reichskirche um 1800, in: W. BRAUNEDER

(Hrsg.), Heiliges Römisches Reich und moderne Staatlichkeit, Frankfurt am Main. u. a. 1993, 147–159.

376. M. Benad, Toleranz als Gebot christlicher Obrigkeit. Das Büdinger Patent von 1712, Hildesheim 1983.

377. K. Blaschke, Wechselwirkungen zwischen der Reformation und dem Aufbau des Territorialstaates, in: Der Staat 9 (1970) 347–364.

378. W. Bofinger, Kirche und werdender Territorialstaat. Eine Untersuchung zur Kirchenreform Herzog Ulrichs von Württemberg, in: Blätter für württembergische Kirchengeschichte 65 (1965) 75–149.

379. J. Bücking, Frühabsolutismus und Kirchenreform in Tirol (1565–1665). Ein Beitrag zum Ringen zwischen ‚Staat' und ‚Kirche' in der frühen Neuzeit, Wiesbaden 1972.

380. I. Crusius (Hrsg.), Zur Säkularisation geistlicher Institutionen im 16. und im 18./19. Jahrhundert, Göttingen 1996.

381. W. Freitag, Konfessionelle Kulturen und innere Staatsbildung. Zur Konfessionalisierung in westfälischen Territorien, in: Westfälische Forschungen 42 (1992) 75–191.

382. R. von Friedeburg, Landesherrschaft und Kirchenzucht. Voraussetzungen und Folgen von Staatsbildungsprozessen für Chancen und Erfolge reformierter Sittenzucht: Die Landgrafschaft Hessen(-Kassel) und die Grafschaft Essex im Vergleich, 1560–1660, in: Westfälische Forschungen 42 (1992) 192–214.

383. I. Gampl, Staat – Kirche – Individuum in der Rechtsgeschichte Österreichs zwischen Reformation und Revolution, Wien/Köln/Graz 1984.

384. M. Heckel, Gesammelte Schriften. Staat, Kirche, Recht, Geschichte. Bd. 1–5. Hrsg. v. K. Schlaich. Tübingen 1989–2004.

385. A. Hopfenmüller, Der Geistliche Rat unter den Kurfürsten Ferdinand Maria und Max Emanuel von Bayern (1651–1726), München 1985.

386. M. Kißener, Ständemacht und Kirchenreform. Bischöfliche Wahlkapitulationen im Nordwesten des Alten Reiches 1265–1803, Paderborn u. a. 1993.

387. H. Klueting, „Quidquid est in territorio, etiam est de territorio". Josephinisches Staatskirchentum als rationaler Territorialismus, in: Der Staat 37 (1998) 417–434.

388. F. Konersmann, Kirchenregiment und Kirchenzucht im frühneuzeitlichen Kleinstaat. Studien zu den herrschaftlichen und gesell-

schaftlichen Grundlagen des Kirchenregiments der Herzöge von Pfalz-Zweibrücken 1410–1793, Speyer 1996.

389. St. Kremer, Herkunft und Werdegang geistlicher Führungsschichten in den Reichsbistümern zwischen Westfälischem Frieden und Säkularisation. Fürstbischöfe – Weihbischöfe – Generalvikare, Freiburg/Basel/Wien 1992.

390. H.-W. Krumwiede, Zur Entstehung des landesherrlichen Kirchenregimentes in Kursachsen und Braunschweig-Wolfenbüttel, Göttingen 1967.

391. Chr. Link, Staat und Kirche in der neueren deutschen Geschichte. Fünf Abhandlungen, Frankfurt am Main 2000.

392. P. Münch, Zucht und Ordnung. Reformierte Kirchenverfassungen im 16. und 17. Jahrhundert (Nassau-Dillenburg, Kurpfalz, Hessen-Kassel), Stuttgart 1978.

393. V. Press, Die Territorialstruktur des Reiches und die Reformation, in: R. Postel/F. Kopitzsch (Hrsg.), Reformation und Revolution. Beiträge zum politischen Wandel und den sozialen Kräften am Beginn der Neuzeit, Stuttgart 1989, 239–268.

394. H. Rankl, Das Kirchenregiment der weltlichen Fürsten im 15. und 16. Jahrhundert. Das Beispiel Bayern, in: Annali dell'Istituto storico italo-germanico in Trento. Jahrbuch des italienisch-deutschen historischen Instituts in Trient 30 (2004) 223–269.

395. Chr. Römer (Hrsg.), Evangelische Landeskirchen der Harzterritorien in der frühen Neuzeit, Berlin 2003.

396. M. Rudersdorf, Ludwig IV. Landgraf von Hessen-Marburg 1537–1604. Landesteilung und Luthertum in Hessen, Mainz 1991.

397. K. Schlaich, Der rationale Territorialismus. Die Kirche unter dem staatsrechtlichen Absolutismus um die Wende vom 17. zum 18. Jh., in: Zeitschrift der Savigny-Stiftung für Rechtsgeschichte. Kanonistische Abteilung 54 (1968) 269–340.

398. H. Schilling, Konfessionskonflikt und Staatsbildung. Eine Fallstudie über das Verhältnis von religiösem und sozialem Wandel in der Frühneuzeit am Beispiel der Grafschaft Lippe, Gütersloh 1981.

399. H. R. Schmidt, Konfessionalisierung im 16. Jahrhundert, München 1992.

400. H. Schmidt, Kirchenregiment und Landesherrschaft im Selbstverständnis niedersächsischer Fürsten des 16. Jahrhunderts, in: Niedersächsisches Jahrbuch für Landesgeschichte 56 (1984) 31–58.

401. B. Chr. Schneider, Ius Reformandi. Die Entwicklung eines

Staatskirchenrechts von seinen Anfängen bis zum Ende des Alten Reiches, Tübingen 2001.
402. L. Schorn-Schütte, Evangelische Geistlichkeit in der Frühneuzeit. Deren Anteil an der Entfaltung frühmoderner Staatlichkeit und Gesellschaft. Dargestellt am Beispiel des Fürstentums Braunschweig-Wolfenbüttel, der Landgrafschaft Hessen-Kassel und der Stadt Braunschweig, Gütersloh 1996.
403. U. Sibeth, Eherecht und Staatsbildung. Ehegesetzgebung und Eherechtsprechung in der Landgrafschaft Hessen (-Kassel) in der frühen Neuzeit, Darmstadt/Marburg 1994.
404. J. Sieglerschmidt, Territorialstaat und Kirchenregiment. Studien zur Rechtsdogmatik des Kirchenpatronatsrechts im 15. und 16. Jahrhundert, Köln/Wien 1987.
405. W. Sommer, Gottesfurcht und Fürstenherrschaft. Studien zum Obrigkeitsverständnis Johann Arndts und lutherischer Hofprediger zur Zeit der altprotestantischen Orthodoxie, Göttingen 1988.
406. D. Stievermann, Landesherrschaft und Klosterwesen im spätmittelalterlichen Württemberg, Sigmaringen 1989.
407. H. de Wall, Spannungen und Paradoxien im rationalen Territorialismus, in: Zeitschrift der Savigny-Stiftung für Rechtsgeschichte. Kanonistische Abteilung 92 (2006) 554–569.
408. G. Wartenberg, Landesherrschaft und Reformation. Moritz von Sachsen und die albertinische Kirchenpolitik bis 1546, Gütersloh 1988.

## 2.9 *Militär und Krieg*

409. M. Asche/A. Schindling (Hrsg.), Das Strafgericht Gottes. Kriegserfahrungen und Religion im Heiligen Römischen Reich Deutscher Nation im Zeitalter des Dreißigjährigen Krieges, Münster [2]2002 [[1]2001].
410. R. Baumann, Das Söldnerwesen im 16. Jahrhundert im bayerischen und süddeutschen Beispiel. Eine gesellschaftsgeschichtliche Untersuchung, München 1978.
411. O. Büsch, Militärsystem und Sozialleben im alten Preußen 1713–1807. Die Anfänge der sozialen Militarisierung der preußisch-deutschen Gesellschaft, Frankfurt am Main/Berlin/Wien [2]1981 [Berlin [1]1962, engl. Boston 1997].
412. J. Burkhardt, Die Friedlosigkeit der Frühen Neuzeit. Grundlegung einer Theorie der Bellizität Europas, in: Zeitschrift für Historische Forschung 24 (1997) 509–574.

413. P. BURSCHEL, Söldner im Nordwestdeutschland des 16. und 17. Jahrhunderts. Sozialgeschichtliche Studien, Göttingen 1994.
414. H. EICHBERG, Festung, Zentralmacht und Sozialgeometrie. Kriegsingenieurwesen des 17. Jahrhunderts in den Herzogtümern Bremen und Verden, Köln/Wien 1989.
415. TH. FUCHS, Idee und Wirklichkeit des hessen-kasselischen Militärstaates, in: Zeitschrift des Vereins für Hessische Geschichte und Landeskunde 106 (2001) 19–35.
416. P.-M. HAHN, Aristokratisierung und Professionalisierung. Der Aufstieg der Obristen zu einer militärischen und höfischen Elite in Brandenburg-Preußen von 1650–1725, in: Forschungen zur brandenburgischen und preußischen Geschichte N.F. 1 (1991) 161–208.
417. H.-W. HERRMANN/F. IRSIGLER (Hrsg.), Beiträge zur Geschichte der frühneuzeitlichen Garnisons- und Festungsstadt, Saarbrücken 1983.
418. G. HOLLENBERG, Landstände und Militär in Hessen-Kassel, in: Hessisches Jahrbuch für Landesgeschichte 34 (1998) 101–127.
419. D. HOHRATH, Eroberer, Besatzer, Verteidiger. Festungsstädte unter „fremder" Herrschaft im Krieg des 18. Jahrhunderts, in: G. KRONENBITTER/M. PÖHLMANN/D. WALTER (Hrsg.), Besatzung. Funktion und Gestalt militärischer Fremdherrschaft von der Antike bis zum 20. Jahrhundert, Paderborn u. a. 2006, 67–79.
420. M. KAISER/ST. KROLL (Hrsg.), Militär und Religiosität in der Frühen Neuzeit, Münster 2004.
421. C. KAPSER, Die bayerische Kriegsorganisation in der zweiten Hälfte des Dreißigjährigen Krieges 1635–1648/49, Münster 1997.
422. G. KNÜPPEL, Das Heerwesen des Fürstentums Schleswig-Holstein-Gottorf 1600–1715. Ein Beitrag zur Verfassungs- und Sozialgeschichte territorialstaatlicher Verteidigungseinrichtungen, Neumünster 1972.
423. J. KRAUS, Das Militärwesen der Reichsstadt Augsburg 1548–1806. Vergleichende Untersuchungen über städtische Militäreinrichtungen in Deutschland vom 16.–18. Jahrhundert, Augsburg 1980.
424. B. R. KROENER/R. PRÖVE (Hrsg.), Krieg und Frieden. Militär und Gesellschaft in der Frühen Neuzeit, Paderborn u. a. 1996.
425. ST. KROLL, Soldaten im 18. Jahrhundert zwischen Friedensalltag und Kriegserfahrung. Lebenswelten und Kultur in der kursächsischen Armee 1728–1796, Paderborn u. a. 2006.
426. J. KUNISCH, Fürst – Gesellschaft – Krieg. Studien zur bellizisti-

schen Disposition des absoluten Fürstenstaates, Köln/Weimar/Wien 1992.

427. J. Kunisch (Hrsg.), Staatsverfassung und Heeresverfassung in der europäischen Geschichte der frühen Neuzeit, Berlin 1986.

428. P. Lautzas, Die Festung Mainz im Zeitalter des Ancien Régime, der Französischen Revolution und des Empire (1736–1814). Ein Beitrag zur Militärstruktur des Mittelrhein-Gebietes, Wiesbaden 1973.

429. J. Luh, Heer und Herrschaft. Zur Rolle der Armee im Integrationsprozeß der kurbrandenburgischen Territorien, in: M. Kaiser/M. Rohrschneider (Hrsg.), Membra unius capitis. Studien zu Herrschaftsauffassungen und Regierungspraxis in Kurbrandenburg (1640–1688), Berlin 2005, 235–245.

430. U. Marwitz, Staatsräson und Landesdefension. Untersuchungen zum Kriegswesen des Herzogtums Preußen 1640–1655, Boppard am Rhein 1984.

431. W. Neugebauer, Staat – Krieg – Korporation. Zur Genese politischer Strukturen im 17. und 18. Jahrhundert, in: Historisches Jahrbuch 123 (2003) 197–237.

432. J. Nowosadtko, Stehendes Heer im Ständestaat. Das Zusammenleben von Militär- und Zivilbevölkerung im Fürstbistum Münster 1650–1803, Paderborn u. a. 2007.

433. G. Papke, Von der Miliz zum Stehenden Heer. Wehrwesen im Absolutismus, in: Handbuch zur deutschen Militärgeschichte. Bd. 1, München 1979, 1–311.

434. R. Pröve, Stehendes Heer und städtische Gesellschaft im 18. Jahrhundert. Göttingen und seine Militärbevölkerung 1713–1756, München 1995.

435. P. Rauscher (Hrsg.), Kriegführung und Staatsfinanzen. Die Habsburgermonarchie und das Heilige Römische Reich vom Dreißigjährigen Krieg bis zum Ende des habsburgischen Kaisertums 1740, Münster 2010.

436. M. Rink, Vom „Partheygänger“ zum Partisanen. Die Konzeption des kleinen Krieges in Preußen 1740–1813, Frankfurt am Main u. a. 1999.

437. H. Schnitter, Volk und Landesdefension. Volksaufgebote, Defensionswerke, Landmilizen in den deutschen Territorien vom 15. bis zum 18. Jahrhundert, Berlin 1977.

438. W. Schulze, Landesdefension und Staatsbildung. Studien zum Kriegswesen des innerösterreichischen Territorialstaates (1564–1619), Wien/Köln/Graz 1973.

439. B. Sicken, Die Streitkräfte des Hochstifts Würzburg gegen Ende des Ancien Régime. Beobachtungen zur Organisation und Sozialstruktur, in: Zeitschrift für bayerische Landesgeschichte 47 (1984) 691–744.
440. M. Sikora, Disziplin und Desertion. Strukturprobleme militärischer Organisation im 18. Jahrhundert, Berlin 1996.
441. G. Thies, Territorialstaat und Landesverteidigung. Das Landesdefensionswerk in Hessen-Kassel unter Landgraf Moritz (1592–1627), Darmstadt/Marburg 1973.
442. C. Ulbrich/C. Jarzebowski/M. Hohkamp (Hrsg.), Gewalt in der Frühen Neuzeit, Berlin 2005.
443. B. Wegner (Hrsg.), Wie Kriege entstehen. Zum historischen Hintergrund von Staatenkonflikten, Paderborn u. a. 2000.
444. Th. Wollschläger, Die „Military Revolution„ und der deutsche Territorialstaat unter besonderer Berücksichtigung Brandenburg-Preußens und Sachsens. Determinanten der Staatskonsolidierung im europäischen Kontext 1670–1740, Norderstedt 2004.

*2.10 Territorien, Reich und auswärtige Beziehungen*

445. J. Arndt, Das Niederrheinisch-Westfälische Reichsgrafenkollegium und seine Mitglieder (1653–1806), Mainz 1991.
446. A. Begert, Böhmen, die böhmische Kur und das Reich vom Hochmittelalter bis zum Ende des Alten Reiches. Studien zur Kurwürde und zur staatsrechtlichen Stellung Böhmens, Husum 2003.
447. E. Böhme, Das fränkische Reichsgrafenkollegium im 16. und 17. Jahrhundert. Untersuchungen zu den Möglichkeiten und Grenzen der korporativen Politik mindermächtiger Reichsstände, Stuttgart 1989.
448. W. Brauneder (Hrsg.), Staatliche Vereinigung: Fördernde und hemmende Elemente in der deutschen Geschichte, Berlin 1998.
449. W. Burgdorf, Reichskonstitution und Nation. Verfassungsreformprojekte für das Heilige Römische Reich Deutscher Nation im politischen Schrifttum von 1648 bis 1806, Mainz 1998.
450. W. Burgdorf, Ein Weltbild verliert seine Welt. Der Untergang des Alten Reiches und die Generation 1806, München [2]2009 [[1]2006].
451. J. Burkhardt, Der Westfälische Friede und die Legende von der landesherrlichen Souveränität, in: J. Engelbrecht/St. Laux (Hrsg.), Landes- und Reichsgeschichte. Festschrift für Hansgeorg Molitor zum 65. Geburtstag, Bielefeld 2004, 199–220.

452. A. BUSCHMANN, Kaiser, Reich und Landesherren. Reichsrecht und Landesherrschaft im Heiligen Römischen Reich, in: D. MURSWIEK/U. STOROST/H. A. WOLFF (Hrsg.), Staat – Souveränität – Verfassung. Festschrift für H. Quaritsch zum 70. Geburtstag, Berlin 2000, 449–474.

453. W. DOTZAUER, Die deutschen Reichskreise (1383–1806). Geschichte und Aktenedition, Stuttgart 1998.

454. H. DUCHHARDT, Balance of Power und Pentarchie 1700–1785. Internationale Beziehungen 1700–1785, Paderborn u. a. 1997.

455. H. DUCHHARDT (Hrsg.), Friedrich der Große, Franken und das Reich, Köln/Wien 1986.

456. J. ECHTERNKAMP, Der Aufstieg des deutschen Nationalismus (1770–1840), Frankfurt am Main/New York 1998.

457. A. ECKHARDT, Hoheits- und Grenzauseinandersetzungen in Reichskammergerichtsprozessen im Zeitalter der Konsolidierung des Territorialstaats im 16. und frühen 17. Jahrhundert anhand nordwestdeutscher Beispiele, in: B. DIESTELKAMP (Hrsg.), Forschungen aus Akten des Reichskammergerichts, Köln/Wien 1984, 75–97.

458. S. EXTERNBRINK, Friedrich der Große, Maria Theresia und das Alte Reich. Deutschlandbild und Diplomatie Frankreichs im Siebenjährigen Krieg, Berlin 2006.

459. B. FASSBENDER, Auswärtige Hoheitsrechte der deutschen Territorien und Einzelstaaten vor der Reichsgründung. Ein Beitrag zur Vorgeschichte moderner bundesstaatlicher Kompetenzverteilung, in: Der Staat 42 (2003) 409–436.

460. M. FIMPEL, Reichsjustiz und Territorialstaat. Württemberg als Kommissar von Kaiser und Reich im Schwäbischen Kreis (1648–1806), Tübingen 1999.

461. R. VON FRIEDEBURG (Hrsg.), ‚Patria' und ‚Patrioten' vor dem Patriotismus. Pflichten, Rechte, Glauben und die Rekonfigurierung europäischer Gemeinwesen im 17. Jahrhundert, Wiesbaden 2005.

462. TH. FRÖSCHL (Hrsg.), Föderationsmodelle und Unionsstrukturen. Über Staatenverbindungen in der frühen Neuzeit vom 15. zum 18. Jahrhundert, Wien/München 1994.

463. U. GITTEL, Die Aktivitäten des Niedersächsischen Reichskreises in den Sektoren „Friedenssicherung" und „Policey" (1555–1682), Hannover 1996.

464. A. GOTTHARD, Vormoderne Lebensräume. Annäherungsversuch an die Heimaten des frühneuzeitlichen Mitteleuropäers, in: Historische Zeitschrift 276 (2003) 37–73.

465. H. Th. Gräf, Konfession und internationales System. Die Außenpolitik Hessen-Kassels im konfessionellen Zeitalter, Darmstadt/Marburg 1993.

466. P. C. Hartmann, Der Bayerische Reichskreis (1500 bis 1803). Strukturen, Geschichte und Bedeutung im Rahmen der Kreisverfassung und der allgemeinen institutionellen Entwicklung des Heiligen Römischen Reiches, Berlin 1997.

467. P. C. Hartmann, Geld als Instrument europäischer Machtpolitik im Zeitalter des Merkantilismus. Studien zu den finanziellen und politischen Beziehungen der Wittelsbacher Territorien Kurbayern, Kurpfalz und Kurköln mit Frankreich und dem Kaiser von 1715 bis 1740, München 1978.

468. P. C. Hartmann (Hrsg.), Der Mainzer Kurfürst als Reichserzkanzler. Funktionen, Aktivitäten, Ansprüche und Bedeutung des Zweiten Mannes im Alten Reich, Stuttgart 1997.

469. G. Haug-Moritz, Württembergischer Ständekonflikt und deutscher Dualismus. Ein Beitrag zur Geschichte des Reichsverbands in der Mitte des 18. Jahrhunderts, Stuttgart 1992.

470. W. Heindl/E. Saurer (Hrsg.), Grenze und Staat. Paßwesen, Staatsbürgerschaft, Heimatrecht und Fremdengesetzgebung in der österreichischen Monarchie (1750–1867), Wien/Köln/Weimar 2000.

471. F. Hertz, Die Rechtsprechung der höchsten Reichsgerichte im römisch-deutschen Reich und ihre politische Bedeutung, in: Mitteilungen des Instituts für österreichische Geschichtsforschung 69 (1961) 331–358.

472. S. Jahns, „Mecklenburgisches Wesen“ oder absolutistisches Regiment? Mecklenburgischer Ständekonflikt und neue kaiserliche Reichspolitik (1658–1755), in: P.-J. Heinig u.a. (Hrsg.), Reich, Regionen und Europa in Mittelalter und Neuzeit. Festschrift für P. Moraw, Berlin 2000, 323–351.

473. H. Klueting. Die Lehre von der Macht der Staaten. Das außenpolitische Machtproblem in der „politischen Wissenschaft“ und in der praktischen Politik im 18. Jahrhundert, Berlin 1986.

474. H. Klueting/W. Schmale (Hrsg.), Das Reich und seine Territorialstaaten im 17. und 18. Jahrhundert. Aspekte des Mit-, Neben- und Gegeneinander, Münster 2004.

475. M. Kurz u.a. (Hrsg.), Das Osmanische Reich und die Habsburgermonarchie, Wien/München 2005.

476. D. Langewiesche/G. Schmidt (Hrsg.), Föderative Nation. Deutschlandkonzepte von der Reformation bis zum Ersten Weltkrieg, München 2000.

477. A. LAUFS, Der Schwäbische Kreis. Studien über Einungswesen und Reichsverfassung im deutschen Südwesten zu Beginn der Neuzeit, Aalen 1971.

478. A. KOHLER, Expansion und Hegemonie. Internationale Beziehungen 1450–1559, Paderborn u. a. 2008.

479. H. MEDICK, Grenzziehung und die Herstellung des politisch-sozialen Raumes. Zur Begriffsgeschichte und politischen Sozialgeschichte der Grenzen in der Frühen Neuzeit, in: B. WEISBROD (Hrsg.), Grenzland. Beiträge zur Geschichte der deutsch-deutschen Grenze, Hannover 1993, 195–211.

480. M. MÜLLER, Die Entwicklung des Kurrheinischen Kreises in seiner Verbindung mit dem Oberrheinischen Kreis im 18. Jahrhundert, Frankfurt am Main u. a. 2008.

481. R. REXHEUSER (Hrsg.), Die Personalunionen von Sachsen-Polen 1697–1763 und Hannover-England 1714–1837. Ein Vergleich, Wiesbaden 2005.

482. H. SCHILLING, Konfessionalisierung und Staatsinteressen. Internationale Beziehungen 1559–1660, Paderborn u. a. 2007.

483. G. SCHMIDT, Der Wetterauer Grafenverein. Organisation und Politik einer Reichskorporation zwischen Reformation und Westfälischem Frieden, Marburg 1989.

484. G. SCHMIDT, Der Städtetag in der Reichsverfassung. Eine Untersuchung zur korporativen Politik der Freien und Reichsstädte in der ersten Hälfte des 16. Jahrhunderts, Stuttgart 1984.

485. K. SCHNEIDER, Die Münz- und Währungspolitik des Oberrheinischen Reichskreises im 18. Jahrhundert, Koblenz 1995.

486. M. SCHNETTGER (Hrsg.), Imperium Romanum – irregulare corpus – Teutscher Reichs-Staat. Das Alte Reich im Verständnis der Zeitgenossen und der Historiographie, Mainz 2002.

487. G. SCHNUCK, Rheinbundpatriotismus und politische Öffentlichkeit zwischen Aufklärung und Frühliberalismus. Kontinuitätsdenken und Diskontinuitätserfahrung in den Staatsrechts- und Verfassungsdebatten der Rheinbundpublizistik, Stuttgart 1994.

488. P.-CHR. STORM, Der Schwäbische Kreis als Feldherr. Untersuchungen zur Wehrverfassung des Schwäbischen Reichskreises in der Zeit von 1648 bis 1732, Berlin 1974.

489. J. A. VANN, The Swabian Kreis. Institutional Growth in the Holy Roman Empire, 1648–1715, Bruxelles 1975.

490. J. VÖTSCH, Kursachsen, das Reich und der mitteldeutsche Raum zu Beginn des 18. Jahrhunderts, Frankfurt am Main u. a. 2003.

491. M. WEBER, Das Verhältnis Schlesiens zum Alten Reich in der Frühen Neuzeit, Köln/Weimar/Wien 1992.
492. M. WEBER (Hrsg.), Preußen in Ostmitteleuropa. Geschehensgeschichte und Verstehensgeschichte, München 2003.
493. S. WESTPHAL, Kaiserliche Rechtsprechung und herrschaftliche Stabilisierung. Reichsgerichtsbarkeit in den thüringischen Territorialstaaten 1648–1806, Köln/Weimar/Wien 2002.
494. D. WILLOWEIT/H. LEMBERG (Hrsg.), Reiche und Territorien in Ostmitteleuropa. Historische Beziehungen und politische Herrschaftslegitimation, München 2006.
495. W. WÜST (Hrsg.), Reichskreis und Territorium: Die Herrschaft über der Herrschaft? Supraterritoriale Tendenzen in Politik, Kultur, Wirtschaft und Gesellschaft. Ein Vergleich süddeutscher Reichskreise, Stuttgart 2000.
496. W. ZIEGLER, Die bayerisch-böhmische Grenze in der Frühen Neuzeit – ein Beitrag zur Grenzproblematik in Mitteleuropa, in: W. SCHMALE/R. STAUBER (Hrsg.), Menschen und Grenzen in der Frühen Neuzeit, Berlin 1998, 116–130.

# Register

Das Register umfasst Personennamen, geographische Begriffe – Orte, Landschaften, Territorien, Großräume – sowie eine Auswahl wichtiger Sachbetreffe. Regierende Fürsten stehen unter ihren Vornamen. Autoren- und Herausgebernamen sind durch Kapitälchen gekennzeichnet, die Vornamen werden abgekürzt. Der Begriff „Heiliges Römisches Reich" beziehungsweise „Deutschland" wurde im Ortsregister nicht berücksichtigt. Sofern Städte und Herrschaften gleiche Namen besitzen, stehen die Seitenzahlen zusammengefasst bei einem Eintrag.

## 1. Personen- und Autorenregister

## 2. Ortsregister

# 3. Sachregister

# Enzyklopädie deutscher Geschichte

## Themen und Autoren

### Mittelalter

Gesellschaft
Agrarwirtschaft, Agrarverfassung und ländliche Gesellschaft im Mittelalter (Werner Rösener) 1992. EdG 13
Adel, Rittertum und Ministerialität im Mittelalter (Werner Hechberger) 2. Aufl. 2010. EdG 72
Die Stadt im Mittelalter (Frank Hirschmann) 2016. EdG 84
Die Armen im Mittelalter (Otto Gerhard Oexle)
Frauen- und Geschlechtergeschichte des Mittelalters (Hedwig Röckelein)
Die Juden im mittelalterlichen Reich (Michael Toch) 3. Aufl. 2013. EdG 44

Wirtschaft
Wirtschaftlicher Wandel und Wirtschaftspolitik im Mittelalter (Michael Rothmann)

Kultur, Alltag, Mentalitäten
Wissen als soziales System im Frühen und Hochmittelalter (Johannes Fried)
Die geistige Kultur im späteren Mittelalter (Johannes Helmrath)
Die ritterlich-höfische Kultur des Mittelalters (Werner Paravicini) 3., um einen Nachtrag erw. Aufl. 2011. EdG 32

Religion und Kirche
Die mittelalterliche Kirche (Michael Borgolte) 2. Aufl. 2004. EdG 17
Grundformen der Frömmigkeit im Mittelalter (Arnold Angenendt) 2. Aufl. 2004. EdG 68

Politik, Staat, Verfassung
Die Germanen (Walter Pohl) 2. Aufl. 2004. EdG 57
Das römische Erbe und das Merowingerreich (Reinhold Kaiser) 3., überarb. u. erw. Aufl. 2004. EdG 26
Die Herrschaften der Karolinger 714–911 (Jörg W. Busch) 2011. EdG 88
Die Entstehung des Deutschen Reiches (Joachim Ehlers) 4., um einen Nachtrag erw. Aufl. 2010. EdG 31
Königtum und Königsherrschaft im 10. und 11. Jahrhundert (Egon Boshof) 3., aktual. und um einen Nachtrag erw. Aufl. 2010. EdG 27
Der Investiturstreit (Wilfried Hartmann) 3., überarb. u. erw. Aufl. 2007. EdG 21
König und Fürsten, Kaiser und Papst nach dem Wormser Konkordat (Bernhard Schimmelpfennig) 2. Aufl. 2010. EdG 37
Deutschland und seine Nachbarn 1200–1500 (Dieter Berg) 1996. EdG 40
Die kirchliche Krise des Spätmittelalters (Heribert Müller) 2012. EdG 90
König, Reich und Reichsreform im Spätmittelalter (Karl-Friedrich Krieger) 2., durchges. Aufl. 2005. EdG 14
Fürstliche Herrschaft und Territorien im späten Mittelalter (Ernst Schubert) 2. Aufl. 2006. EdG 35

### Frühe Neuzeit

Gesellschaft
Bevölkerungsgeschichte und historische Demographie 1500–1800 (Christian Pfister) 2. Aufl. 2007. EdG 28
Migration in der Frühen Neuzeit (Matthias Asche)
Umweltgeschichte der Frühen Neuzeit (Reinhold Reith) 2011. EdG 89

# Enzyklopädie deutscher Geschichte
# Themen und Autoren

## Mittelalter

Gesellschaft

**Agrarwirtschaft, Agrarverfassung und ländliche Gesellschaft im Mittelalter (Werner Rösener) 1992. EdG 13**
**Adel, Rittertum und Ministerialität im Mittelalter (Werner Hechberger) 2. Aufl. 2010. EdG 72**
**Die Stadt im Mittelalter (Frank Hirschmann) 2009. EdG 84**
Die Armen im Mittelalter (Otto Gerhard Oexle)
Frauen- und Geschlechtergeschichte des Mittelalters (N. N.)
**Die Juden im mittelalterlichen Reich (Michael Toch) 2. Aufl. 2003. EdG 44**

Wirtschaft

Wirtschaftlicher Wandel und Wirtschaftspolitik im Mittelalter (Michael Rothmann)

Kultur, Alltag, Mentalitäten

Wissen als soziales System im Frühen und Hochmittelalter (Johannes Fried)
**Die ritterlich-höfische Kultur des Mittelalters (Werner Paravicini) 3., um einen Nachtrag erw. Aufl. 2011. EdG 32**

Religion und Kirche

**Die mittelalterliche Kirche (Michael Borgolte) 2. Aufl. 2004. EdG 17**
**Grundformen der Frömmigkeit im Mittelalter (Arnold Angenendt) 2. Aufl. 2004. EdG 68**

Politik, Staat, Verfassung

**Die Germanen (Walter Pohl) 2. Aufl. 2004. EdG 57**
**Das römische Erbe und das Merowingerreich (Reinhold Kaiser) 3., überarb. u. erw. Aufl. 2004. EdG 26**
**Die Herrschaften der Karolinger 714–911 (Jörg W. Busch) 2011. EdG 88**
**Die Entstehung des Deutschen Reiches (Joachim Ehlers) 3., um einen Nachtrag erw. Aufl. 2010. EdG 31**
**Königtum und Königsherrschaft im 10. und 11. Jahrhundert (Egon Boshof) 3., aktual. und um einen Nachtrag erw. Aufl. 2010. EdG 27**
**Der Investiturstreit (Wilfried Hartmann) 3., überarb. u. erw. Aufl. 2007. EdG 21**
**König und Fürsten, Kaiser und Papst nach dem Wormser Konkordat (Bernhard Schimmelpfennig) 2. Aufl. 2010. EdG 37**
**Deutschland und seine Nachbarn 1200–1500 (Dieter Berg) 1996. EdG 40**
**Die kirchliche Krise des Spätmittelalters (Heribert Müller) 2012. EdG 90**
**König, Reich und Reichsreform im Spätmittelalter (Karl-Friedrich Krieger) 2., durchges. Aufl. 2005. EdG 14**
**Fürstliche Herrschaft und Territorien im späten Mittelalter (Ernst Schubert) 2. Aufl. 2006. EdG 35**

## Frühe Neuzeit

Gesellschaft

**Bevölkerungsgeschichte und historische Demographie 1500–1800 (Christian Pfister) 2. Aufl. 2007. EdG 28**
Migration in der Frühen Neuzeit (Matthias Asche)
**Umweltgeschichte der Frühen Neuzeit (Reinhold Reith) 2011. EdG 89**

**Bauern zwischen Bauernkrieg und Dreißigjährigem Krieg (André Holenstein) 1996. EdG 38**
**Bauern 1648–1806 (Werner Troßbach) 1992. EdG 19**
**Adel in der Frühen Neuzeit (Rudolf Endres) 1993. EdG 18**
**Der Fürstenhof in der Frühen Neuzeit (Rainer A. Müller) 2. Aufl. 2004. EdG 33**
**Die Stadt in der Frühen Neuzeit (Heinz Schilling) 2. Aufl. 2004. EdG 24**
**Armut, Unterschichten, Randgruppen in der Frühen Neuzeit (Wolfgang von Hippel) 1995. EdG 34**
**Unruhen in der ständischen Gesellschaft 1300–1800 (Peter Blickle) 2., erw. Aufl. 2010. EdG 1**
Frauen- und Geschlechtergeschichte 1500–1800 (N. N.)
**Die deutschen Juden vom 16. bis zum Ende des 18. Jahrhunderts (J. Friedrich Battenberg) 2001. EdG 60**

Wirtschaft
**Die deutsche Wirtschaft im 16. Jahrhundert (Franz Mathis) 1992. EdG 11**
**Die Entwicklung der Wirtschaft im Zeitalter des Merkantilismus 1620–1800 (Rainer Gömmel) 1998. EdG 46**
**Landwirtschaft in der Frühen Neuzeit (Walter Achilles) 1991. EdG 10**
**Gewerbe in der Frühen Neuzeit (Wilfried Reininghaus) 1990. EdG 3**
**Kommunikation, Handel, Geld und Banken in der Frühen Neuzeit (Michael North) 2000. EdG 59**

Kultur, Alltag, Mentalitäten
Renaissance und Humanismus (Ulrich Muhlack)
**Medien in der Frühen Neuzeit (Andreas Würgler) 2009. EdG 85**
**Bildung und Wissenschaft vom 15. bis zum 17. Jahrhundert (Notker Hammerstein) 2003. EdG 64**
**Bildung und Wissenschaft in der Frühen Neuzeit 1650–1800 (Anton Schindling) 2. Aufl. 1999. EdG 30**
**Die Aufklärung (Winfried Müller) 2002. EdG 61**
**Lebenswelt und Kultur des Bürgertums in der Frühen Neuzeit (Bernd Roeck) 2., um einen Nachtrag erw. Aufl. 2011. EdG 9**
**Lebenswelt und Kultur der unterständischen Schichten in der Frühen Neuzeit (Robert von Friedeburg) 2002. EdG 62**

Religion und Kirche
**Die Reformation. Voraussetzungen und Durchsetzung (Olaf Mörke) 2., aktualisierte Aufl. 2011. EdG 74**
**Konfessionalisierung im 16. Jahrhundert (Heinrich Richard Schmidt) 1992. EdG 12**
**Kirche, Staat und Gesellschaft im 17. und 18. Jahrhundert (Michael Maurer) 1999. EdG 51**
**Religiöse Bewegungen in der Frühen Neuzeit (Hans-Jürgen Goertz) 1993. EdG 20**

Politik, Staat, Verfassung
**Das Reich in der Frühen Neuzeit (Helmut Neuhaus) 2. Aufl. 2003. EdG 42**
**Landesherrschaft, Territorien und Staat in der Frühen Neuzeit (Joachim Bahlcke). 2012. EDG 91**
**Die Landständische Verfassung (Kersten Krüger) 2003. EdG 67**
**Vom aufgeklärten Reformstaat zum bürokratischen Staatsabsolutismus (Walter Demel) 1993. EdG 23**
Militärgeschichte des späten Mittelalters und der Frühen Neuzeit (Bernhard R. Kroener)

**Das Reich im Kampf um die Hegemonie in Europa 1521–1648 (Alfred Kohler) 1990. EdG 6** Staatensystem, internationale Beziehungen
**Altes Reich und europäische Staatenwelt 1648–1806 (Heinz Duchhardt) 1990. EdG 4**

## 19. und 20. Jahrhundert

**Bevölkerungsgeschichte und Historische Demographie 1800–2000 (Josef Ehmer) 2004. EdG 71** Gesellschaft
**Migrationen im 19. und 20. Jahrhundert (Jochen Oltmer) 2010. EdG 86**
**Umweltgeschichte im 19. und 20. Jahrhundert (Frank Uekötter) 2007. EdG 81**
**Adel im 19. und 20. Jahrhundert (Heinz Reif) 1999. EdG 55**
**Geschichte der Familie im 19. und 20. Jahrhundert (Andreas Gestrich) 2. Aufl. 2010. EdG 50**
Urbanisierung im 19. und 20. Jahrhundert (Christoph Bernhardt)
**Von der ständischen zur bürgerlichen Gesellschaft (Lothar Gall) 2., aktual. Aufl. 2012. EdG 25**
**Die Angestellten seit dem 19. Jahrhundert (Günter Schulz) 2000. EdG 54**
**Die Arbeiterschaft im 19. und 20. Jahrhundert (Gerhard Schildt) 1996. EdG 36**
Frauen- und Geschlechtergeschichte im 19. und 20. Jahrhundert (Gisela Mettele)
**Die Juden in Deutschland 1780–1918 (Shulamit Volkov) 2. Aufl. 2000. EdG 16**
**Die deutschen Juden 1914–1945 (Moshe Zimmermann) 1997. EdG 43**
Pazifismus im 19. und 20. Jahrhundert (Benjamin Ziemann)

**Die Industrielle Revolution in Deutschland (Hans-Werner Hahn) 3., um einen Nachtrag erw. Aufl. 2011. EdG 49** Wirtschaft
**Die deutsche Wirtschaft im 20. Jahrhundert (Wilfried Feldenkirchen) 1998. EdG 47**
Ländliche Gesellschaft und Agrarwirtschaft im 19. Jahrhundert (Clemens Zimmermann)
**Agrarwirtschaft und ländliche Gesellschaft im 20. Jahrhundert (Ulrich Kluge) 2005. EdG 73**
**Gewerbe und Industrie im 19. und 20. Jahrhundert (Toni Pierenkemper) 2., um einen Nachtrag erw. Auflage 2007. EdG 29**
Handel und Verkehr im 19. Jahrhundert (Karl Heinrich Kaufhold)
**Handel und Verkehr im 20. Jahrhundert (Christopher Kopper) 2002. EdG 63**
**Banken und Versicherungen im 19. und 20. Jahrhundert (Eckhard Wandel) 1998. EdG 45**
**Technik und Wirtschaft im 19. und 20. Jahrhundert (Christian Kleinschmidt) 2007. EdG 79**
Unternehmensgeschichte im 19. und 20. Jahrhundert (Werner Plumpe)
**Staat und Wirtschaft im 19. Jahrhundert (Rudolf Boch) 2004. EdG 70**
**Staat und Wirtschaft im 20. Jahrhundert (Gerold Ambrosius) 1990. EdG 7**

**Kultur, Bildung und Wissenschaft im 19. Jahrhundert (Hans-Christof Kraus) 2008. EdG 82** Kultur, Alltag und Mentalitäten

**Kultur, Bildung und Wissenschaft im 20. Jahrhundert (Frank-Lothar Kroll) 2003. EdG 65**
**Lebenswelt und Kultur des Bürgertums im 19. und 20. Jahrhundert (Andreas Schulz) 2005. EdG 75**
**Lebenswelt und Kultur der unterbürgerlichen Schichten im 19. und 20. Jahrhundert (Wolfgang Kaschuba) 1990. EdG 5**

Religion und Kirche

**Kirche, Politik und Gesellschaft im 19. Jahrhundert (Gerhard Besier) 1998. EdG 48**
**Kirche, Politik und Gesellschaft im 20. Jahrhundert (Gerhard Besier) 2000. EdG 56**

Politik, Staat, Verfassung

**Der Deutsche Bund 1815–1866 (Jürgen Müller) 2006. EdG 78**
**Verfassungsstaat und Nationsbildung 1815–1871 (Elisabeth Fehrenbach) 2., um einen Nachtrag erw. Aufl. 2007. EdG 22**
**Politik im deutschen Kaiserreich (Hans-Peter Ullmann) 2., durchges. Aufl. 2005. EdG 52**
**Die Weimarer Republik. Politik und Gesellschaft (Andreas Wirsching) 2., um einen Nachtrag erw. Aufl. 2008. EdG 58**
**Nationalsozialistische Herrschaft (Ulrich von Hehl) 2. Aufl. 2001. EdG 39**
**Die Bundesrepublik Deutschland. Verfassung, Parlament und Parteien (Adolf M. Birke) 2. Aufl. mit Ergänzungen von Udo Wengst 2010. EdG 41**
**Militär, Staat und Gesellschaft im 19. Jahrhundert (Ralf Pröve) 2006. EdG 77**
**Militär, Staat und Gesellschaft im 20. Jahrhundert (Bernhard R. Kroener) 2011. EdG 87**
**Die Sozialgeschichte der Bundesrepublik Deutschland bis 1989/90 (Axel Schildt) 2007. EdG 80**
**Die Sozialgeschichte der DDR (Arnd Bauerkämper) 2005. EdG 76**
**Die Innenpolitik der DDR (Günther Heydemann) 2003. EdG 66**

Staatensystem, internationale Beziehungen

**Die deutsche Frage und das europäische Staatensystem 1815–1871 (Anselm Doering-Manteuffel) 3., um einen Nachtrag erw. Aufl. 2010. EdG 15**
**Deutsche Außenpolitik 1871–1918 (Klaus Hildebrand) 2. Aufl. 1994. EdG 2**
**Die Außenpolitik der Weimarer Republik (Gottfried Niedhart) 2., aktualisierte Aufl. 2006. EdG 53**
**Die Außenpolitik des Dritten Reiches (Marie-Luise Recker) 2., um einen Nachtrag erw. Aufl. 2010. EdG 8**
**Die Außenpolitik der Bundesrepublik Deutschland 1949 bis 1990 (Ulrich Lappenküper) 2008. EdG 83**
**Die Außenpolitik der DDR (Joachim Scholtyseck) 2003. EDG 69**

Hervorgehobene Titel sind bereits erschienen.

Stand: (Januar 2012)